中国行为法学会类案裁判规则研究丛书

未成年犯罪类案甄别与裁判规则确立

主　编　余德厚
副主编　李　征　黄一乐　张　浩

http://press.hust.edu.cn
中国·武汉

图书在版编目（CIP）数据

未成年犯罪类案甄别与裁判规则确立/余德厚主编；李征，黄一乐，张浩副主编．—武汉：华中科技大学出版社，2024.5

（中国行为法学会类案裁判规则研究丛书）

ISBN 978-7-5772-0815-2

Ⅰ.①未… Ⅱ.①余… ②李… ③黄… ④张… Ⅲ.①青少年犯罪-刑事责任-研究-中国 Ⅳ.① D924.04

中国国家版本馆 CIP 数据核字（2024）第 090865 号

未成年犯罪类案甄别与裁判规则确立   余德厚   主   编
Weichengnian Fanzui Leian Zhenbie yu Caipan Guize Queli   李 征   黄一乐   张 浩   副主编

策划编辑：	郭善珊 张婧旻
责任编辑：	张 丛 田兆麟
封面设计：	沈仙卫
版式设计：	赵慧萍
责任校对：	林宇婕
责任监印：	朱 玢
出版发行：	华中科技大学出版社（中国·武汉） 电话：（027）81321913
	武汉市东湖新技术开发区华工科技园 邮编：430223
录 排：	华中科技大学出版社美编室
印 刷：	武汉科源印刷设计有限公司
开 本：	710mm×1000mm 1/16
印 张：	20.75
字 数：	368 千字
版 次：	2024 年 5 月第 1 版第 1 次印刷
定 价：	118.00 元

本书若有印装质量问题，请向出版社营销中心调换
全国免费服务热线：400-6679-118   竭诚为您服务
版权所有   侵权必究

《未成年犯罪类案甄别与裁判规则确立》

编审委员会

编委会主任

张恒山

编委会委员

李文燕　高贵君　吴高盛　宋朝武　孙佑海　梁相斌　韩德强
朱崇坤　冯　丰　帅福贵　商振华　常静元　黄启瑞　钱　伟
刘　朋　王国祥　聂志勇　张彩霞　胡金军　杜　鹃

本书编写组

主　编

余德厚

副主编

李　征　黄一乐　张　浩

专家组

余德厚　周　强　李　晨　林晓萌　赵泽伦　陈　俊　娄晓阳
杨　洁　李　征　黄一乐　张　浩

习近平总书记曾多次强调，培养好少年儿童是一项战略任务，事关长远。保障未成年人健康成长和全面发展，提高人口素质成为当务之急、重中之重。法治是治国理政的基本方式。不断推进未成年人工作，需要法治的引领和规范。联合国《儿童权利宣言》写道："儿童因身心尚未成熟，在其出生以前和以后均需要特殊的保护和照料，包括法律上的适当保护。"因此，无论是在立法环节，还是在执法、司法实践中，均需要契合未成年人群体的特殊性，尊重未成年人的成长规律，实现对未成年人保护的综合化、未成年人利益的最大化。中国的未成年人违法预防与矫正任重而道远，如何在未成年人惩治与教育之间做到平衡？司法机关在办理此类犯罪案件时面临越来越多的法律适用问题。

一个案例胜过一打文件。司法案件类案甄别与裁判规则确立专题研究是最高人民法院和中国法学会主导下的重大研究课题，是落实习近平总书记关于统一法律适用工作重要指示精神，落实"完善统一法律适用机制"重点改革任务，有效解决"同案不同判"问题的有力举措。

如何才能高效地发现类案？类案的指导性作用如何发挥？多种类案裁判规则冲突时如何协调？这些问题依然留下了较大的操作空间。为正确审理未成年人刑事案件，贯彻"教育为主，惩罚为辅"的原则，本书选取了刑事司法实践中常见多发、法律适用分歧较大的问题，如未成年被告人刑事责任年龄的认定、未成年被告人转化型抢劫犯罪的判定、社会调查报告的运用、合适成年人到场制度、禁止令制度的具体适用、未成年被告人犯罪证据采信及事实认定等，在大数据检索分析的基础上，遴选出了62个可供参考的案例，形成21条裁判规则，以期对审理未成年人刑事案件具体应用法律、统一法律适用、促进司法公正尽绵薄之力。

希望本书能够为我国未成年人犯罪的治理提供有价值的参考和指导，期待本书的推广和应用，能够更加深入地守护和教育未成年人，使他们在中国式现代化的法治环境下健康成长。当然，受制于编者水平等原因，本书难免存在疏漏，恳请广大读者朋友不吝赐教，帮助我们不断总结提高，凝聚共识，推进类案同判，促进适法统一。

未成年人刑事犯罪法律适用第1条：
不能确定被告人刑事责任年龄的应当做出有利于被告人的认定 // 001

一、聚焦司法案件裁判观点 // 002

二、司法案例样本对比 // 002

三、司法案例类案甄别 // 010

四、类案裁判规则的解析确立 // 014

五、关联法律法规 // 018

未成年人刑事犯罪法律适用第2条：
《刑法》第十七条第二款规定的八种犯罪，是指具体犯罪行为而不是具体罪名 // 021

一、聚焦司法案件裁判观点 // 022

二、司法案例样本对比 // 022

三、司法案例类案甄别 // 026

四、类案裁判规则的解析确立 // 030

五、关联法律法规 // 031

未成年人刑事犯罪法律适用第 3 条：
已满十四周岁不满十六周岁的未成年人不构成转化型抢劫犯罪 // 033

　　一、聚焦司法案件裁判观点 // 034

　　二、司法案例样本对比 // 034

　　三、司法案例类案甄别 // 041

　　四、类案裁判规则的解析确立 // 045

　　五、关联法律法规 // 046

未成年人刑事犯罪法律适用第 4 条：
已封存的犯罪记录不能被用来认定累犯、再犯等从重处罚的情节。被封存犯罪记录的未成年人，成年后又故意犯罪的，人民法院应当在裁判文书中载明其之前的犯罪记录 // 049

　　一、聚焦司法案件裁判观点 // 050

　　二、司法案例样本对比 // 050

　　三、司法案例类案甄别 // 054

　　四、类案裁判规则的解析确立 // 058

　　五、关联法律法规 // 063

未成年人刑事犯罪法律适用第 5 条：
对未成年罪犯适用刑罚，应当充分考虑是否有利于未成年罪犯的教育和矫正 // 069

　　一、聚焦司法案件裁判观点 // 070

　　二、司法案例样本对比 // 070

　　三、司法案例类案甄别 // 078

　　四、类案裁判规则的解析确立 // 082

　　五、关联法律法规 // 083

未成年人刑事犯罪法律适用第 6 条：
对未成年人犯罪人定罪量刑时，应当重视社会调查报告的地位和作用 // 085

一、聚焦司法案件裁判观点 // 086

二、司法案例样本对比 // 086

三、司法案例类案甄别 // 090

四、类案裁判规则的解析确立 // 093

五、关联法律法规 // 100

未成年人刑事犯罪法律适用第 7 条：
未成年罪犯可能被判处拘役、三年以下有期徒刑，悔罪表现好，符合条件的，应当免予刑事处罚 // 107

一、聚焦司法案件裁判观点 // 108

二、司法案例样本对比 // 109

三、司法案例类案甄别 // 112

四、类案裁判规则的解析确立 // 117

五、关联法律法规 // 122

未成年人刑事犯罪法律适用第 8 条：
未成年人的法定代理人因故不能参加讯问和审判时，可以由法律规定的其他合适成年人到场 // 123

一、聚焦司法案件裁判观点 // 124

二、司法案例样本对比 // 124

三、司法案例类案甄别 // 128

四、类案裁判规则的解析确立 // 132

五、关联法律法规 // 136

未成年人刑事犯罪法律适用第 9 条：
教唆不满十八周岁的人犯罪的，应当从重处罚 // 139

一、聚焦司法案件裁判观点 // 140

二、司法案例样本对比 // 140

三、司法案例类案甄别 // 144

四、类案裁判规则的解析确立 // 148

五、关联法律法规 // 150

未成年人刑事犯罪法律适用第 10 条：
审理具有恋爱关系的未成年人之间的性侵案件，在对被告人量刑时，
应当与成年人性侵幼女相区别 // 151

一、聚焦司法案件裁判观点 // 152

二、司法案例样本对比 // 152

三、司法案例类案甄别 // 155

四、类案裁判规则的解析确立 // 159

五、关联法律法规 // 162

未成年人刑事犯罪法律适用第 11 条：
行为人使用暴力、胁迫或者其他手段强奸、猥亵幼女的，应当从重
处罚 // 165

一、聚焦司法案件裁判观点 // 166

二、司法案例样本对比 // 166

三、司法案例类案甄别 // 171

四、类案裁判规则的解析确立 // 174

五、关联法律法规 // 175

未成年人刑事犯罪法律适用第 12 条：
在奸淫幼女案件中，除非有确凿的证据，一般可以推定行为人明知对方系幼女 // 177

一、聚焦司法案件裁判观点 // 178

二、司法案例样本对比 // 178

三、司法案例类案甄别 // 183

四、类案裁判规则的解析确立 // 187

五、关联法律法规 // 190

未成年人刑事犯罪法律适用第 13 条：
在性侵未成年人犯罪案件的证据审查中，应当运用逻辑和经验规则对全案证据进行综合审查判断，在被害人陈述的事实基础上，要注重通过间接证据的印证和补强，准确认定事实 // 197

一、聚焦司法案件裁判观点 // 198

二、司法案例样本对比 // 198

三、司法案例类案甄别 // 206

四、类案裁判规则的解析确立 // 210

五、关联法律法规 // 211

未成年人刑事犯罪法律适用第 14 条：
未成年人与成年人共同犯罪，因其犯罪行为造成经济损失的，由于未成年人没有经济能力，依法应当由未成年人的监护人及成年同案犯承担连带责任。未成年被告人有个人财产的，应当由本人承担民事赔偿责任 // 213

一、聚焦司法案件裁判观点 // 214

二、司法案例样本对比 // 214

三、司法案例类案甄别 // 219

四、类案裁判规则的解析确立 // 223

五、关联法律法规 // 224

未成年人刑事犯罪法律适用第 15 条：
附带民事诉讼案件中，原告已从同案人以及保险公司处获得足额赔偿，再要求未成年被告人及其监护人赔偿经济损失的诉讼请求，法院不予支持 // **225**

一、聚焦司法案件裁判观点 // 226

二、司法案例样本对比 // 226

三、司法案例类案甄别 // 232

四、类案裁判规则的解析确立 // 237

五、关联法律法规 // 237

未成年人刑事犯罪法律适用第 16 条：
未成年被告人及其监护人对被害人物质损失的赔偿情况，可以作为量刑情节予以考虑，可酌情对其从轻处罚 // **239**

一、聚焦司法案件裁判观点 // 240

二、司法案例样本对比 // 240

三、司法案例类案甄别 // 244

四、类案裁判规则的解析确立 // 247

五、关联法律法规 // 248

未成年人刑事犯罪法律适用第 17 条：
未成年被告人被判处有期徒刑以上刑罚，刑罚执行完毕或者赦免以后，在五年以内再犯应当判处有期徒刑以上刑罚之罪的，不认定为累犯 // **251**

一、聚焦司法案件裁判观点 // 252

二、司法案例样本对比 // 252

三、司法案例类案甄别 // 258

四、类案裁判规则的解析确立 // 262

五、关联法律法规 // 263

未成年人刑事犯罪法律适用第 18 条：
对被判处拘役、三年以下有期徒刑的未成年被告人，犯罪情节较轻、有悔罪表现、没有再犯罪的危险、宣告缓刑对所居住的社区没有重大不良影响的，应当宣告缓刑 // 265

一、聚焦司法案件裁判观点 // 266

二、司法案例样本对比 // 266

三、司法案例类案甄别 // 270

四、类案裁判规则的解析确立 // 274

五、关联法律法规 // 275

未成年人刑事犯罪法律适用第 19 条：
人民法院根据犯罪情况，对判处管制、宣告缓刑的未成年被告人，认为从促进其教育改正，有效维护社会秩序的需要出发，确有必要禁止其在管制执行期间、缓刑考验期限内从事特定活动，进入特定区域、场所，接触特定人的，可以同时宣告禁止令 // 277

一、聚焦司法案件裁判观点 // 278

二、司法案例样本对比 // 278

三、司法案例类案甄别 // 282

四、类案裁判规则的解析确立 // 286

五、关联法律法规 // 287

未成年人刑事犯罪法律适用第 20 条：
未成年人与成年人共同犯罪的，应将未成年人案件与成年人案件在程序上分离，对未成年人与成年人分别关押、分别审理、分别执行 // 289

- 一、聚焦司法案件裁判观点 // 290
- 二、司法案例样本对比 // 290
- 三、司法案例类案甄别 // 295
- 四、类案裁判规则的解析确立 // 299
- 五、关联法律法规 // 301

未成年人刑事犯罪法律适用第 21 条：
对未成年被告人，应当综合考虑未成年人对犯罪的认知能力、实施犯罪行为的动机和目的、犯罪时的年龄、是否初犯、悔罪表现、个人成长经历和一贯表现等情况，依法从宽处罚 // 303

- 一、聚焦司法案件裁判观点 // 304
- 二、司法案例样本对比 // 304
- 三、司法案例类案甄别 // 308
- 四、类案裁判规则的解析确立 // 312
- 五、关联法律法规 // 313

后记 // 315

未成年人刑事犯罪法律适用

第1条

不能确定被告人刑事责任年龄的应当作出有利于被告人的认定

一、聚焦司法案件裁判观点

■ **争议焦点**

对于没有充分证据证明被告人实施被指控的犯罪时已经达到法定刑事责任年龄或者被告人实施被指控犯罪时的年龄确实无法查明的,如何处理?

■ **裁判观点**

1. 对于没有充分证据证明被告人实施被指控的犯罪时已经达到法定刑事责任年龄或者被告人实施被指控犯罪时的年龄确实无法查明的,应当推定其未达到相应法定刑事责任年龄。

2. 相关证据足以证明被告人实施被指控的犯罪时已经达到法定刑事责任年龄,但是无法准确查明被告人具体出生日期的,应当认定其达到相应法定刑事责任年龄。

二、司法案例样本对比

样本案例一
海南省××市人民检察院诉杨某 1 抢劫案

• **法院**

海南省××市中级人民法院

• **诉讼主体**

公诉机关:海南省××市人民检察院

被告人：杨某 1

- **基本案情**

被告人杨某 1 因赌博输光父亲的医疗费用，遂产生抢劫之念。2016 年 11 月 1 日 23 时许，杨某 1 随身携带尖刀寻找作案目标，将抢劫对象锁定为被害人郭某某（女，殁年 39 岁），并以进行性交易为名，进入郭某某的租住处。在与郭某某交易完成后，杨某 1 持尖刀逼迫郭某某交出钱财，郭某某乘其不备开门呼救，杨某 1 将郭某某拉回房间，阻止其呼救并持随身携带尖刀捅刺郭某某颈部、胸腹部、腰背部十余刀，致郭某某左右肺破裂、失血过多、休克、循环功能衰竭而死亡。杨某 1 从郭某某的手提包、钱包内翻找到人民币 1 400 余元现金和两张银行卡后逃离现场。11 月 2 日凌晨，杨某 1 到附近的银行 ATM 机查询郭某某的银行卡余额，因卡内余额不足百元未能取出。11 月 2 日上午，杨某 1 将银行卡和作案尖刀丢入江中。11 月 2 日 20 时许，房东王某某发现郭某某遇害后报警。11 月 5 日，杨某 1 被公安机关抓获。

经查，被告人杨某 1 户籍证明记载其出生于 1998 年 9 月 13 日，居民身份证号码为××；但案件侦查过程中收集到的杨某 1 的出生证及儿童保健手册、儿童计划免疫保偿合同书等则记载杨某 1 于 1998 年 11 月 1 日出生于某卫生院，并于同日注射了乙肝疫苗第一针，父亲杨某 2、母亲吴某某所述与户籍证明记载一致。经进一步核查，某卫生院分娩登记本记载吴某某于 1998 年 11 月 1 日分娩一名男婴。经查询万年历，1998 年公历 11 月 1 日系农历九月十三日。

- **案件争点**

被告人户籍信息、出生证登记出生信息不一致时，如何认定被告人刑事责任年龄？

对不能确定被告人实施犯罪时年满十八周岁的情形如何处理？

- **裁判要旨**

关于被告人杨某 1 的出生日期问题，经查，虽然杨某 1 的户籍信息上显示出生日期是 1998 年 9 月 13 日，但杨某 1 供述称其户籍上的出生日期是农历时间，经核实万年历，1998 年农历九月十三日的对应公历日期为 1998 年 11 月 1 日。某卫生院的分娩登记本证实，在 1998 年 11 月 1 日，吴某某（杨某 1 之母）在该院分娩一名男婴，而杨某 1 的出生证亦记载其出生日期为 1998 年 11 月 1 日，出生地点为该卫生院。儿童保健手册证实杨某 1 于 1998 年 11 月

1日第一次注射乙肝疫苗，于1998年11月4日注射卡介苗疫苗，与儿童计划免疫保偿合同书记载的关于杨某1于1998年11月1日出生于某卫生院的时间和相关疫苗注射时间相吻合。根据上述证据，经综合审查判断，足以认定杨某1的实际出生日期应为公历1998年11月1日。

关于被告人杨某1作案时是否年满十八周岁的问题，依据《最高人民法院关于审理未成年人刑事案件具体应用法律若干问题的解释》第二条的规定，《中华人民共和国刑法》（以下简称《刑法》）第十七条规定的"周岁"按照公历的年、月、日计算，从周岁生日的第二天起算。本案被告人杨某1实际出生日期为公历1998年11月1日，按规定，其年满十八周岁应从其十八周岁生日的次日起算，即公历2016年11月2日0时起算。而根据案发现场的监控，杨某1随被害人郭某某进入案发现场时间为2016年11月1日23时24分，离开现场时间为11月2日1时07分，虽然杨某1在庭审中曾供认其杀人时间应是11月2日凌晨，但并无其他证据相佐证，故不能排除杨某1实施抢劫杀人行为的时间开始于11月1日，即现有证据不能排除杨某1作案时不满十八周岁的合理怀疑。根据存疑时有利于被告原则应推定杨某1犯罪时不满十八周岁，依法应当从轻或者减轻处罚，并不得适用死刑。

样本案例二

河北省××市人民检察院诉李某1、刘某1抢劫、寻衅滋事案

- 法院

河北省××市中级人民法院

- 诉讼主体

公诉机关：河北省××市人民检察院
被告人：李某1
被告人：刘某1

- 基本案情

（一）抢劫罪

1.2011年七八月份的一天晚上，被告人李某1、刘某1、杨某某伙同李某2

（另案处理）及大三（身份不详），骑两辆摩托车，携带砍刀，在河北省106国道附近路段拦截一辆大货车，抢劫司机现金1 000余元。

2.2011年11月2日晚，被告人李某1、刘某1、郭某1、杨某某驾驶面包车，携带砍刀、尖刀、洋镐把，在106国道××村路段，将王某1、吕某某驾驶的红色油罐车截停。四被告人砸碎油罐车的前挡风玻璃及两侧车门的玻璃，被告人刘某1持砍刀将吕某某砍伤。后四被告人抢劫王某1、吕某某现金5 000余元。

3.2011年11月3日晚，被告人李某1、刘某1、郭某1、杨某某、边某某驾驶面包车，携带砍刀、军刺、洋镐把，在106国道××村路段，将王某2、郭某2驾驶的蓝色油罐车截停。后五被告人砸碎油罐车的前挡风玻璃及两侧车门的玻璃，被告人李某1持砍刀，被告人刘某1持军刺，刺、砍王某2 40余刀，致王某2双肺及上腔静脉被刺破，失血性休克而死亡。被告人李某1、刘某1还持刀刺、砍郭某2，致郭某2轻伤，后五被告人抢劫2名被害人现金1 000余元，逃离现场。

（二）寻衅滋事罪

1.2011年6月8日晚，被告人刘某1伙同刘某2（另案处理）在任丘市某网吧门口，以孙某某曾在上网时骂了刘某1为由，持砖头殴打孙某某，致孙某某轻伤。

2.2011年6月13日晚，被告人李某1在任丘市某网吧门口，无端殴打南某某，致南某某轻微伤。

3.2011年6月29日晚，被告人李某1伙同孙某1、郭某1（两人已另案判刑）及明某某、严某某（以上两人身份不详）、高某某（作案时未满16周岁），骑摩托车到河间市梁某家，无端辱骂、殴打梁某某，致梁某某轻伤。

本案审理中，被告人刘某1辩称其作案时不满十八周岁。其辩护人提出被告人刘某1的年龄存在疑点。

关于被告人刘某1出生日期的相关证据，经庭审举证、质证，列举如下：

1. 被告人刘某1的户籍证明和前科判决情况：

（1）被告人刘某1于1993年10月21日出生；

（2）2009年9月22日××县人民法院以刘某1犯抢劫罪判处其有期徒刑六个月，2009年12月16日刑满释放。××县人民法院相关《刑事判决书》认定刘某1于1993年10月21日出生。

2. 被告人刘某1供述，其户籍上的日期为农历，其出生日期是1993年农历十月二十一日。

3. 被告人刘某1父母的证言：

（1）刘某3（被告人刘某1的父亲）证，刘某1的出生日期是1993年10月21日，但记不清楚刘某1的出生日期是公历还是农历；刘某1是在本村由接生婆接生的，接生婆现已去世。

2014年6月15日又证，刘某1出生时由本村的钱某1接生。钱某1是村里的接生婆，现在已经去世了。

（2）张某1（被告人刘某1的母亲）证，其于1993年在河北省××市××镇××村与刘某3育有一子，叫刘某某，可能也叫刘某1。刘某1是1993年农历十月二十一日出生的。刘某1是在家里出生的，没有出生证明，是由村里医生给接生的，接生人的姓名记不清了。

4. 被告人刘某1同村村民的证言：

（1）刘某4的证言：

（2012年8月9日受侦查人员询问）刘某4证，其女儿刘某5真实的出生日期是1993年农历十月二十一日，户口本上记载错误，户口本上的出生日期是1993年11月21日。刘某1好像与他女儿是同一天出生的。娄某1家的娄某2应该也是这一天出生的。

（2013年3月25日受审判人员询问）刘某4证，刘某1、刘某5和娄某2出生日期接近，最多差一个月。好像是刘某1与刘某5不是同一天出生，就是差五六天出生。刘某1与刘某5应该不是同一个人接生的，村里接生婆钱某1是给刘某5接生的。当时，钱某1从农历十月二十日傍晚到他家，待了一宿，到了第二天早晨刘某5出生后才走的。

（2）娄某1的证言：

（2012年8月9日受侦查人员询问）娄某1证，娄某2户口本上的出生日期是1993年12月23日，真实的出生日期是1993年农历十月二十三日。当时去派出所上户口时给弄错了，派出所是按公历给上的户口。娄某2和刘某3家的刘某1、刘某4家的刘某5三人的生日差不多。

（2013年3月25日受审判人员询问）娄某1证，刘某1、刘某5和娄某2这三个孩子都是在家里接生的，应该不是一个人接生的。娄某2最小，刘某1、刘某5都比娄某2大，应该差不了一个月。

（2014年6月15日由侦查人员询问）娄某1证，娄某2出生时是由村里的接生婆钱某1接生的，钱某1已经去世了。其不知道刘某1、刘某5是谁接生的。

（3）娄某2证，其户口本上的出生日期是1993年12月23日，真实的出生日期应是1993年农历十月二十三日。户口本上的出生日期是其父娄某1给其上户口时随便写的出生日期。

（4）孙某2证，其子孙某3的真实出生日期是1993年农历三月二十七日，但户口本上登记的是1993年3月1日。其报户口时报的是3月27日，但大队上户口时给上错了。

（5）钱某2证，其真实的出生日期是1993年农历正月初五，户口本上登记的是1993年3月5日。钱某某的奶奶给其上的户口，其听奶奶说，其户口本上的生日是大队随便给上的，不准确。其公历生日是1993年1月27日，户口本上既不是公历生日也不是农历生日。

（6）张某2证，1973年至2002年期间，他在××村担任书记。1993年出生人口办理户口的程序是，派出所上户口根据村里出具的孩子出生日期的信给上户口，派出所户口上都是公历出生日期。但是村民向村委会提供出生日期的时候大多数是提供农历生日，有时村委会根据村民提供的农历日期估计一个公历日期开信，有时就是根据村民提供的农历日期直接照搬过来。例如，村民提供的出生日期是农历六月十三日，开信时直接照搬就是6月13日，然后派出所按照村里出具的带有出生日期的信给上户口。派出所是如实登记的，如果有错误就是错在村委会。派出所以前上户口不需要提供出生医学证明，所以导致村里村民大部分的实际出生日期与户口本上的不符。

5. 有关证人的户籍证明和计划生育情况登记：

（1）户籍证明：娄某2于1993年12月23日出生；刘某5于1993年11月21日出生。

（2）××市××镇计划生育办公室家庭户人员基本情况登记簿记载：刘某1于1993年10月21日出生；娄某2于1993年12月23日出生；刘某5于1993年11月21日出生。

6. 公安机关办案说明：刘某1的学籍未找到；给刘某1接生的接生婆钱某1已去世多年。

7. 刘某1所在村委会出具的说明：给刘某1接生的接生婆钱某1已于六七年前去世。

• 案件争点

被告人刘某1犯罪时是否年满十八周岁？

• 裁判要旨

被告人刘某1辩称：其作案时不满十八周岁。其辩护人提出：被告人刘某1的年龄存在疑点。经查，公安机关户籍登记、××市××镇计划生育办公室家庭户人员基本情况登记簿记载的被告人刘某1的出生日期为1993年10月

21日。但是，被告人刘某1的母亲张某1证，被告人刘某1系农历十月二十一日出生。证人刘某4、娄某1、孙某2、钱某2证，1993年所在村登记的新生儿出生日期与实际出生日期不符。时任村支书张某2证，当年派出所根据村里出具的信上户口，有时村委会根据村民提供的农历日期估计一个公历日期开信，有时根据村民提供的农历日期直接照搬过来。以上言词证据证明，在没有出生医学证明的情况下，该村对新生儿出生日期登记不规范。故不能排除家长错报、村委会未核实，导致公安机关户籍登记将被告人刘某1的农历出生日期登记为公历出生日期的可能性。因此，证据之间存在矛盾，出生日期疑点无法排除。在刘某1实施犯罪时是否已满十八周岁无法查明的情况下，应当按照有利于被告人的原则，推定刘某1犯罪时不满十八周岁，并将1993年12月4日（农历十月二十一日）推定为刘某1的出生日期。

样本案例三
上海市××区人民检察院诉韩某某盗窃案

- 法院

上海市××区人民法院

- 诉讼主体

公诉机关：上海市××区人民检察院
被告人：韩某某

- 基本案情

2015年11月1日，被告人韩某某在其暂住的上海市某餐馆员工宿舍里趁无人之际，窃得被害人吴某某放在床上的金黄色甲品牌手机一部，以及被害人余某某放在床上的手机充电器、数据线等手机配件，因将窃得的财物丢弃而无法估价和返还。

2015年11月10日晚上，被告人韩某某在其暂住的上海市某餐馆员工宿舍内，趁同事睡觉之际，窃得被害人陈某某放在床上的白色乙品牌手机一部（价值人民币727元，已被公安机关扣押后发还被害人）。

2015年11月22日11时许，被告人韩某某在其暂住的上海市某餐馆员工宿舍内，趁无人之际，窃得被害人王某某放在柜子抽屉内的钱包一个（内有人民币400元，已被公安机关扣押后发还被害人）。

2016年上海市××区人民法院经审查发现被告人的年龄证明材料中，身份证、《出生医学证明》副页与村委会证明及被告人审查起诉阶段就年龄的陈述存在不一致，导致被告人的临界年龄（十八周岁）认定发生争议，案件经退回补充侦查，委托司法鉴定机构进行骨龄鉴定，依据鉴定意见中的年龄跨幅仍不能最终确定被告人的实际年龄。

• 案件争点

被告人韩某某真实的出生日期无法查明时应当如何认定其年龄？

• 裁判要旨

法院认为，为了证实被告人的出生日期，本案应穷尽证据调查和证明手段。通过调取档案资料、听取当事人陈述和走访邻居等证人、开展司法骨龄鉴定等方式，尽力搜集所有证据。关于证据采信，一般遵循以下规则：一是户籍优先原则。《出生医学证明》是户口登记机关登记出生的主要依据，公安机关作出确认当事人身份关系包括年龄的具体行政行为具有法律效力。在调取户籍资料与其他书证如学籍资料记载的入学日期、与其他证人证言等存在相互矛盾时，以认定户籍登记资料为原则，以对户籍资料不予采信为例外。二是书证优先原则。有关部门存档的书证，尤其是在案发前形成的书证客观性较强，其证明的内容与证人证言存在相互矛盾时，以书证认定优先于证人证言为原则，以对书证不予采信为例外。三是参考鉴定原则。司法骨龄鉴定意见对判断被鉴定人年龄具有科学参考价值。如果骨龄鉴定意见存在一定的跨龄幅度，不能准确确定被告人施行上述犯罪行为时的实际年龄，该鉴定意见不能单独作为认定年龄的证据适用，应当结合其他证据且必须是有效证据谨慎判断才能作出综合认定。

韩某某的父母违规超生，违规办理出生证明手续及户籍登记手续，致使留存在国家机关的档案资料存在瑕疵，与证人证言所反映的内容相互矛盾。鉴于通过法庭调查确实无法查明被告人韩某某真实的出生日期，法院根据掌握的韩某某陈述与部分证人证言相互印证、与学籍资料中的初中入学日期以及司法骨龄鉴定中存在的未成年人年龄段的鉴定意见存在矛盾等现有证据材料，综合认定被告人韩某某实施被指控犯罪时已满十六周岁不满十八周岁，系未成年人，依法应当从轻或者减轻处罚。

三、司法案例类案甄别

（一）事实对比

样本案例一杨某1抢劫案，被告人杨某1因赌博输光父亲的医疗费用，遂产生抢劫之念。2016年11月1日23时许，杨某1随身携带尖刀，寻找作案目标，将抢劫对象锁定为被害人郭某某，并以进行性交易为名，进入郭某某位于该村的租住处。在与郭某某交易完成后，杨某1持尖刀逼迫郭某某交出钱财，阻止其呼救并压制其反抗，持尖刀捅刺郭某某十余刀，致郭某某死亡。杨某1从郭某某的手提包、钱包内翻找到人民币1400余元现金和两张银行卡后逃离现场。11月5日，杨某1被公安机关抓获。

样本案例二李某1、刘某1抢劫、寻衅滋事案，此案分两部分：其一为抢劫罪。2011年七八月份，被告人李某1、刘某1、杨某某伙同李某2及大三，骑两辆摩托车，携带砍刀，抢劫大货车司机现金1000余元。2011年11月2日晚，被告人李某1、刘某1、郭某1、杨某某驾驶面包车，携带砍刀、尖刀、洋镐把，抢劫王某1、吕某某现金5000余元。2011年11月3日晚，被告人李某1、刘某1、郭某1、杨某某、边某某驾驶面包车，携带砍刀、军刺、洋镐把，刺、砍王某2致王某2死亡。被告人李某1、刘某1还持刀刺、砍郭某2，致郭某2轻伤，后五被告人抢劫两名被害人现金1000余元，逃离现场。其二为寻衅滋事罪。2011年6月8日晚，被告人刘某1伙同刘某2在任丘市某网吧门口，以孙某某曾在上网时骂了刘某1为由，持砖头殴打孙某某，致孙某某轻伤。2011年6月13日晚，被告人李某1在任丘市某网吧门口，无端殴打南某某，致南某某轻微伤。2011年6月29日晚，被告人李某1伙同孙某1、郭某1及明某某、严某某、高某某，骑摩托车到河间市梁某家，无端辱骂、殴打梁某某，致梁某某轻伤。

样本案例三韩某某盗窃案，2015年11月1日，被告人韩某某在其暂住的上海市某餐馆员工宿舍里趁无人之际，窃得被害人吴某某放在床上的金黄色甲品牌手机一部，以及被害人余某某放在床上的手机充电器、数据线等手机配件，因将窃得的财物丢弃而无法估价和返还。2015年11月10日晚上，被告人韩某某在其暂住的上海市某餐馆员工宿舍内，趁同事睡觉之际，窃得被害人陈某某放在床上的白色乙品牌手机一部。2015年11月22日11时许，被告人韩某某在其暂住的上海市某餐馆员工宿舍内，趁无人之际，窃得被害人王某某放在柜子抽屉内的钱包一个。

从认定事实情况看,样本案例一、二、三查明事实均围绕被告人实施被指控的犯罪时的真实年龄展开。样本案例一杨某1的户籍证明、居民身份证号码与出生证、儿童保健手册、儿童计划免疫保偿合同书等书证之间存在矛盾;样本案例二刘某1的户籍登记、家庭户籍人员基本情况登记簿与证人证言之间存在矛盾;样本案例三韩某某的身份证、《出生医学证明》副页与村委会证明及被告人供述等证据之间存在矛盾,且司法骨龄鉴定存在一定的跨龄幅度。上述三个样本案例均存在认定被告人刑事责任年龄的证据存疑,无法准确查明被告人实施被指控的犯罪时的真实年龄的情况,法院根据在案证据和存疑时有利于被告人的原则,均做出了有利于被告人的年龄认定推定。

（二）适用法律对比

样本案例一杨某1抢劫案,法院认为关于被告人杨某1作案时是否年满十八周岁的问题,依据《最高人民法院关于审理未成年人刑事案件具体应用法律若干问题的解释》第二条的规定,《刑法》第十七条规定的"周岁"按照公历的年、月、日计算,从周岁生日的第二天起算。该案被告人杨某1实际出生日期为公历1998年11月1日,按规定,其年满十八周岁应从其十八周岁生日的次日起算,即公历2016年11月2日0时起算。而根据案发现场的监控,杨某1随被害人进入案发现场时间为2016年11月1日23时24分,离开现场时间为11月2日1时07分,虽然杨某1在庭审中曾供认其杀人时间应是11月2日凌晨,但并无其他证据相佐证,故不能排除杨某1实施抢劫杀人行为的时间开始于11月1日,即现有证据不能排除杨某1作案时不满十八周岁的合理怀疑。根据存疑时有利于被告原则应推定杨某1犯罪时不满十八周岁,依法应当从轻或者减轻处罚,并不得适用死刑。

样本案例二李某1、刘某1抢劫、寻衅滋事案,法院认为在经反复查证,证据之间矛盾、出生日期疑点无法排除,在刘某1实施犯罪时是否已满十八周岁无法查明情况下,应当按照从宽的原则,推定刘某1犯罪时不满十八周岁,并将1993年12月4日（农历十月二十一日）推定为刘某1的出生日期。

样本案例三韩某某盗窃案,法院认为鉴于通过法庭调查确实无法查明被告人韩某某真实的出生日期,为了避免将未成年人犯罪当作成年人犯罪处理,保护被告人的合法权利,法院根据掌握的韩某某陈述与部分证人证言相互印证、与学籍资料中的初中入学日期以及司法骨龄鉴定中存在的未成年人年龄段的鉴定意见存在矛盾等现有证据材料,依法推定被告人韩某某实施被指控的犯罪时已满十六周岁不满十八周岁,系未成年人。

从法律适用情况看,样本案例一、二、三适用的主要为《刑法》第十七条关于年龄对未成年人责任能力的影响这一规定，和 2006 年 1 月 11 日《最高人民法院关于审理未成年人刑事案件具体应用法律若干问题的解释》第一条、第二条、第三条和第四条的相关规定。

（三）适用法律程序对比

从适用法律程序情况看，并按照《最高人民法院关于人民法院案件案号的若干规定》要求和案件审理机关等级，可知样本案例一、二、三均为一审刑事案件，三个样本案例在适用法律程序上高度一致。

（四）类案大数据报告

时间截至 2022 年 11 月 16 日，案例来源为 Alpha 案例库，案件数量为 16 688 件，数据采集时间为 2022 年 11 月 16 日。本次检索共获取关于认定未成年人犯罪刑事责任年龄的裁判文书共 16 688 篇。

从案件程序分类统计可以看到未成年人犯罪当前的审理程序分布状况，其中一审案件有 15 366 件，二审案件有 1 245 件，再审案件有 57 件，执行案件有 2 件。能够推算出一审上诉率约为 8.1%。

如图 1-1 所示，对二审裁判结果进行可视化分析可以看到，当前条件下维持原判的有 885 件，占比为 71.08%；改判的有 332 件，占比为 26.67%；其他为 28 件，占比为 2.25%。

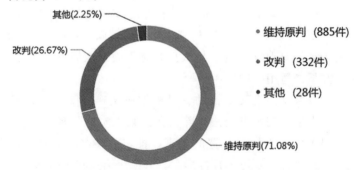

图 1-1　二审裁判结果情况

如图 1-2 所示，对再审裁判结果进行可视化分析可以看到，当前条件下改判的有 36 件，占比为 63.16%；维持原判的有 11 件，占比为 19.30%；其他为 10 件，占比为 17.54%。

如图 1-3 所示，对主刑的适用情况进行可视化分析可以看到，当前条件下包含有期徒刑的案件有 14 739 件，包含拘役的案件有 878 件，包含无期徒刑的案件有 549 件。

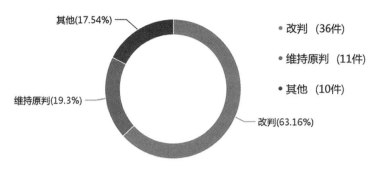

图1-2 再审裁判结果情况

图1-3 主刑适用情况

如图1-4所示,对附加刑的适用情况进行可视化分析可以看到,当前条件下包含罚金的案件有11 011件,包含没收财产的案件有1 522件,包含剥夺政治权利的案件有1 319件,包含驱逐出境的案件有13件。

图1-4 附加刑适用情况

四、类案裁判规则的解析确立

(一) 刑事责任年龄概述

刑事责任年龄是法律规定的行为人应负刑事责任的年龄。达到刑事责任年龄是自然人具备责任能力,可以作为犯罪主体的前提条件。只有当自然人达到一定年龄,具备辨认和控制自己行为的能力时,才能要求行为人对自己严重危害社会的行为负担刑事责任。我国《刑法》对刑事责任年龄有着严格的限制和规定,其确定了承担刑事责任所必须达到的年龄标准,决定刑事责任的有无并影响刑事责任大小。

我国《刑法》对刑事责任年龄的划分采取了三分法的规定,把刑事责任年龄划分为三个阶段。① (1) 完全不负刑事责任年龄阶段。不满十二周岁的人,一律不负刑事责任,这是对《刑法》第十七条进行解释得出的当然结论。不满十二周岁的人,身心发育不成熟,一般来说,既对自己行为的性质、后果与意义不能有明确的认识,又很难控制自己的行为,因此,实施任何行为都不构成犯罪。(2) 相对负刑事责任年龄阶段。已满十二周岁不满十四周岁的人,犯故意杀人、故意伤害罪,致人死亡或者以特别残忍手段致人重伤造成严重残疾,情节恶劣,经最高人民检察院核准追诉的,应当负刑事责任。已满十四周岁不满十六周岁的人只对八种特定的犯罪,即犯故意杀人、故意伤害致人重伤或者死亡、强奸、抢劫、贩卖毒品、放火、爆炸、投放危险物质罪的,负刑事责任,犯其他罪的不负刑事责任。此年龄阶段的人,已经具有了对严重犯罪行为的辨认和控制的能力。因此,对《刑法》所明文列举的犯罪应当负刑事责任。(3) 完全负刑事责任年龄阶段。已满十六周岁的人犯罪,应当负刑事责任。此年龄阶段的人,已接受了较多的教育,身心发育比较成熟,对何为犯罪有了比较明确的认识,具有辨认、控制能力,能够控制自己是否实施犯罪行为,故应对一切犯罪承担刑事责任。

(二) 未成年人刑事责任年龄确定难的问题成因

确定未成年犯罪嫌疑人年龄主要依靠的是犯罪嫌疑人所持有的身份证明以

---

① 各国刑法关于刑事责任年龄的划分并不统一,主要有两分制、三分制和四分制三类划分标准。在我国理论界主要有四分法、依据不同标准进行分类、三分法等划分标准。

及户籍所在地公安机关派出所出具的户籍证明。但是有时户籍证明的记载也会存在错误，产生这一现象的原因主要有以下六点。

第一，我国户籍管理制度存在一定程度的管理混乱、信息采集滞后问题。我国户籍管理工作是由各级公安机关派出所负责的，其主要工作职责是对辖区内居民的出生、死亡、迁移等信息进行采集。但目前我国大部分农村地区是由村民委员会进行前期的信息采集工作，具体操作是由村民委员会人员对本村人口信息进行及时把握，而后在规定时间内将信息上报公安机关。这种操作程序无疑会造成公安机关无法及时采集信息，而且难以避免在上报信息的过程中造成误差，部分村民委员会在及时采集出生信息方面也存在很大问题，这种滞后的信息采集制度使得户籍资料出现错误的情况时有发生，也很大程度上减弱了户籍证明与法定身份证件的证明效力。

第二，农历与公历记载的混淆。我国法律规定必须按照公历的年、月、日来计算未成年犯罪嫌疑人的年龄，而且只有周岁生日那天过后，第二日才为已满周岁。但由于我国民族众多，历史悠久，很多农村及少数民族地区通常是按照我国的传统习惯以农历作为出生日期，而不是以法定的公历记载为准。依照农历出生日期上报户口信息的习惯无形中导致一些未成年犯罪嫌疑人的出生日期变大，在司法实践中这种情形经常出现。特别是存在犯罪嫌疑人年龄涉及刑事责任年龄边界的情况，犯罪嫌疑人按照农历出生日期计算已经达到刑事责任年龄，可是按照公历出生日期计算却未达到，这就使得在确定其年龄时容易出现误差。

第三，当事人在填报户口时存在瞒报、谎报，使得户籍证明信息在刑事诉讼开始前已经被更改，导致户籍证明上的年龄大于或小于实际年龄。基于户籍信息中的年龄信息关乎计划生育及何时入学等问题，对未成年犯罪嫌疑人密切相关的利益有很大影响，所以部分未成年犯罪嫌疑人的父母会在填报户口时更改子女的出生日期，例如涉及违反计划生育规定时，犯罪嫌疑人的父母为了逃避计生罚款经常会将子女年龄报小；出于能够让子女尽早入学、外出务工等原因，犯罪嫌疑人的父母也有可能会将子女年龄报大，司法实践中这两种情况经常出现。在正常情况下原始登记的户籍信息应该最为真实，但全国各地的户籍管理情况千差万别，有些地区户籍管理水平不够高，导致谎报、瞒报情况时有发生，给司法实践增加了不必要的麻烦，提高了调查未成年犯罪嫌疑人年龄的成本。

第四，事后故意篡改户籍证明、其他书证或者假冒他人姓名。故意篡改一般发生在犯罪嫌疑人以各种理由重新办理身份证件时，甚至可能会产生一人有不止一份法定身份证件的情况，有时犯罪嫌疑人的监护人和亲友会自己主动或在辩护人的教唆下提供给司法机关不真实的证据材料，或者利用亲属和乡邻关系伪造或涂改计生办证明、学籍证明、村委会证明等书证，用来证明犯罪嫌疑人实施犯罪行为时未达刑事责任年龄或系未成年人，从而逃避刑罚或获得从轻处理。司法实践中假冒他人姓名一般以成年人假冒未成年人以期能够免于承担或减轻刑事责任的情形居多，在通常情况下户籍证明中的姓名与此人在日常生活中使用的姓名应该是相同的，但有时部分犯罪嫌疑人会故意假冒他人姓名，使得侦查机关依据其供述要求其户籍所在地派出所出具户籍证明时，当地派出所在查询后称查无此人。在刑事诉讼中，犯罪嫌疑人故意篡改户籍或者假冒他人姓名，经常会给查证犯罪嫌疑人的年龄造成困扰。

第五，未填报户口以致侦查机关无法调取户籍证明。在超生现象普遍的地区，由于我国对计划生育的管理一向比较严格，有些家庭出于躲避超生罚款、避免失去工作等个人利益，很多父母会不给超生的孩子填报户口。如果这些没有填报户口的未成年人实施犯罪行为，就会出现无法从户籍证明中取证的情况，导致很难查清他们的真实年龄。

第六，户籍证明与言词证据不一致，无法相互印证。比较常见的是户籍证明与未成年犯罪嫌疑人自身供述彼此矛盾、户籍证明与亲友证言彼此矛盾、亲友证言与其他证人证言彼此矛盾、亲友证言与犯罪嫌疑人自身供述彼此矛盾等情况。

（三）刑事责任年龄的审查判断

刑事审判中，通常情况下认定被告人的年龄对案件处理没有很大影响，如成年被告人，但是涉及未成年人犯罪的案件时，年龄的准确认定就显得尤为重要，这关系到对被告人是否追究刑事责任，是否从轻或减轻处罚，甚至是否适用死刑等。因此，在刑事责任年龄认定时应当审慎小心，严格把握以下证据。

（1）书证。书证包括户籍证明、出生证明、防疫保健卡、学籍卡等，这些可以作为认定被告人年龄的依据。但实践中书证有时不能准确反映被告人的真实年龄，部分地区由于户籍管理不到位，医院发放的出生医学证明不规范，部分父母为了孩子参军、入学的方便，将孩子的年龄作了相应更改。《刑法》规定的刑事责任年龄应该按公历计算，但在农村，有的父母为孩子申报户口时未按规定报公历的出生日期，而是申报农历的出生日期，这就带来了年龄认定上的差异。如何解决上述问题？一般来说，防疫保健卡上记载的年龄是比较客观真实的，因为一个人一旦出生，便建立起防疫保健档案，进行防疫保健的时间在卡上会如实记载。如2002年12月有关法院审理的一起盗窃案件中，被告人的户籍管理卡出生日期是1984年10月，起诉认定的也是这个出生日期，庭审时，被告人自称是1984年农历十月出生，查阅万年历，发现1984年农历闰十月，如果被告人是后十月出生，则审理时未满十八周岁。按照法律规定，审理时未满十八周岁的，应通知其法定代理人及其聘请的或指定的辩护人参加诉讼，后经休庭补充查证，根据相关证人的证言及被告人防疫保健卡上记载的出生日期，认定被告人系1984年农历闰十月后一个月出生，被告人的合法权益得到了充分保护。因此，在依据书证认定被告人年龄时，亦不能一概而论，如有异议，需结合其他证据予以认定。

（2）证人证言。在书证无法取得或书证存在瑕疵时，对被告人的年龄认定可以依靠被告人供述及证人证言来认定。如部分地方，由于计划生育管理滞后，超计划生育，孩子的户口没有填报，属于"黑户"。如果地方人口流动频繁，也可能造成年龄认定的差异。因此，书证无法认定年龄时，可以通过证人证言来认定。哪些证人的证言比较客观真实？通常接生人员、与被告人同月出生的邻居的父母、被告人的父母及亲戚的证言比较可靠，如果与其他证据不相矛盾或有其他证据印证，可以采信。核查时有以下三点需要注意：一是在询问未成年犯罪嫌疑人的父母或者近亲时，要注意询问其是否为独生子女，如果不是独生子女还需要询问其兄弟姐妹的出生日期，尤其要注意他们出生时间的差距，看其是否与自然规律相符。二是应当向证人询问犯罪嫌疑人出生时的自然节气、自然环境等，并且要注意证据的关联性、合法性和真实性，不给证人留下翻供、作伪证的空间。三是如果通过对家庭以及生活环境的证言仍不能确定未成年犯罪嫌疑人的真实年龄，还可以向其接生员、街道乡镇干部、老师、同学等知情人进行询问，在获取到以上证人证言后，与现有证据相结合得出可以采纳的结论并写明原因。但并不是所有的证人证言均能证实被告人的年龄，应分析定之。如在一起寻衅滋事案件中，被告人自报一个出生日期，户籍证明上是不同的出生日期，辩护人提交的证人证言的出生日期亦与前两者不同。经调查，被告人是在家里由接生婆接生的，其父母称申报户口时为了入学方便将其出生日期做了更改，相关证人也证实被告人未满十八周岁。由于本案疑点较多，法官没有轻易采信证人证言，而是通过调查与被告人同是邻居又是同年同月出生的孩子的父母，发现与证人证言证实不符，后又调取了被告人的防疫保健卡，证实被告人犯罪时实际年龄已满十八周岁。所以在运用证人证言及被告人供述时要综合考虑，从而作出正确的评判。

（3）鉴定意见。随着现代科学技术的进步，根据一个人生长发育的特定规律，对一个人的年龄作出准确认定成为可能。常见的鉴定有骨龄鉴定、牙齿鉴定等。鉴定结论能否确定刑事责任年龄，最高人民检察院《关于"骨龄鉴定"能否作为确定刑事责任年龄证据使用的批复》作了如下规定：犯罪嫌疑人不讲真实姓名、住址,年龄不明的,可以委托进行骨龄鉴定或其他科学鉴定,经审查,鉴定结论能够准确确定犯罪嫌疑人实施犯罪行为时的年龄,可以作为判断犯罪嫌疑人年龄的证据使用,如果鉴定意见不能准确确定犯罪嫌疑人实施犯罪行为时的年龄,而且鉴定意见又表明犯罪嫌疑人年龄在《刑法》规定的应负刑事责任年龄上下的,应当依法慎重处理。

五、关联法律法规

(一)《中华人民共和国刑法》(2023年修正)

第十七条 已满十六周岁的人犯罪,应当负刑事责任。

已满十四周岁不满十六周岁的人,犯故意杀人、故意伤害致人重伤或者死亡、强奸、抢劫、贩卖毒品、放火、爆炸、投放危险物质罪的,应当负刑事责任。

已满十二周岁不满十四周岁的人,犯故意杀人、故意伤害罪,致人死亡或者以特别残忍手段致人重伤造成严重残疾,情节恶劣,经最高人民检察院核准追诉的,应当负刑事责任。

对依照前三款规定追究刑事责任的不满十八周岁的人,应当从轻或者减轻处罚。

因不满十六周岁不予刑事处罚的,责令其父母或者其他监护人加以管教;在必要的时候,依法进行专门矫治教育。

(二)最高人民检察院《人民检察院办理未成年人刑事案件的规定》(高检发研字〔2013〕7号)

第七十九条 本规定所称未成年人刑事案件,是指犯罪嫌疑人、被告人实施涉嫌犯罪行为时已满十四周岁、未满十八周岁的刑事案件,但在有关未成年人诉讼权利和体现对未成年人程序上特殊保护的条文中所称的未成年人,是指在诉讼过程中未满十八周岁的人,在诉讼过程中已满十八周岁的,人民检察院可以根据案件的具体情况适用本规定。

第八十条 实施犯罪行为的年龄,一律按公历的年、月、日计算。从周岁生日的第二天起,为已满××周岁。

(三)《最高人民法院关于审理未成年人刑事案件具体应用法律若干问题的解释》(2006年1月23日施行,法释〔2006〕1号)

第二条 刑法第十七条规定的"周岁",按照公历的年、月、日计算,从周岁生日的第二天起算。

第三条 审理未成年人刑事案件，应当查明被告人实施被指控的犯罪时的年龄。裁判文书中应当写明被告人出生的年、月、日。

第四条 对于没有充分证据证明被告人实施被指控的犯罪时已经达到法定刑事责任年龄且确实无法查明的，应当推定其没有达到相应法定刑事责任年龄。

相关证据足以证明被告人实施被指控的犯罪时已经达到法定刑事责任年龄，但是无法准确查明被告人具体出生日期的，应当认定其达到相应法定刑事责任年龄。

（四）《最高人民检察院关于"骨龄鉴定"能否作为确定刑事责任年龄证据使用的批复》（2000年2月21日实施，高检发研字〔2000〕6号）

犯罪嫌疑人不讲真实姓名、住址，年龄不明的，可以委托进行骨龄鉴定或其他科学鉴定，经审查，鉴定结论能够准确确定犯罪嫌疑人实施犯罪行为时的年龄的，可以作为判断犯罪嫌疑人年龄的证据使用。如果鉴定结论不能准确确定犯罪嫌疑人实施犯罪行为时的年龄，而且鉴定结论又表明犯罪嫌疑人年龄在刑法规定的应负刑事责任年龄上下的，应当依法慎重处理。

（五）最高人民法院关于适用《中华人民共和国刑事诉讼法的解释》（2021年3月1日施行，法释〔2021〕1号）

第一百四十六条 审查被告人实施被指控的犯罪时或者审判时是否达到相应刑事责任年龄，应当根据户籍证明、出生证明文件、学籍卡、人口普查登记、无利害关系人的证言等证据综合判断。

证明被告人已满十二周岁、十四周岁、十六周岁、十八周岁或者不满七十五周岁的证据不足的，应当作出有利于被告人的认定。

未成年人刑事犯罪法律适用

第2条

《刑法》第十七条第二款规定的八种犯罪，是指具体犯罪行为而不是具体罪名

一、聚焦司法案件裁判观点

■ 争议焦点

《刑法》第十七条中规定的"已满十四周岁不满十六周岁的人,犯故意杀人、故意伤害致人重伤或者死亡",是指只要故意实施了杀人、伤害行为并且造成了致人重伤或死亡后果的都应负刑事责任,还是指只有犯故意杀人罪、故意伤害罪的,才负刑事责任?

■ 裁判观点

1. 对于《刑法》第十七条中规定的"犯故意杀人、故意伤害致人重伤或者死亡",是指只要故意实施了杀人、伤害行为并且造成了致人重伤或死亡后果的,都应负刑事责任;而不是指只有犯故意杀人罪、故意伤害罪的,才负刑事责任。

2. 相对刑事责任年龄的人实施《刑法》第十七条第二款规定以外的行为,如果同时触犯了该款规定的,应当依照该款的规定确定罪名,定罪处罚。

二、司法案例样本对比

样本案例一
广西壮族自治区××市××区人民检察院诉李某某等人强奸案

• 法院

广西壮族自治区××市××区人民法院

- 诉讼主体

公诉机关：广西壮族自治区××市××区人民检察院

被告人：李某某、苏某某、蓝某某

- 基本案情

陈某某与被害人麦某某（女，2004年11月19日出生）之间有矛盾，陈某某通过被告人李某某（男，2003年1月6日出生）约麦某某见面。2017年3月17日晚，被告人李某某用手机发信息给麦某某，约其次日下午2点在某奶茶店见面，麦某某答应。同年3月18日下午，麦某某按事先的约定单独到上述地点与被告人李某某及陈某某、赵某某等人见面。双方交谈片刻后，被告人李某某等人将麦某某带到奶茶店附近的巷子里，伙同赵某某、陈某某对其实施殴打。之后，被告人李某某联系了麦某某的朋友张某某，张某某来到奶茶店，李某某与赵某某乘电动自行车离开。被告人李某某和赵某某到××市××区，与被告人苏某某（女，2001年6月17日出生）、被告人蓝某某（女，2001年6月7日出生）、杜某某、唐某某（另案处理）会合，李某某、苏某某等人为获取利益，经商量决定强迫麦某某卖淫。而后，被告人李某某与张某某联系，让张某某带麦某某到旅馆，并指使赵某某驾驶电动车去接张某某和麦某某。麦某某出于对好朋友张某某的信任，与张某某到达上述地点。张某某将麦某某送至旅馆后不久，便先行离开。李某某、苏某某、唐某某、蓝某某、杜某某采用威胁的方式逼迫麦某某卖淫，麦某某明确表示不愿意后，其遭到李某某、苏某某等人的殴打。在这期间被告人李某某将麦某某的照片发给被告人蓝某某，蓝某某再把麦某某的照片转发给姜某某（另案处理），姜某某同意出人民币800元与麦某某发生性行为，地点定在本市某商务酒店。随后，被告人蓝某某和杜某某强行将麦某某带到前述商务酒店，蓝某某把麦某某领入该酒店房间后离开。2017年3月21日起，公安人员将被告人李某某、苏某某、蓝某某、杜某某、唐某某及姜某某陆续抓获。

- 案件争点

本案构成强奸罪还是强迫卖淫罪？未满十六周岁的被告人是否应当对其强奸行为负刑事责任？

- 裁判要旨

《刑法》第十七条第二款规定："已满十四周岁不满十六周岁的人，犯故意杀人、故意伤害致人重伤或者死亡、强奸、抢劫、贩卖毒品、放火、爆炸、投放危险物质罪的,应当负刑事责任。"《全国人民代表大会常务委员会法制工作委员会关于已满十四周岁不满十六周岁的人承担刑事责任范围问题的答复意见》规定:"刑法第十七条第二款规定的八种犯罪,是指具体犯罪行为而不是具体罪名。对于刑法第十七条中规定的'犯故意杀人、故意伤害致人重伤或者死亡',是指只要故意实施了杀人、伤害行为并且造成了致人重伤、死亡后果的,都应负刑事责任。而不是指只有犯故意杀人罪、故意伤害罪的,才负刑事责任。对司法实践中出现的已满十四周岁不满十六周岁的人绑架人质后杀害被绑架人、拐卖妇女、儿童而故意造成被拐卖妇女、儿童重伤或死亡的行为,依据刑法是应当追究其刑事责任的。"综合以上规定的精神,对已满十六周岁的人评价其全部行为,而对已满十四周岁不满十六周岁的人仅评价上述八种行为,以相应的罪名定罪处罚。李某某等未成年被告人应对其实施的强奸行为负刑事责任,表现在:先行的暴力胁迫行为致使被害人不敢反抗,通过强迫其卖淫的方式,侵害被害人的性自主权,应以强奸罪论处。在共同犯罪中,各被告人积极参与,不宜区分主从犯。被告人性侵对象系不满十四岁的幼女,应予从重处罚。

样本案例二
河南省××县人民检察院诉陈某某、蒋某某强奸、组织未成年人进行违反治安管理活动案

- **法院**

河南省××县人民法院

- **诉讼主体**

公诉机关:河南省××县人民检察院
被告人:陈某某、蒋某某

- **基本案情**

被告人陈某某(男,2000年12月15日出生),被告人蒋某某(女,2003年6月26日出生)。2019年4月5日下午,被告人蒋某某伙同王某某预谋带被害人赵某某(女,2005年11月1日出生)到娱乐场所从事有偿陪侍活动,并将赵某某约至××县某中学附近见面,被告人蒋某某、陈某某等人见到赵某某后,蒋某某以赵某某多次对其爽约为由对赵某某实施殴打,接着蒋某某等人将

赵某某带至该县某广场操场内,再次对赵某某进行殴打,并用手机对赵某某录音,逼迫赵某某亲口承诺愿意到 KTV 从事有偿陪侍活动,后蒋某某等人将再次殴打赵某某的情况告知陈某某。当天 23 时许,蒋某某将赵某某带至某 KTV 从事有偿陪侍活动。2019 年 4 月 6 日凌晨 3 时许,蒋某某、陈某某等人将赵某某带至某宾馆,陈某某向蒋某某表达找女孩发生性关系的想法,蒋某某遂唆使陈某某和赵某某发生性关系,并以陈某某脾气不好、比较狠为由威胁赵某某脱掉衣服前往陈某某房间,后陈某某在房间内先后两次对赵某某实施奸淫。

2018 年以来,被告人陈某某、蒋某某组织未成年女性到娱乐场所进行有偿陪侍,蒋某某负责联系、召集未成年女性,陈某某负责解决未成年女性在有偿陪侍过程中发生的纠纷,二人从中牟利。陈某某、蒋某某组织史某某、赵某某、王某某等未成年女性在多家 KTV 从事有偿陪侍,并从中牟利。

• 案件争点

被告人蒋某某对何种行为负刑事责任?

• 裁判要旨

被告人陈某某、蒋某某以暴力、胁迫手段强奸幼女,其行为构成强奸罪,并依法应当从重处罚。本案的强奸犯罪是共同犯罪,在共同犯罪中,陈某某的行为积极主动,系主犯,蒋某某在犯罪过程中起次要作用,系从犯,依法应从轻、减轻处罚。陈某某一人犯数罪,应当数罪并罚。蒋某某犯罪时未满十八周岁,系未成年被告人,依法应当对其从轻或者减轻处罚。陈某某、蒋某某归案后均能如实供述自己的主要罪行,系坦白,依法可对其从轻处罚。陈某某、蒋某某均系初犯,取得被害人亲属谅解,可酌情从轻处罚。陈某某、蒋某某自愿如实供述自己的罪行,承认指控的犯罪事实,愿意接受处罚,依法可从宽处理。其辩护人与此相关的辩护意见予以采纳。关于陈某某辩护人所辩称陈某某犯组织未成年人从事违反治安管理活动罪证据不足的问题,经查,公诉机关提供的证人证言、微信转账记录、被害人陈述等证据之间能够相互印证,足以证实陈某某组织未成年人在多家 KTV 从事有偿陪侍活动,辩护人所辩与查明的事实不符,法院不予采纳。结合庭审查明的被告人蒋某某的成长经历可以看出,蒋某某走上犯罪道路的原因是:父母溺爱,过早踏入社会,辨别是非的能力差,法治观念淡漠,未树立正确的人生观,以致走上犯罪的道路。被告人陈某某组织未成年人进行违反治安管理的活动,其行为已构成组织未成年人进行违反治安管理活动。

三、司法案例类案甄别

（一）事实对比

样本案例一李某某等人强奸案，陈某某与被害人麦某某之间有矛盾，陈某某通过被告人李某某约麦某某见面。2017年3月17日晚，被告人李某某用手机发信息约麦某某次日下午2点在奶茶店见面，麦某某答应。同年3月18日下午，麦某某按事先的约定单独到上述地点与被告人李某某及陈某某、赵某某等人见面。双方交谈片刻后被告人李某某将麦某某带到奶茶店附近的巷子里，伙同其他人对其实施殴打。之后，被告人李某某和赵某某与被告人苏某某、被告人蓝某某、杜某某、唐某某会合，李某某、苏某某等人为获取利益，经商量决定强迫麦某某卖淫。而后，被告人李某某通过麦某某的好友张某某将麦某某送至旅馆。被告人李某某、苏某某、唐某某、蓝某某、杜某某采用威胁的方式逼迫麦某某卖淫，麦某某明确表示不愿意后，其遭到李某某、苏某某等人殴打。在这期间被告人李某某将麦某某的照片发给被告人蓝某某，蓝某某再把麦某某的照片转发给姜某某，姜某某同意出人民币800元与麦某某发生性行为，地点定在某商务酒店。随后，被告人蓝某某和杜某某强行将麦某某带到前述商务酒店，蓝某某把麦某某领入该酒店房间后离开。随后，公安人员陆续将被告人李某某等人抓获。

样本案例二陈某某、蒋某某强奸、组织未成年人进行违反治安管理活动案，2019年4月5日下午，被告人蒋某某伙同王某某预谋带被害人赵某某到娱乐场所从事有偿陪侍活动，并将赵某某约至××县某中学附近见面，被告人蒋某某、陈某某等人见到赵某某后，蒋某某等人对赵某某实施殴打，并用手机对赵某某录音，逼迫赵某某亲口承诺愿意到KTV从事有偿陪侍活动。当天23时许，蒋某某将赵某某带至某KTV从事有偿陪侍活动。2019年4月6日凌晨3时许，蒋某某、陈某某等人将赵某某带至宾馆，陈某某向蒋某某表达找女孩发生性关系的想法，蒋某某遂唆使陈某某和赵某某发生性关系，并威胁赵某某，让赵某某脱掉衣服前往陈某某房间，后陈某某在房间内先后两次对赵某某实施奸淫。

从认定事实情况看，样本案例一、二查明事实均围绕被告人具体实施何种犯罪行为展开。样本案例一李某某、苏某某、蓝某某等未成年被告人先行使用暴力、胁迫手段致使被害人不敢反抗后强迫其与他人发生性关系，侵害的是被害人的性自主权，被告人实施的是强奸行为；样本案例二蒋某某通过暴力、胁迫等手段致使被害人不敢反抗,后要求被害人在KTV提供有偿陪侍服务,并强迫被害人与被告人陈某某发生性关系,其实施的是强奸和组织未成年人进行违反治安管理活动的行为,但因蒋某某未满16周岁,故只对强奸行为负刑事责任。

(二)适用法律对比

样本案例一李某某等人强奸案,法院认为,《刑法》第十七条第二款规定:"已满十四周岁不满十六周岁的人,犯故意杀人、故意伤害致人重伤或者死亡、强奸、抢劫、贩卖毒品、放火、爆炸、投放危险物质罪的,应当负刑事责任。"《全国人民代表大会常务委员会法制工作委员会关于已满十四周岁不满十六周岁的人承担刑事责任范围问题的答复意见》规定:"刑法第十七条第二款规定的八种犯罪,是指具体犯罪行为而不是具体罪名。对于刑法第十七条中规定的'犯故意杀人、故意伤害致人重伤或者死亡',是指只要故意实施了杀人、伤害行为并且造成了致人重伤、死亡后果的,都应负刑事责任。而不是指只有犯故意杀人罪、故意伤害罪的,才负刑事责任。"综合以上规定的精神,对已满十六周岁的人评价其全部行为,而对已满十四周岁不满十六周岁的人仅评价八种行为,以相应的罪名定罪处罚。李某某等未成年被告人应对其实施的强奸行为负刑事责任,表现在:先行的暴力胁迫行为致使被害人不敢反抗,通过强迫其卖淫的方式,侵害被害人的性自主权,应以强奸罪论处。在共同犯罪中,各被告人积极参与,不宜区分主从犯。被告人性侵对象系不满十四岁的幼女,应予从重处罚。

样本案例二陈某某、蒋某某强奸、组织未成年人进行违反治安管理活动案,法院认为,被告人陈某某、蒋某某以暴力、胁迫手段强奸幼女,其行为构成强奸罪,并依法应当从重处罚。被告人陈某某组织未成年人进行违反治安管理的活动,其行为已构成组织未成年人进行违反治安管理活动罪。本案的强奸犯罪是共同犯罪,在共同犯罪中,陈某某的行为积极主动,系主犯;蒋某某在犯罪过程中起次要作用,系从犯,依法应从轻、减轻处罚。陈某某一人犯数罪,应当数罪并罚。蒋某某犯罪时未满十八周岁,系未成年被告人,依法应当对其从轻或者减轻处罚。陈某某、蒋某某归案后均能如实供述自己的主要罪行,系坦白,依法可对其从轻处罚。陈某某、蒋某某均系初犯,取得被害人亲属谅解,可酌情从轻处罚。陈某某、蒋某某自愿如实供述自己的罪行,承认指控的犯罪事实,愿意接受处罚,依法可从宽处理。

从法律适用情况看,样本案例一、二适用的主要为《刑法》第十七条第二款、第三款规定:"已满十四周岁不满十六周岁的人,犯故意杀人、故意伤害致人重伤或者死亡、强奸、抢劫、贩卖毒品、放火、爆炸、投放危险物质罪的,应当负刑事责任。对依照前三款规定追究刑事责任的不满十八周岁的人,应当从轻或者减轻处罚。"《全国人民代表大会常务委员会法制工作委员会关于已满十四周岁不满十六周岁的人承担刑事责任范围问题的答复意见》规定:"刑法第十七条第二款规定的八种犯罪,是指具体犯罪行为而不是具体罪名。"

(三)适用法律程序对比

样本案例一、二从适用法律程序情况看,按照《最高人民法院关于人民法院案件案号的若干规定》要求及审理机关等级,经查样本案例一、二均为一审刑事案件,适用的均为一审程序。

(四)类案检索大数据报告

时间截至 2022 年 11 月 16 日,案例来源为 Alpha 案例库,案件数量为 34 353 件,数据采集时间为 2022 年 11 月 16 日,本次检索共获取关于认定未成年人犯罪行为的裁判文书共 34 353 篇。

从案件程序分类统计可以看到未成年人犯罪当前的审理程序分布状况,其中一审案件有 28 948 件,二审案件有 5 020 件,再审案件有 293 件,执行案件有 45 件,并能够推算出一审上诉率约为 17.34%。

如图 2-1 所示,对二审裁判结果进行可视化分析可以看到,当前条件下维持原判的有 3 258 件,占比为 64.90%;改判的有 1 577 件,占比为 31.41%;其他为 171 件,占比为 3.41%。

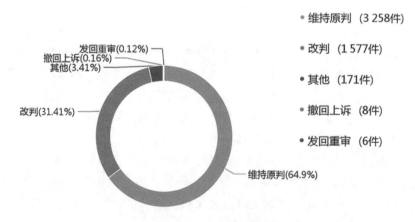

图 2-1 二审裁判结果情况

如图 2-2 所示,对再审裁判结果进行可视化分析可以看到,当前条件下改判的有 163 件,占比为 55.63%;其他为 67 件,占比为 22.87%;维持原判的有 62 件,占比为 21.16%。

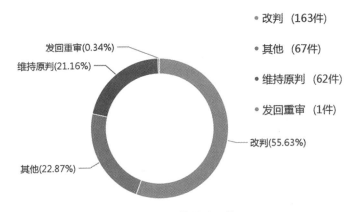

图 2-2　再审裁判结果情况

如图 2-3 所示，对主刑适用情况进行可视化分析可以看到，当前条件下包含有期徒刑的案件有 28 249 件，包含拘役的案件有 2 455 件，包含无期徒刑的案件有 946 件。

图 2-3　主刑适用情况

如图 2-4 所示，对附加刑适用情况进行可视化分析可以看到，当前条件下包含罚金的案件有 19 705 件，包含剥夺政治权利的案件有 2 580 件，包含没收财产的案件有 2 232 件。

图 2-4　附加刑适用情况

四、类案裁判规则的解析确立

（一）已满十四周岁不满十六周岁的人犯八大重罪应当负刑事责任

我国《刑法》第十七条是关于刑事责任年龄的规定：（1）不满十二周岁的人，不管实施何种危害社会的行为，都不负刑事责任，即为完全无刑事责任年龄。（2）已满十二周岁不满十四周岁的人，犯故意杀人、故意伤害罪，致人死亡或者以特别残忍手段致人重伤造成严重残疾，情节恶劣，经最高人民检察院核准追诉的，应当负刑事责任。（3）已满十四周岁不满十六周岁的人，犯故意杀人、故意伤害致人重伤或者死亡、强奸、抢劫、贩卖毒品、放火、爆炸、投放危险物质罪的，应当负刑事责任，即为相对刑事责任年龄。不犯上述之罪的，不追究刑事责任。注意，刑事责任年龄的起算点为十四周岁。（4）已满十六周岁的人犯罪，对任何犯罪都应当负刑事责任，即为完全刑事责任年龄。

实施犯罪时的年龄，一律按照公历的年、月、日计算。刑事责任年龄的计算，以周岁计算，即以过了周岁生日第二天起算；犯罪行为有持续或连续状态的，以行为状态结束之时行为人的实际年龄来确定。

（二）《刑法》第十七条规定的八种犯罪是指具体犯罪行为而不是具体罪名

《刑法》第十七条第二款规定的八种犯罪，是指具体犯罪行为而不是具体罪名。根据《全国人民代表大会常务委员会法制工作委员会关于已满十四周岁不满十六周岁的人承担刑事责任范围问题的答复意见》的规定，对于《刑法》第十七条中规定的"犯故意杀人、故意伤害致人重伤或者死亡"，是指只要故意实施了杀人、伤害行为并且造成了致人重伤死亡后果的，都应负刑事责任，而不是指只有犯故意杀人罪、故意伤害罪的，才负刑事责任。相对刑事责任年龄的人实施《刑法》第十七条第二款规定以外的行为，如果同时触犯了该款规定的，应当依照该款的规定确定罪名，定罪处罚。例如，对司法实践中出现的已满十四周岁不满十六周岁的人绑架人质后杀害被绑架人，拐卖妇女、儿童而故意造成被拐卖妇女、儿童重伤或死亡的行为，依据《刑法》是应当追究其刑事责任的。此外，2006年1月《最高人民法院关于审理未成年人刑事案件具体应用法律若干问题的解释》第十条第一款规定："已满十四周岁不满十六周岁的人盗窃、诈骗、抢夺他人财物，为窝藏赃物抗拒抓捕或者毁灭罪证，当场使用暴力，故意伤害致人重伤或者死亡,或者故意杀人的,应当分别以故意伤害罪或者故意杀人罪定罪处罚。"因此,从司法解释看,《刑法》第十七条第二款规定的八种犯罪,是指具体犯罪行为而不是具体罪名。

五、关联法律法规

(一)《中华人民共和国刑法》(2023年修正)

第十七条 已满十六周岁的人犯罪,应当负刑事责任。

已满十四周岁不满十六周岁的人,犯故意杀人、故意伤害致人重伤或者死亡、强奸、抢劫、贩卖毒品、放火、爆炸、投放危险物质罪的,应当负刑事责任。

已满十二周岁不满十四周岁的人,犯故意杀人、故意伤害罪,致人死亡或者以特别残忍手段致人重伤造成严重残疾,情节恶劣,经最高人民检察院核准追诉的,应当负刑事责任。

对依照前三款规定追究刑事责任的不满十八周岁的人,应当从轻或减轻处罚。

因不满十六周岁不予刑事处罚的,责任其父母或者其他监护人加以管教;在必要的时候,依法进行专门矫治教育。

(二)《全国人民代表大会常务委员会法制工作委员会关于已满十四周岁不满十六周岁的人承担刑事责任范围问题的答复意见》(2002年7月24日施行,法工委复字〔2002〕12号)

刑法第十七条第二款规定的八种犯罪,是指具体犯罪行为而不是具体罪名。对于刑法第十七条中规定的"犯故意杀人、故意伤害致人重伤或者死亡",是指只要故意实施了杀人、伤害行为并且造成了致人重伤、死亡后果的,都应负刑事责任。而不是指只有犯故意杀人罪、故意伤害罪的,才负刑事责任,绑架撕票的,不负刑事责任。对司法实践中出现的已满十四周岁不满十六周岁的人绑架人质后杀害被绑架人,拐卖妇女、儿童而故意造成被拐卖妇女、儿童重伤或死亡的行为,依据刑法是应当追究其刑事责任的。

(三)《最高人民检察院关于相对刑事责任年龄的人承担刑事责任范围有关问题的答复》(2003年4月18日施行,〔2003〕高检研发第13号)

一、相对刑事责任年龄的人实施了刑法第十七条第二款规定的行为,应当追究刑事责任的,其罪名应当根据所触犯的刑法分则具体条文认定。对于绑架后杀害被绑架人的,其罪名应认定为绑架罪。

二、相对刑事责任年龄的人实施了刑法第二百六十九条规定的行为的,应当依照刑法第二百六十三条的规定,以抢劫罪追究刑事责任。但对情节显著轻微,危害不大的,可根据刑法第十三条的规定,不予追究刑事责任。

(四)《最高人民法院关于审理未成年人刑事案件具体应用法律若干问题的解释》(2006年1月23日施行,法释〔2006〕1号)

第十条第一款 已满十四周岁不满十六周岁的人盗窃、诈骗、抢夺他人财物,为窝藏赃物、抗拒抓捕或者毁灭罪证,当场使用暴力,故意伤害致人重伤或者死亡,或者故意杀人的,应当分别以故意伤害罪或者故意杀人罪定罪处罚。

未成年人刑事犯罪法律适用

第 3 条

已满十四周岁不满十六周岁的未成年人不构成转化型抢劫犯罪

一、聚焦司法案件裁判观点

■ 争议焦点

已满十四周岁不满十六周岁的未成年人是否能够成为转化型抢劫犯罪的主体？

■ 裁判观点

1. 已满十四周岁不满十六周岁的未成年人不构成转化型抢劫犯罪。
2. 已满十四周岁不满十六周岁的人盗窃、诈骗、抢夺他人财物，为窝藏赃物、抗拒抓捕或者毁灭罪证，当场使用暴力，故意伤害致他人重伤或者死亡，或者其故意实施杀人行为的，应分别以故意伤害罪或者故意杀人罪对行为人定罪处罚。

二、司法案例样本对比

样本案例一

四川省××市××区人民检察院诉王某某抢劫案

- **法院**

四川省××市××区人民法院

- **诉讼主体**

公诉机关：四川省××市××区人民检察院
被告人：王某某

• 基本案情

被告人王某某（男，1996年3月5日出生），2010年10月29日因涉嫌犯抢劫罪被依法逮捕。

四川省××市××区人民检察院以被告人王某某犯抢劫罪，向四川省××市××区人民法院提起公诉。

四川省××市××区人民法院经不公开开庭审理查明：2010年9月29日12时40分许，被告人王某某窜至本市某小区时，发现住户戴某某家房门虚掩，遂潜入该住户房内盗得项链两根、项链坠一个，后被戴某某发现并将其挡在户内。王某某为达到逃离现场的目的，当场将戴某某头部、手部咬伤后挣脱逃出房间至该小区正门入口，被该小区保安人员挡获。小区保安人员从其鞋内搜出项链两根、项链坠一个。公安人员接到报警后赶到现场将王某某抓获归案。经鉴定，王某某窃得的项链两根、项链坠一个，共价值人民币2 728元。案发后，该物品已发还被害人。诉讼中，被告人王某某对公诉机关指控的犯罪事实无异议，并自愿认罪，其亲属代其缴纳罚金500元。

四川省××市××区人民法院认为，被告人王某某在实施盗窃行为后，为抗拒抓捕当场使用暴力，其行为已触犯《刑法》，构成抢劫罪。被告人王某某犯罪时已满十四周岁不满十六周岁，应当对其从轻或减轻处罚；其自愿认罪，案发后犯罪所得已经追回并发还失主，可酌情对其从轻处罚。根据被告人王某某的犯罪事实、性质、认罪态度及对社会的危害程度，不宜对其适用缓刑，决定对其减轻处罚。最终四川省××市××区人民法院以被告人王某某犯抢劫罪，判处有期徒刑三年六个月，并处罚金500元。

一审宣判后，被告人王某某以原判量刑过重为由，向四川省××市中级人民法院提出上诉，请求撤销原判，减轻处罚，改判缓刑。其主要上诉意见是：自己在盗窃时未想过抢劫，是在被房主发现时为挣脱，才在楼梯口电梯处咬伤被害人，其不是在屋内实施的咬人行为，一审对其量刑过重。其辩护人提出的主要辩护意见是：（1）王某某犯罪情节轻微，社会危害性不大，主观恶性小；（2）王某某犯罪时才十四周岁，系初次犯罪，已赔偿了被害人的全部损失，取得了被害人的谅解，犯罪后有悔罪表现。综上，请求对其适用缓刑。

二审审理中，辩护人当庭出示了被害人戴某某出具的谅解书，证明戴某某对王某某的行为予以谅解。该证据经庭审质证，被告人王某某、出庭检察员均无异议，四川省××市中级人民法院予以采信。

四川省××市中级人民法院审理后认为，被告人王某某在入户盗窃数额较大的公私财物后，为抗拒抓捕而当场使用暴力的事实清楚，证据确实、充分,其行为符合转化型抢劫犯罪的客观构成要件。其实施被指控的犯罪时已满十四周岁不满十六周岁,根据《刑法》第十七条第二款的规定,对其盗窃行为不负刑事责任;根据《刑法》第二百六十三条、第二百六十九条和《最高人民法院关于审理未成年人刑事案件具体应用法律若干问题的解释》第十条第一款之规定,已满十四周岁不满十六周岁的未成年人,不管在何种情况下,均不能适用《刑法》第二百六十九条的规定转化为抢劫罪,故其盗窃后为抗拒抓捕而当场使用暴力的行为不构成抢劫罪。其后续暴力行为属故意伤害行为,因该行为未致人重伤或死亡的后果,故其暴力行为不构成故意伤害罪。被告人王某某因不满十六周岁不予刑事处罚,依法责令其法定代理人加以管教。原公诉机关指控王某某犯抢劫罪不成立。对被告人王某某的上诉意见和辩护人的辩护意见因与本案查明的事实和法律规定不符,不予采纳。原判认定事实清楚,审判程序合法,但适用法律错误,应予改判。依照《刑法》第十七条第二款、第四款,第二百六十三条,第二百六十九条,《最高人民法院关于审理未成年人刑事案件具体应用法律若干问题的解释》第十条第一款和《中华人民共和国刑事诉讼法》(1996年)第一百八十九条第二项、《最高人民法院关于执行〈中华人民共和国刑事诉讼法〉若干问题的解释》第一百七十六条第六项之规定,四川省××市中级人民法院裁定撤销四川省××市××区人民法院的刑事判决,被告人王某某不负刑事责任。

• **案件争点**

1. 已满十四周岁不满十六周岁的未成年人,在盗窃过程中,为抗拒抓捕而当场使用暴力,是否可以构成转化型抢劫罪?

2. 对于行为人因不满十六周岁不符合犯罪主体构成要件的,刑事判决书主文应如何表述?

• **裁判要旨**

根据《刑法》规定,犯盗窃、诈骗、抢夺罪,为窝藏赃物、抗拒抓捕或者毁灭罪证而当场使用暴力或者以暴力相威胁的,构成转化型抢劫犯罪。据此,盗窃、诈骗、抢夺罪系转化型抢劫犯罪构成的基础。本案中,王某某系已满十四周岁不满十六周岁的未成年人,由于《刑法》第十七条规定,已满十四周岁不满十六周岁的人,只有在犯故意杀人、故意伤害致人重伤或者死亡、强奸、抢劫、贩卖毒品、放火、爆炸、投放危险物质罪的,才应当负刑事责任。而盗窃罪不在此八种犯罪中,故王某某依法对盗窃罪不负刑事责任,因此,不具备转化型抢劫罪的基础。

此外,《最高人民法院关于审理未成年人刑事案件具体应用法律若干问题的解释》亦有规定,"已满十四周岁不满十六周岁的人盗窃、诈骗、抢夺他人财物,为窝藏赃物、抗拒抓捕或者毁灭罪证,当场使用暴力,故意伤害致人重伤或者死亡,或者故意杀人的,应当分别以故意伤害罪或者故意杀人罪定罪处罚。"据此,已满十四周岁不满十六周岁的未成年人,在盗窃过程中,为抗拒抓捕而当场使用暴力,依法不构成转化型抢劫罪。如果在此过程中,故意伤害致人重伤或者死亡,或者故意杀人的,应分别以故意伤害罪或者故意杀人罪定罪处罚。本案中,王某某在盗窃过程中,为抗拒抓捕,咬伤戴某某的行为,虽系故意伤害,但因该行为未致人重伤或死亡,故其暴力行为不构成故意伤害罪。

样本案例二
云南省××县人民检察院诉何某某抢劫、故意杀人案

• **法院**

云南省××中级人民法院

• **诉讼主体**

公诉机关:云南省××县人民检察院

被告人:何某某

• **基本案情**

被告人何某某,2006年10月28日出生。2020年6月22日13时许,何某某采用翻墙的方式进入被害人杨某某家租住的出租房内实施盗窃。何某某在杨某某父母的卧室翻找财物的过程中被睡在床上的杨某某(2005年4月29日出生)发现。何某某将杨某某勒晕后继续翻找财物。其间,杨某某醒来2次均又被何某某勒晕。何某某在杨某某父母的卧室内共找到3部手机和1条未开封的香烟。在杨某某第3次醒来之后,何某某为防止杨某某将此事告诉父母,从卧室外拿了一根棍子对杨某某实施殴打,并将杨某某丢入水井,将井盖盖起来。杨某某漂浮在水面未落入井底,何某某又用水泥块和红砖砸向水井中的杨某某。在杨某某保证不会将此事告诉父母并试图爬出水井时,何某某才将其从井里拉出,但仍继续用棍子对杨某某实施殴打。在杨某某保证一定不会告诉父母之后,何某某对现场进行了简单打扫,拿着抢来的3部手机和1条香烟离开。经鉴定,

杨某某的伤情为轻伤二级。杨某某家被抢走的3部手机价值人民币760元，1条未开封的香烟价值人民币125元。

云南省××县人民法院于2021年1月25日作出一审刑事附带民事判决：一、被告人何某某犯抢劫罪，判处有期徒刑三年零六个月，并处罚金人民币1 000元，犯故意杀人罪（未遂），判处有期徒刑三年；总和刑期六年零六个月，并处罚金人民币1 000元；决定执行有期徒刑六年，并处罚金人民币1 000元。二、随案移送的作案工具依法没收。三、由被告人何某某的法定代理人，即附带民事诉讼被告人何某某、吴某某赔偿附带民事诉讼原告人杨某某伤后的医疗费2 423.23元、护理费1 700元、住院伙食补助费1 700元、交通费150元、鉴定费1 000元，合计人民币6 973.23元（扣除何某某已经支付的1 424.60元，实际应支付人民币5 548.63元）。四、驳回附带民事诉讼原告人杨某某的其他诉讼请求。

原审被告人何某某对刑事部分不服，以原判量刑过重，以要求从轻处罚为由提出上诉。云南省××中级人民法院于2021年3月25日作出终审刑事判决如下：一、维持云南省××县人民法院刑事附带民事判决第二、三、四项，即附带民事和没收作案工具判决部分。二、撤销云南省××县人民法院刑事附带民事判决第一项，即被告人何某某的定罪量刑部分。三、被告人何某某犯抢劫罪，判处有期徒刑三年零六个月，并处罚金人民币1 000元，犯故意杀人罪（中止），判处有期徒刑二年零六个月，总和刑期六年，并处罚金人民币1 000元，决定执行有期徒刑五年，并处罚金人民币1 000元。

• 案件争点

已满十四周岁不满十六周岁的未成年人转化型抢劫罪如何排除认定？

• 裁判要旨

二审法院认为，原判决认定何某某犯抢劫罪为转化型犯罪，故意杀人罪为犯罪未遂不当，已满十四周岁不满十六周岁的未成年人入户盗窃，为窝藏赃物、抗拒抓捕或者毁灭罪证而当场使用暴力或以暴力相威胁，不构成转化型抢劫；但因入户盗窃被发现，为非法取得财物，而当场使用暴力或以暴力相威胁，属于直接升级抢劫，不属于转化型抢劫；如果抢劫发生在户内，应认定为入户抢劫。上诉人（原审被告人）何某某无视国家法律，以非法占有为目的，在入户盗窃时被发现而当场使用暴力实施抢劫，是入户抢劫，其行为已构成抢劫罪。何某某抢劫后，因惧怕事情败露，为灭口而将被害人杨某某丢入井里并用红砖和水泥块砸打杨某某等行为，其主观上具有非法剥夺杨某某生命的故意，其行为已构成故意杀人罪。但在实施故意杀人行为过程中，何某某因杨某某明确保证不会将此事告诉父母而自动放弃了进一步对杨某某的加害，防止了杨某某死亡结果的发生，属犯罪中止，依法应当减轻处罚。何某某一人犯数罪，依法应当数罪并罚。何某某犯罪时已满十四周岁未满十八周岁，系未成年人，依法应当从轻、减轻处罚；何某某归案后如实供述自己的罪行，积极赔偿被害人的部分经济损失，认罪认罚，依法可以从轻处罚。

样本案例三

湖南省××市××区人民检察院诉李某某、袁某某抢劫、盗窃、寻衅滋事案

- **法院**

湖南省××市中级人民法院

- **诉讼主体**

公诉机关：湖南省××市××区人民检察院

被告人：李某某、袁某某

- **基本案情**

（一）抢劫罪事实

被告人李某某，男，1993年3月18日出生。被告人袁某某，男，1992年7月26日出生。

1.2010年2月15日凌晨3时许，被告人李某某、袁某某、裴某某、"银子别"（在逃）四人，携带砍刀、海剪等作案工具，窜至某烟酒店，抢得现金200元，香烟价值8 586元。

2.2010年3月15日凌晨4时许，被告人袁某某、谭某某、唐某某、王某某携带砍刀、匕首，窜至某工地，抢得工地钢架扣件400套，价值1 440元。

3.2010年3月16日凌晨3时许，被告人袁某某、谭某某、唐某某、王某某携带砍刀、匕首，搭乘的士（出租车），当车行至某社区前时，对的士司机邹某进行抢劫，抢得现金400元，某品牌手机一部，价值466元。

（二）盗窃罪事实

1. 2009年10月8日凌晨，被告人李某某伙同"凯妹儿"等人窜至某集团电线电缆公司漆包线成品仓库，盗得某甲型号铜线40公斤，价值2 720元；盗得某乙型号铜线200公斤，价值13 200元。销赃得款10 000元，被告人李某某分得赃款2 000元。

2. 2010年1月29日凌晨5时许，被告人李某某、裴某某伙同段某某、黄某某，窜至某集团修造分公司材料库房，采取爬窗入室的方式，盗得电缆线71米，价值5 573元，而后销赃得款1 400元。

（三）寻衅滋事罪事实

2010年2月28日晚上，被告人袁某某、谭某某在上网聊天时，与某中学学生张某某发生了矛盾。次日下午5时许，被告人袁某某、谭某某在某中学找到张某某后，随即电话通知黄某某携带砍刀等凶器前来，黄某某、彭某某等伙同袁某某等人携带砍刀赶到某中学，被告人袁某某、谭某某、黄某某、彭某某等人在围殴张某某过程中，误以为邓某某打电话叫人给张某某帮忙，于是谭某某上前踢了邓某某一脚，被告人袁某某手持砍刀朝邓某某头部砍了一刀。

• **案件争点**

被告人李某某的抢劫罪如何认定？

• **裁判要旨**

一审法院认为，被告人李某某以暴力、胁迫等方法抢劫他人财物，数额巨大；以非法占有为目的，盗窃公私财物，数额特别巨大；在公共场所随意殴打他人，破坏社会秩序，其行为分别构成抢劫罪、盗窃罪、寻衅滋事罪。因本案主要论述李某某的抢劫行为，以下略去其他内容。

二审法院认为，上诉人（原审被告人）李某某以暴力、胁迫等方法抢劫他人财物，数额巨大；以非法占有为目的，盗窃公私财物，数额特别巨大；在公共场所随意殴打他人，情节恶劣，破坏社会秩序；其行为分别构成抢劫罪、盗窃罪、寻衅滋事罪，在共同抢劫犯罪中，上诉人李某某等人均系主犯。上诉人李某某称抢劫罪的第一笔定性错误。经查，2010年2月15日凌晨3时许，上诉人李某某等四人在某烟酒店盗窃时，被守店的人发现，四人遂逃离现场，后认为只有一个女人守店，便又持刀返回该店进行抢劫。上诉人李某某等四人在被发现后又持刀返回进行抢劫的行为，符合转化型抢劫的犯罪构成。故该上诉理由不成立，二审法院不予采纳。

三、司法案例类案甄别

（一）事实对比

样本案例一王某某抢劫案，2010年9月29日12时40分许，被告人王某某窜至某小区时，发现住户戴某某家房门虚掩，遂潜入该住户房内盗得项链两根、项链坠一个，后被戴某某发现并将其挡在户内。王某某为达到逃离现场的目的，当场将戴某某咬伤后挣脱逃出房间，后被该小区保安人员挡获。小区保安人员从其鞋内搜出项链两根、项链坠一个。公安人员接到报警后赶到现场将王某某抓获归案。

样本案例二何某某抢劫案，2020年6月22日13时许，何某某采用翻墙的方式进入被害人杨某某家租住的出租房内实施盗窃。何某某在杨某某父母的卧室翻找财物的过程中被睡在床上的杨某某发现，何某某将杨某某勒晕后继续翻找财物。其间，杨某某醒来2次均又被何某某勒晕。在杨某某第3次醒来之后，何某某为防止杨某某将此事告诉父母，从卧室外拿了一根棍子对杨某某实施殴打，并将其丢在了天井里的水井内，将井盖盖起来。杨某某漂浮在水面未落入井底，何某某又用水泥块和红砖砸向水井中的杨某某。在杨某某保证不会将此事告诉父母并试图爬出水井时，何某某将其从井里拉出，但仍继续用棍子对杨某某实施殴打。在杨某某保证一定不会告诉父母之后，何某某对现场进行了简单打扫，拿着抢来的3部手机和香烟离开。

样本案例三李某某、袁某某抢劫、盗窃、寻衅滋事案，其抢劫罪事实为：2010年2月15日凌晨3时许，被告人李某某、袁某某、裴某某、"银子别"四人，携带砍刀、海剪等作案工具，窜至某烟酒店，抢得现金200元，香烟价值8586元；2010年3月15日凌晨4时许，被告人袁某某、谭某某、唐某某、王某某携带砍刀、匕首，窜至某工地，抢得工地钢架扣件400套，价值1440元；2010年3月16日凌晨3时许，被告人袁某某、谭某某、唐某某、王某某携带砍刀、匕首，在某小区前搭乘的士，对的士司机邹某进行抢劫，抢得现金400元，某品牌手机一部，价值466元。

从认定事实情况看，样本案例一、二、三查明事实均围绕被告人所实施的前期犯罪行为以及是否转化为抢劫的过程展开。样本案例一被告人王某某是在入户盗窃成功后,为顺利逃跑而使用暴力,将被害人打伤;样本案例二被告人何某某是因入户盗窃被发现,为继续实施非法取得财物的行为,而当场使用暴力,属于直接升级的抢劫行为,且抢劫发生在户内,应认定为入户抢劫;样本案例三被告人李某某是潜入烟酒店盗窃时被发现,逃离现场后又持刀返回该店进行抢劫。

(二)适用法律对比

样本案例一王某某抢劫案,二审法院认为,根据《刑法》规定,犯盗窃、诈骗、抢夺罪,为窝藏赃物、抗拒抓捕或者毁灭罪证而当场使用暴力或者以暴力相威胁的,构成转化型抢劫犯罪。据此,盗窃、诈骗、抢夺罪系转化型抢劫犯罪构成的基础。本案中,王某某系已满十四周岁不满十六周岁的未成年人,由于《刑法》第十七条规定,已满十四周岁不满十六周岁的人,只有在犯故意杀人、故意伤害致人重伤或者死亡、强奸、抢劫、贩卖毒品、放火、爆炸、投放危险物质罪的,才应当负刑事责任。而盗窃罪不在此八种犯罪中,故王某某依法对盗窃罪不负刑事责任,因此,不具备转化型抢劫罪的基础。此外,《最高人民法院关于审理未成年人刑事案件具体应用法律若干问题的解释》亦有规定,已满十四周岁不满十六周岁的人盗窃、诈骗、抢夺他人财物,为窝藏赃物、抗拒抓捕或者毁灭罪证,当场使用暴力,故意伤害致人重伤或者死亡,或者故意杀人的,应当分别以故意伤害罪或者故意杀人罪定罪处罚。据此,已满十四周岁不满十六周岁的未成年人,在盗窃过程中,为抗拒抓捕而当场使用暴力,依法不构成转化型抢劫罪。如果在此过程中,故意伤害致人重伤或者死亡,或者故意杀人的,应分别以故意伤害罪或者故意杀人罪定罪处罚。本案中,王某某在盗窃过程中,为抗拒抓捕,咬伤戴某某的行为,虽系故意伤害,但因该行为未致人重伤或死亡的后果,故其暴力行为不构成故意伤害罪。

样本案例二何某某抢劫案,二审法院认为,原判决认定何某某犯抢劫罪为转化型犯罪,故意杀人罪为犯罪未遂不当。已满十四周岁不满十六周岁的未成年人入户盗窃,为窝藏赃物、抗拒抓捕或者毁灭罪证而当场使用暴力或以暴力相威胁,不构成转化型抢劫;但因入户盗窃被发现,为非法取得财物,而当场使用暴力或以暴力相威胁,属于直接升级抢劫,不属于转化型抢劫;如果抢劫发生在户内,应认定为入户抢劫。何某某无视国家法律,以非法占有为目的,在入户盗窃时被发现而当场使用暴力实施抢劫,是入户抢劫,其行为已构成抢劫罪。何某某抢劫后,因惧怕事情败露,为灭口而将被害人杨某某丢入井里并用红砖和水泥块砸打等行为,其主观上具有非法剥夺杨某生命的故意,其行为已构成故意杀人罪。但在实施故意杀人行为过程中,何某某因杨某某明确保证不会将此事告诉父母而自动放弃了进一步对杨某某的加害,防止了杨某某死亡结果的发生,属犯罪中止,依法应当减轻处罚。何某某一人犯数罪,依法应当数罪并罚。何某某犯罪时已满十四周岁未满十八周岁,系未成年人,依法应当从轻、减轻处罚;何某某归案后如实供述自己的罪行,积极赔偿被害人的部分经济损失,认罪认罚,依法可以从轻处罚。

样本案例三李某某、袁某某抢劫、盗窃、寻衅滋事案,一审法院认为,被告人李某某以暴力、胁迫等方法抢劫他人财物,数额巨大;以非法占有为目的,盗窃公私财物,数额特别巨大;在公共场所随意殴打他人,破坏社会秩序,其行为分别构成抢劫罪、盗窃罪、寻衅滋事罪。二审法院认为,李某某、袁某某以暴力、胁迫等方法抢劫他人财物,数额巨大;以非法占有为目的,盗窃公私财物,数额特别巨大;在公共场所随意殴打他人,情节恶劣,破坏社会秩序;其行为分别构成抢劫罪、盗窃罪、寻衅滋事罪。在共同抢劫犯罪中,上诉人李某某等人系主犯;在共同盗窃犯罪中,上诉人李某某等人均系主犯;在共同寻衅滋事犯罪中,上诉人李某某等人均系主犯。上诉人李某某一人犯数罪,依法应当数罪并罚。上诉人李某某在犯罪时均不满十八周岁,依法应当从轻或者减轻处罚。

从法律适用情况看,样本案例一、二、三适用的主要为《刑法》第二百六十九条"犯盗窃、诈骗、抢夺罪,为窝藏赃物、抗拒抓捕或者毁灭罪证而当场使用暴力或者以暴力相威胁的,依照本法第二百六十三条的规定定罪处罚",2006年1月《最高人民法院关于审理未成年人刑事案件具体应用法律若干问题的解释》第十条"已满十四周岁不满十六周岁的人盗窃、诈骗、抢夺他人财物,为窝藏赃物、抗拒抓捕或者毁灭罪证,当场使用暴力,故意伤害致人重伤或者死亡,或者故意杀人的,应当分别以故意伤害罪或者故意杀人罪定罪处罚。已满十六周岁不满十八周岁的人犯盗窃、诈骗、抢夺罪,为窝藏赃物、抗拒抓捕或者毁灭罪证而当场使用暴力或者以暴力相威胁的,应当依照刑法第二百六十九条的规定定罪处罚;情节轻微的,可不以抢劫罪定罪处罚"。

(三)适用法律程序对比

样本案例一、二、三从适用法律程序情况看,按照《最高人民法院关于人民法院案件案号的若干规定》要求及审判机构等级,经查样本案例一、二、三均为二审刑事案件,适用法律程序均为二审程序。

(四)类案检索大数据报告

时间截至2022年11月16日,案例来源为Alpha案例库,案件数量为92

件，数据采集时间为 2022 年 11 月 16 日，本次检索共获取关于认定未成年人不构成转化型抢劫犯罪的裁判文书共 92 篇。

从案件程序分类统计可以看到，未成年人犯罪当前的审理程序分布状况，其中一审案件有 71 件，二审案件有 19 件，其他案件有 1 件，死刑复核案件有 1 件，并能够推算出一审上诉率约为 26.76%。

如图 3-1 所示，对二审裁判结果进行可视化分析可以看到，当前条件下维持原判的有 16 件，占比为 84.21%；改判的有 2 件，占比为 10.53%；其他为 1 件，占比为 5.26%。

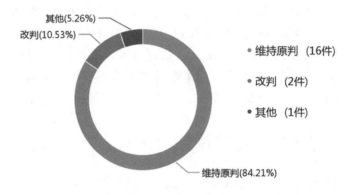

图 3-1　二审裁判结果情况

如图 3-2 所示，对主刑适用情况进行可视化分析可以看到，当前条件下包含有期徒刑的案件有 71 件，包含拘役的案件有 4 件，包含无期徒刑的案件有 2 件。

图 3-2　主刑适用情况

如图 3-3 所示，对附加刑适用情况进行可视化分析可以看到，当前条件下包含罚金的案件有 69 件，包含剥夺政治权利的案件有 6 件，包含没收财产的案件有 2 件。

罚金
━━━━━━━━━━━━━━━━━━━━━━━━━━━━ 69

剥夺政治权利
━━━ 6

没收财产
━ 2

图 3-3　附加刑适用情况

四、类案裁判规则的解析确立

（一）已满十四周岁不满十六周岁的未成年人，不能构成转化型抢劫罪

第一，已满十四周岁不满十六周岁的未成年人，依法对盗窃罪不负刑事责任，因此，不具备转化型抢劫罪的基础。例如在样本案例一中，被告人王某某最初实施的是入户盗窃的行为，根据《刑法修正案（八）》第三十九条的规定，入户盗窃已经成为《刑法》第二百六十四条盗窃罪的基本行为之一，并且没有数额的要求。但是，被告人王某某作案时是已满十四周岁未满十六周岁的相对刑事责任人，只对实施《刑法》第十七条第二款所列举的故意杀人、抢劫等八种犯罪负刑事责任，对盗窃行为不负刑事责任，因而不能满足构成转化型抢劫罪的前提条件。

第二，从现有司法解释的规定可以推导出相对刑事责任能力年龄的人不能成为转化型抢劫罪的犯罪主体。《最高人民法院关于审理未成年人刑事案件具体应用法律若干问题的解释》第十条第一款规定："已满十四周岁不满十六周岁的人盗窃、诈骗、抢夺他人财物，为窝藏赃物、抗拒抓捕或者毁灭罪证，当场使用暴力，故意伤害致人重伤或者死亡，或者故意杀人的，应当分别以故意伤害罪或者故意杀人罪定罪处罚。"可见，相对刑事责任年龄的人实施了转化型抢劫的行为，形式上符合转化型抢劫罪的要件，只对暴力行为造成重伤或死亡结果的以故意伤害罪或者故意杀人罪定罪处罚。该规定严格限缩了相对刑事责任年龄的人实施此类行为的处罚范围，处罚罪名上也不以抢劫罪论处，体现了刑法对未成年人犯罪从宽处罚的立法精神。此外，《最高人民法院关于审理未成年人刑事案件具体应用法律若干问题的解释》第十条第二款进一步规定："已满十六周岁不满十八周岁的人犯盗窃、诈骗、抢夺罪，为窝藏赃物、抗拒抓捕或者毁灭罪证而当场使用暴力或者以暴力相威胁的，应当依照刑法第二百六十九条的规定定罪处罚；情节轻微的，可不以抢劫罪定罪处罚。"也就是说，只有已满十六周岁的完全刑事责任能力年龄的人，才有可能构成转化型的抢劫罪，以抢劫罪定罪量刑。

（二）对于行为人未达完全刑事责任年龄的情况，判决主文应表述为被告人不负刑事责任

2021年《最高人民法院关于适用〈中华人民共和国刑事诉讼法〉的解释》第二百九十五条对未达到刑事责任年龄的被告人实施的危害社会行为在判决书中该如何表述进行了专门性的规定。该条第六项规定，被告人因未达到刑事责任年龄，不予刑事处罚的，应当判决宣告被告人不负刑事责任。2009年《最高人民法院办公厅关于印发一审未成年人刑事案件适用普通程序的刑事判决书样式和一审未成年人刑事公诉案件适用简易程序的刑事判决书样式的通知》修改了2001年发布的未成年人犯罪的判决书样式，判决主文表述方式增加了一项，即对因不满十六周岁，不予刑事处罚的，应作出"被告人不负刑事责任"的判决。

五、关联法律法规

（一）《中华人民共和国刑法》（2023年修正）

第十七条 已满十六周岁的人犯罪，应当负刑事责任。

已满十四周岁不满十六周岁的人，犯故意杀人、故意伤害致人重伤或者死亡、强奸、抢劫、贩卖毒品、放火、爆炸、投放危险物质罪的，应当负刑事责任。

已满十二周岁不满十四周岁的人，犯故意杀人、故意伤害罪，致人死亡或者以特别残忍手段致人重伤造成严重残疾，情节恶劣，经最高人民检察院核准追诉的，应当负刑事责任。

对依照前三款规定追究刑事责任的不满十八周岁的人，应当从轻或者减轻处罚。

因不满十六周岁不予刑事处罚的，责令其父母或者其他监护人加以管教；在必要的时候，依法进行专门矫治教育。

（二）《最高人民法院关于审理未成年人刑事案件具体应用法律若干问题的解释》（2006年1月23日施行，法释〔2006〕1号）

第十条 已满十四周岁不满十六周岁的人盗窃、诈骗、抢夺他人财物，为窝藏赃物、抗拒抓捕或者毁灭罪证，当场使用暴力，故意伤害致人重伤或者死亡，或者故意杀人的，应当分别以故意伤害罪或者故意杀人罪定罪处罚。

已满十六周岁不满十八周岁的人犯盗窃、诈骗、抢夺罪，为窝藏赃物、抗拒抓捕或者毁灭罪证而当场使用暴力或者以暴力相威胁的，应当依照刑法第二百六十九条的规定定罪处罚；情节轻微的，可不以抢劫罪定罪处罚。

未成年人刑事犯罪法律适用
第 4 条

已封存的犯罪记录不能被用来认定累犯、再犯等从重处罚的情节。被封存犯罪记录的未成年人,成年后又故意犯罪的,人民法院应当在裁判文书中载明其之前的犯罪记录

一、聚焦司法案件裁判观点

■ 争议焦点

未成年人已封存的犯罪记录在其后续成年人犯罪时如何评价?

■ 裁判观点

1. 未成年人已封存的犯罪记录不能被用来认定累犯、再犯等从重处罚的情节。

2. 司法机关在办理具体案件时,若需要从未成年犯罪嫌疑人、被告人的犯罪记录中获取案件线索或者有关的量刑信息时,可以通过法定方式查询已封存的案件记录,并且只限于此。该未成年人在成年后再次故意犯罪的,人民法院应当在裁判文书中载明其之前的犯罪记录。

二、司法案例样本对比

样本案例一

广东省××市××区人民检察院诉聂某某故意伤害、抢夺案

- **法院**

广东省××市××区人民法院

- **诉讼主体**

公诉机关:广东省××市××区人民检察院
被告人:聂某某

• **基本案情**

被告人聂某某曾因抢劫被广东省××市××区法院于2013年1月判处有期徒刑1年6个月,实施抢劫犯罪时未满十六周岁。

2014年8月21日凌晨,聂某某和同案人黄某某因与被害人刁某某、侯某某等人交谈时发生冲突而打架。黄某某拿了两把菜刀与聂某某分别持刀砍伤刁某某、侯某某。经鉴定,侯某某、刁某某伤情均构成轻伤一级。2014年9月3日晚约10时,由聂某某驾驶一辆无牌摩托车载黄某某窜到某步行街路段寻找作案目标,见被害人许某某手拿一个黑色手提包在步道上行走,便由黄某某下车尾随,聂某某驾车在附近接应。黄某某趁许某某不备动手抢其手提包,因许某某抓紧提包,黄某某用力拉扯致许某某摔倒在地受伤(经鉴定为轻微伤)。得手后,黄某某迅速坐上聂某某的摩托车逃离现场。被抢包内有现金700元、一部甲品牌手机(经鉴定价值230元)、一部乙品牌手机(经鉴定价值939元)及钥匙等物。

• **案件争点**

对于未成年人犯罪受刑事处罚且犯罪记录被封存,成年时再犯抢夺罪的,是否能根据《最高人民法院、最高人民检察院关于办理抢夺刑事案件适用法律若干问题的解释》(2013年11月18日施行,法释〔2013〕25号)第二条,将入罪数额标准按规定标准的百分之五十来确定?

• **裁判要旨**

被告人聂某某在未成年时有抢劫的犯罪前科,但不能适用《最高人民法院、最高人民检察院关于办理抢夺刑事案件适用法律若干问题的解释》第二条所规定的"曾因抢劫、抢夺或者聚众哄抢受过刑事处罚的,数额较大的标准按照规定标准的百分之五十确定"来认定被告人聂某某构成抢夺罪。

《中华人民共和国刑事诉讼法》第二百七十五条[①]规定:"犯罪的时候不满十八周岁,被判处五年有期徒刑以下刑罚的,应当对相关犯罪记录予以封存。犯罪记录被封存的,不得向任何单位和个人提供,但司法机关为办案需要或者有关单位根据国家规定进行查询的除外。依法进行查询的单位,应当对被封存的犯罪记录的情况予以保密。"这是对未成年人的特殊保护,对于被封存的未成年人犯罪记录,司法机关即使出于办案需要进行查询,也应依法予以保密。

---

① 此处援引的《中华人民共和国刑事诉讼法》为2012年修正本,对应2018年修正的《中华人民共和国刑事诉讼法》第二百八十六条。

样本案例二

河北省××县人民检察院诉刘某某、邢某某故意伤害案

• **法院**

河北省××市中级人民法院

• **诉讼主体**

公诉机关：河北省××县人民检察院

被告人：刘某某、邢某某

• **基本案情**

2017年5月30日23时40分许，在××县东侧，王某某、石某某驾驶的单排汽车与被告人邢某某驾驶的出租车发生碰撞，王某某、石某某下车来到邢某某车旁，往下拉拽邢某某，邢某某不敢下车，两人又用拳头殴打邢某某。邢某某遂打电话告知被告人刘某某，刘某某又电话通知张某某等人。石某某打电话叫来马某某等十余人。邢某某、刘某某见势即离开现场。马某某遂上前扇打张某某耳光，张某某返回车上拿出一根木棍准备反抗，又被马某某等人夺下殴打，张某某再次从车上拿出催泪瓦斯喷向马某某等人。此时刘某某持菜刀、邢某某持铁锹返回现场，刘某某问张某某谁打他了，张某某用手指马某某表示就是他，同时推了马某某一下，刘某某随即持刀砍向马某某的上身，马某某向一旁跑去，张某某、邢某某在后面追，追上后邢某某又用铁锹拍了马某某头部一下，致马某某受伤。经法医鉴定马某某体表创口累及16.7厘米，系轻伤二级；颅骨骨折，系轻伤二级。

2017年11月7日，被告人邢某某与被害人马某某达成和解协议，邢某某一次性赔偿马某某经济损失5万元，并得到马某某的谅解。

• **案件争点**

被封存的犯罪记录能否作为从重处罚的依据？

• **裁判要旨**

一审法院认为，被告人刘某某在因犯盗窃罪、抢劫罪被判处刑罚后故意犯罪，因前罪均系未成年人犯罪，被告人刘某某不构成累犯，但应依法从重处罚。

二审法院认为,根据《关于未成年人犯罪记录封存的实施办法》之规定,各级人民法院对于本院审理的犯罪时已满十四周岁不满十八周岁,被判处五年以下有期徒刑的未成年人的犯罪记录,应予封存。人民法院对于已封存的犯罪记录不再作为前科评价,除应当解除封存记录的情形外,未成年人即使再犯罪,人民法院也不得引用其前罪犯罪记录。被封存的犯罪记录不能被用来认定其有累犯、再犯情节而从重处罚。本案中,刘某某在未满18周岁时犯抢劫罪,于2013年7月10日被河北省××县人民法院判处有期徒刑二年八个月,符合犯罪记录被封存的条件,其犯罪记录应被封存。一审法院以刘某某在未成年时有犯罪情节,对其从重处罚,存在错误,应予纠正。

样本案例三

云南省××市××区人民检察院诉尤某某贩卖毒品案

• 法院

云南省××市中级人民法院

• 诉讼主体

公诉机关:云南省××市××区人民检察院
被告人:尤某某

• 基本案情

2018年10月24日14时许,被告人尤某某以人民币150元的价格向吸毒人员鄢某某贩卖毒品可疑物,后被当场抓获,同时公安机关在被告人尤某某身上查获毒品可疑物共计10.07克。经鉴定,上述毒品可疑物中检出某毒品成分。

• 案件争点

被封存的未成年人犯罪记录,能否作为认定毒品再犯从重处罚的依据?

• 裁判要旨

一审法院认为,被告人尤某某无视国家法律,贩卖毒品净重10.07克,其行为已构成贩卖毒品罪。经庭审质证的证人证言、辨认笔录及照片、理化检验报告、被告人供述等证实,被告人尤某某贩卖所谓的香薰系属毒品,其为牟利多次贩卖毒品给证人鄢某某,符合贩卖毒品罪的犯罪构成,应以贩卖毒品罪定罪处罚。被告人尤某某曾因犯贩卖毒品罪被判处刑罚,其再次贩卖毒品,属毒品再犯,依法从重处罚。

二审法院认为,上诉人尤某某未满十八周岁前曾因犯贩卖毒品罪被判处刑罚,根据《中华人民共和国刑事诉讼法》第二百八十六条关于未成年犯罪人犯罪记录封存与查询的法律规定,不应将上诉人尤某某被封存的未成年人犯罪记录,作为认定毒品再犯从重处罚的依据,原判"毒品再犯"认定有误,二审法院依法予以纠正。

三、司法案例类案甄别

(一)事实对比

样本案例一聂某某故意伤害、抢夺案,被告人聂某某曾于未满十六周岁时实施过抢劫犯罪,成年后在 2014 年 8 月 21 日凌晨,因与被害人刁某某、侯某某等人交谈时发生冲突而打架,持菜刀将被害人砍伤。经鉴定,侯某某、刁某某伤情均构成轻伤一级。2014 年 9 月 3 日,被告人聂某某驾驶一辆无牌摩托车载黄某某对被害人许某某实施了抢夺行为,抢得许某某的手提包,被抢包内有现金 700 元、一部甲品牌手机(经鉴定价值 230 元)、一部乙品牌手机(经鉴定价值 939 元)及钥匙等物,在抢夺过程中还致许某某摔倒在地受伤,经鉴定被害人伤情为轻微伤。

样本案例二刘某某、邢某某故意伤害案,被告人刘某某曾于未成年期间犯盗窃罪、抢劫罪被判处过刑罚。2017 年 5 月 30 日,被告人邢某某驾驶出租车与王某某、石某某驾驶的车辆发生碰撞,王某某、石某某来到邢某某车旁拉拽邢某某,双方发生争执,邢某某遂打电话叫来被告人刘某某,刘某某又电话通知张某某,王某某、石某某打电话叫来马某某等十余人,双方发生肢体冲突,后刘某某持菜刀砍向马某某的上身,马某某向一旁跑去,张某某、邢某某在后面追,追上后邢某某又用铁锹拍了马某某头部,致马某某受伤。经鉴定,马某某体表创口累及 16.7 厘米,系轻伤二级;颅骨骨折,系轻伤二级。

样本案例三尤某某贩卖毒品案,被告人尤某某曾于未成年期间因贩卖毒品罪被判处刑罚。2018 年 10 月 24 日 14 时许,被告人尤某某以人民币 150 元的价格向吸毒人员鄢某某贩卖毒品可疑物,后被当场抓获,同时公安机关在被告人尤某某身上查获毒品可疑物共计 10.07 克。经鉴定，上述毒品可疑物中检出某毒品成分。

从认定事实情况看，样本案例一、二、三查明事实均围绕被告人未成年期间所实施的犯罪行为以及成年后再次实施的犯罪行为展开。样本案例一被告人聂某某未成年期间犯抢劫罪被判处刑罚，成年后又犯故意伤害罪、抢夺罪；样本案例二被告人刘某某未成年期间犯盗窃罪、抢劫罪被判处刑罚，成年后又犯故意伤害罪；样本案例三被告人尤某某未成年期间犯贩卖毒品罪被判处刑罚，成年后又犯贩卖毒品罪。

（二）适用法律对比

样本案例一聂某某故意伤害、抢夺案，二审法院认为，原审被告人聂某某在未成年时有抢劫的犯罪前科，但不能适用《最高人民法院、最高人民检察院关于办理抢夺刑事案件适用法律若干问题的解释》第二条所规定的"曾因抢劫、抢夺或者聚众哄抢受过刑事处罚的，数额较大的标准按照规定标准的百分之五十确定"来认定原审被告人聂某某构成抢夺罪。2012年修正的《中华人民共和国刑事诉讼法》第二百七十五条①规定："犯罪时候不满十八周岁，被判处五年有期徒刑以下刑罚的人，应当对相关犯罪记录予以封存。犯罪记录被封存的，不得向任何单位和个人提供，但司法机关为办案需要或者有关单位根据国家规定进行查询的除外。依法进行查询的单位，应当对被封存的犯罪记录的情况予以保密。"这是对未成年人的特殊保护，对于被封存的未成年犯罪记录，司法机关即使出于办案需要进行查询，也应依法予以保密。

样本案例二刘某某、邢某某故意伤害案，二审法院认为，根据《关于未成年人犯罪记录封存的实施办法》之规定，各级人民法院对于本院审理的犯罪时已满十四周岁不满十八周岁，被判处五年以下有期徒刑的未成年人的犯罪记录，应予封存。人民法院对于已封存的犯罪记录不再作为前科评价，除应当解除封存记录的情形外，未成年人即使再犯罪，人民法院也不得引用其轻罪犯罪记录。被封存的犯罪记录不能被用来认定其有累犯、再犯情节而从重处罚。本案中，刘某某在未满十八周岁时犯抢劫罪，于2013年7月10日被河北省××县人民法院判处有期徒刑二年八个月，符合犯罪记录被封存的条件，其犯罪记录应被封存。一审法院以刘某某在未成年时有犯罪情节，对其从重处罚，存在错误，应予纠正。

样本案例三尤某某贩卖毒品案，二审法院认为，上诉人尤某某未满十八周岁前曾犯贩卖毒品罪被判处刑罚，根据《中华人民共和国刑事诉讼法》第二百

---

① 对应2018年修正的《中华人民共和国刑事诉讼法》第二百八十六条。

八十六条关于未成年犯罪人犯罪记录封存与查询的法律规定，不应将上诉人尤某某被封存的未成年人犯罪记录，作为认定毒品再犯从重处罚的依据，原判"毒品再犯"认定有误，二审法院依法予以纠正。

从法律适用情况看，样本案例一、二、三适用的主要为《中华人民共和国刑事诉讼法》第二百八十六条"犯罪的时候不满十八周岁，被判处五年有期徒刑以下刑罚的，应当对相关犯罪记录予以封存。犯罪记录被封存的，不得向任何单位和个人提供，但司法机关为办案需要或者有关单位根据国家规定进行查询的除外。依法进行查询的单位，应当对被封存的犯罪记录予以保密"。

（三）适用法律程序对比

样本案例一、二、三从适用法律程序情况看，按照《最高人民法院关于人民法院案件案号的若干规定》要求以及审判机关等级，经查证样本案例一、二、三均为二审刑事案件，适用法律程序均为二审程序。

（四）类案检索大数据报告

时间截至 2022 年 11 月 16 日，案例来源为 Alpha 案例库，案件数量为 3 341 件，数据采集时间为 2022 年 11 月 16 日，本次检索共获取关于认定犯罪时未成年的裁判文书共 3 341 篇。

从案件程序分类统计可以看到未成年人犯罪当前的审理程序分布状况，其中一审案件有 1 325 件，二审案件有 355 件，再审案件有 35 件，执行案件有 1 604 件，并能够推算出一审上诉率约为 26.79%。

如图 4-1 所示，对二审裁判结果进行可视化分析可以看到，当前条件下维持原判的有 268 件，占比为 75.49%；改判的有 75 件，占比为 21.13%；其他为 6 件，占比为 1.69%。

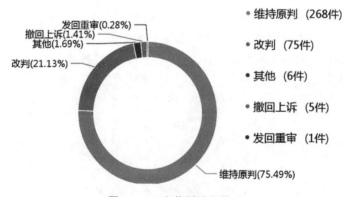

图 4-1　二审裁判结果情况

如图 4-2 所示，对再审裁判结果进行可视化分析可以看到，当前条件下其他为 16 件，占比为 45.71%；改判的有 15 件，占比为 42.86%；维持原判的有 4 件，占比为 11.43%。

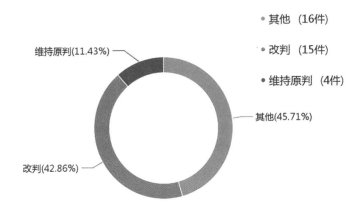

图 4-2　再审裁判结果情况

如图 4-3 所示，对主刑适用情况进行可视化分析可以看到，当前条件下包含有期徒刑的案件有 1 208 件，包含拘役的案件有 243 件，包含无期徒刑的案件有 22 件。

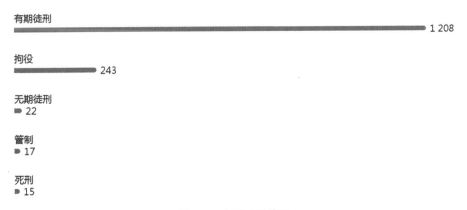

图 4-3　主刑适用情况

如图 4-4 所示，对附加刑适用情况进行可视化分析可以看到，当前条件下包含罚金的案件有 944 件，包含剥夺政治权利的案件有 286 件，包含没收财产的案件有 51 件。

图 4-4　附加刑适用情况

四、类案裁判规则的解析确立

（一）犯罪记录封存制度概述

未成年人轻罪犯罪记录封存制度，是指按照特定的条件和程序，对犯罪时不满十八周岁、被判处五年有期徒刑以下刑罚以及免除刑事处罚的未成年人的犯罪记录，由办案单位封存管理，非经法定事由不得为外界知悉，依据国家规定获悉犯罪记录信息的有关单位和个人应予保密的制度。未成年人轻罪犯罪记录封存的内容包括未成年人刑事案件的全部案卷材料（包括电子档案）、裁判文书及其他能够反映未成年人犯罪事实的一切信息，包括在侦查、起诉、审判、执行阶段形成的所有信息。

对犯罪记录封存制度，应当注意以下几点：（1）并非所有未成年人的犯罪记录都应封存：只有犯罪时不满十八周岁，被判处五年有期徒刑以下刑罚以及免除刑事处罚的未成年人的犯罪记录，才应当封存。此外，在入伍、就业的时候，免除其向有关单位报告曾受过刑事处罚的义务。检察院对未成年犯罪嫌疑人作出不起诉决定后，应当对相关记录予以封存。（2）封存并非绝对保密：司法机关为办案需要或者有关单位根据国家规定可以查询被封存的犯罪记录，后者如部分公招单位因政审需要，可依法查询相关记录。前述单位查询后，应当对被封存的犯罪记录情况予以保密。（3）解除封存的条件：被封存犯罪记录的未成年人，如果发现漏罪或者新罪，且漏罪或新罪与被封存记录之罪数罪并罚后被决定执行五年有期徒刑以上刑罚的，应当对其犯罪记录解除封存。

（二）未成年人已封存的犯罪记录不能在其成年人犯罪中使用

未成年人已封存的犯罪记录不能在其成年人犯罪中作为认定累犯、再犯等从重处罚的情节进行认定。例如，行为人未成年时的抢劫犯罪记录被依法封存，其成年后又实施抢夺行为的，对其抢夺行为应单独评价，按照《刑法》关于抢夺罪定罪量刑标准进行处罚，而不应适用《最高人民法院、最高人民检察院关于办理抢夺刑事案件适用法律若干问题的解释》中关于追诉标准减半的规定。

从犯罪记录封存制度设立目的看，未成年人犯罪记录不得在其后的成年人诉讼中加以引用。对未成年人犯罪记录问题特殊化处理是一个世界性趋势。《联合国少年司法最低限度标准规则》规定，对未成年罪犯的档案应严格保密，不能让第三方利用，也不得在其后的成年人诉讼案件中加以引用。我国作为条约签约国，按照"国际法优先"原则，这是必须严格执行的基本要求。从国内看，近年来，为充分贯彻人权保障观念和宽严相济的刑事政策，在中央深入推进司法体制改革的背景下，《中央政法委员会关于深化司法体制和工作机制改革若干问题的意见》《最高人民法院关于深化人民法院司法体制综合配套改革的意见——人民法院第五个五年改革纲要（2019—2023）》等一系列文件均对未成年人轻罪犯罪记录封存进行了明确。《刑法修正案（八）》在《刑法》第一百条增加第二款规定了未成年人轻罪免除报告制度，2018年修改的《中华人民共和国刑事诉讼法》还明确了封存义务和不构成累犯的要求。犯罪记录封存与报告义务的免除形成了对未成年人犯罪的双向保护，这也是为了实现《联合国少年司法最低限度标准规则》的要求。同时，对犯罪记录进行封存，是打消社会公众因犯罪记录而带来的顾虑，帮助未成年人以无罪记录的身份重返社会，包含法律评价意义上的犯罪记录注销与记录保密。单纯的前科消灭，只能在某种程度上消除法律对未成年人所作的规范性法律评价，却无法消除社会公众通过旁观或者口耳相传等途径得知犯罪信息所形成的非规范性法律评价，不可能完全消除对未成年人产生的歧视与差别对待。

从犯罪记录封存制度保密要求看，未成年人的犯罪记录不宜在其后的成年人诉讼中加以引用。《中华人民共和国刑事诉讼法》第二百八十六条规定："犯罪记录被封存的，不得向任何单位和个人提供，但司法机关为办案需要或者有关单位根据国家规定进行查询的除外。依法进行查询的单位，应当对被封存的犯罪记录的情况予以保密。"《最高人民法院关于适用〈中华人民共和国刑事诉讼法〉的解释》第五百五十九条第二款规定："查阅、摘抄、复制的案卷材料，涉及未成年人的不得公开和传播。"如果未成年人犯罪记录可以在之后的诉讼案件中引用的话，检察机关必然要将被封存的犯罪记录表述在起诉书中，作为定罪量刑情节来使用，除非是涉及不公开审理和裁判文书不宜在互联网对外公布的法定情形，否则就必然导致该封存的记录在庭审、宣判、裁判文书上网等环节公开，从而不可避免地将依法获取的犯罪记录向辩护人、被害人、诉讼代理人甚至旁听人员等公开,最终为社会公众所知悉。这就违反了犯罪记录封存保密的规定,违背前科封存制度设立的初衷。

从未成年人累犯适用规则看,被封存的犯罪记录不应在其后的成年人诉讼中加以引用。《刑法》第六十五条规定:"被判处有期徒刑以上刑罚的犯罪分子,刑罚执行完毕或者赦免以后,在五年以内再犯应当判处有期徒刑以上刑罚之罪的,是累犯,应当从重处罚,但是过失犯罪和不满十八周岁的人犯罪的除外。"从这一规定看,未成年时所犯罪行被一般累犯认定规则排除在外,不再作为法定情形加重处罚。《最高人民法院、最高人民检察院关于办理抢夺刑事案件适用法律若干问题的解释》第二条第一项规定:"抢夺公私财物,曾因抢劫、抢夺或者聚众哄抢受过刑事处罚的,数额较大按照前条规定标准的百分之五十确定。"该条款将前科劣迹视为其中一项入罪情节。对比上诉两条法律规定,既然《刑法》第六十五条在累犯的重要法定量刑情节中对未成年时所犯罪行排除,那么,未成年人犯罪前科在评价其成年后的犯罪行为时更不应再重复评价,否则就不符合对未成年人教育为主、惩罚为辅的立法精神。本质上讲,被告人一贯表现、初犯、前科劣迹等情节都属于酌定量刑情节中的罪前情节,犯罪时是未成年人的不作为前科考虑。在谦抑性原则的发展背景下,刑事程序更应尽可能地根据未成年人犯罪的特殊性,给予其特殊的关照和保护,最大限度实现对未成年人的教育感化。因此,被封存的犯罪记录不得在再犯罪时使用,更不得作为加重处罚的情节,在适用《最高人民法院、最高人民检察院关于办理抢夺刑事案件适用法律若干问题的解释》第二条时,应将此排除适用。

(三)被封存犯罪记录的未成年人,成年后又故意犯罪的,人民法院应当在裁判文书中载明其之前的犯罪记录

《中华人民共和国刑事诉讼法》第二百八十六条规定了符合一定条件时对有关未成年人的犯罪记录予以封存,并限制有关主体进行查询的制度,体现了我国司法机关在完善未成年人刑事司法制度方面进行的有益探索。但由于规定不够细化,如存在适用主体不明,以及成年被告人犯罪的,其未成年时的前科情况是否在判决书中列明,均未作出明确解释,使得司法实践中存在标准不统一的问题。为进一步统一认识,规范工作程序,促进公、检、法、司各部门之间的衔接配合,形成合力,2022年5月30日,最高人民法院、最高人民检察院、公安部、司法部联合印发《关于未成年人犯罪记录封存的实施办法》,从未成年人犯罪记录的定义及范围、封存情形、封存主体及程序、查询主体及申请条件、提供查询服务的主体及程序、解除封存的条件及后果、保密义务及相关责任等方面作出更加详细的规定,既明确封存的案件材料不得向任何平台提供或者授权相关平台对接,不得授权网络平台通过互联网直接查询未成年人犯罪信息,

未成年人犯罪记录封存后，非因法定情况，不得解封；又指明被封存犯罪记录的未成年人，成年后又故意犯罪的，人民法院应当在裁判文书中载明其之前的犯罪记录。因此，虽然未成年人被封存的犯罪记录不能在其成年后又犯罪时进行前科、累犯等加重情节的认定，但是其成年后又实施故意犯罪的，判决书等文书中应当对已封存的犯罪记录予以列明。

（四）犯罪记录封存处理方式

最高人民检察院于2012年出台《人民检察院刑事诉讼规则（试行）》①，其中第五百零三条至第五百零七条是关于未成年犯罪记录封存的规定。随着2012年《中华人民共和国刑事诉讼法》的细化规定及2018年该法律的修正完善，全国各检察机关强化了未成年人法律保护制度的实施和完善，强化了社会发展过程中各个地区未成年人由于犯罪记录而导致的求学、求职困难的改善，完善了未成年犯罪档案封存制度。

2013年最高人民检察院修订了《人民检察院办理未成年人刑事案件的规定》，在2012年修改后的《中华人民共和国刑事诉讼法》规定基础上，细化了封存程序：规定人民检察院收到人民法院的生效判决后，只要符合有关条件，即自行启动犯罪记录封存程序；规定人民检察院要将拟封存的未成年人犯罪记录、卷宗等相关材料装订成册，加密保存，不予公开，并建立专门的未成年人犯罪档案库，执行严格的保管制度；规定未成年人的犯罪记录一旦封存，终身有效，除了发现不符合封存条件而解除封存的外，人民检察院不能向任何单位和个人提供，也不得提供未成年人有犯罪记录的证明，除非是司法机关为办案需要或者有关单位根据国家规定进行查询；关于查询封存的犯罪记录，司法机关或者有关单位需要查询犯罪记录的，应当向封存犯罪记录的人民检察院提出书面申请，人民检察院应当在七日以内作出是否许可的决定。对符合法定查询条件的，在查询范围内提供犯罪记录，并告知其保密义务；对不符合法定查询条件的，依法出具无犯罪记录证明。

2017年最高人民检察院出台《未成年人刑事检察工作指引（试行）》，对于犯罪记录封存的具体操作、封存效力、查询、保密、解除封存均作出相应规定，进一步完善了检察环节犯罪记录封存工作。

2022年最高人民法院、最高人民检察院、公安部、司法部《关于未成年人犯罪记录封存的实施办法》，对未成年人犯罪记录封存制度的落实提出更加明确的要求。

---

① 已被2019年12月最高人民检察院公布的《人民检察院刑事诉讼规则》废止。

一是封存内容力求全面，即对于涉及未成年人案件的材料"应封尽封"。（1）对于未成年人刑事案件程序中的材料，在诉讼终结前一律加密保存、不得公开；人民法院依法判决后，被判处五年有期徒刑以下刑罚以及免予刑事处罚的，相关部门应当主动对自己掌握的未成年人相关犯罪记录予以封存。对于共同犯罪案件，分案后未封存的成年人卷宗封皮应当标注"含犯罪记录封存信息"，并对相关信息采取必要保密措施。（2）对于未成年人不予刑事处罚、不追究刑事责任、不起诉、采取刑事强制措施的记录，对涉罪未成年人进行社会调查、帮教考察、心理疏导、司法救助等工作的记录也应当依法封存。（3）对于涉及未成年被害人的案件，涉及未成年人民事、行政、公益诉讼案件，也要注意对未成年人的信息予以保密。（4）对于2012年12月31日以前办结的案件符合犯罪记录或者相关记录封存条件的，也应当予以封存。

二是封存措施力求有效。（1）对所有的案件材料，应当执行《个人信息保护法》的相关规定，加密处理，执行严格的保管制度。除了纸质卷宗、档案材料等实质化封存外，特别强调电子数据也应当同步封存、加密、单独管理，并设置严格的查询权限。（2）规定了封存的案件材料不得向任何平台提供或者授权相关平台对接，不得授权网络平台通过联网直接查询未成年人犯罪信息。（3）司法机关工作人员均负有在所负责的诉讼环节告知知悉未成年人涉案信息的人员相关未成年人隐私、信息保护规定的义务，以及规定了不履行该义务的法律责任。（4）未成年人犯罪记录封存后，非因法定情况，不得解封，但被封存犯罪记录的未成年人，成年后又故意犯罪的，人民法院应当在裁判文书中载明其之前的犯罪记录。

三是查询程序力求严格。（1）进一步明确了查询主体。依法严格限制了单位查询主体，没有国家规定的，有关单位查询未成年人犯罪记录应当不予许可。对于个人查询本人犯罪记录可以依申请受理。（2）严格查询程序，明确非因法定事由、非经法定程序，不得向任何单位和个人提供未成年人涉罪记录。对于有关单位和个人查询关于未成年人犯罪记录的申请，认真审核申请理由、依据和目的，严格把关，及时答复。（3）明确了出具证明的形式，即对于经查询，确实存在应当封存的犯罪记录，应当出具统一格式的、与完全没任何犯罪记录人员相同的《无犯罪记录证明》，并后附统一格式。（4）对于许可查询的，应当告知查询单位及相关人员严格按照查询目的和使用范围使用有关信息，严格遵守保密义务，不按规定使用所查询的记录或者违反规定泄露相关信息的，应当依法追究相关责任人员的法律责任。（5）规范了查询出口。为便于工作，《关于未成年人犯罪记录封存的实施办法》中维持了目前由公安机关、检察机关、审判机关、司法行政机关依职权分别提供犯罪记录查询服务的做法。

四是责任追究力求到位。(1) 明确了对信息不当泄露的法律责任。《关于未成年人犯罪记录封存的实施办法》第二十条规定了承担犯罪记录封存、保护未成年人隐私、信息工作的公职人员，不当泄露未成年人犯罪记录或者隐私、信息的，应当予以处分；造成严重后果，给国家、个人造成重大损失或者恶劣影响的，依法追究相关刑事责任。(2) 明确了人民检察院对犯罪记录封存工作的检察监督权。规定了检察机关应当将未成年人犯罪记录封存和隐私、信息保护的全过程纳入检察监督范围之内，相关部门在收到纠正意见后要及时审查和反馈。

五、关联法律法规

（一）《中华人民共和国刑事诉讼法》（2018 年修正）

第二百八十六条　犯罪的时候不满十八周岁，被判处五年有期徒刑以下刑罚的，应当对相关犯罪记录予以封存。

犯罪记录被封存的，不得向任何单位和个人提供，但司法机关为办案需要或者有关单位根据国家规定进行查询的除外。依法进行查询的单位，应当对被封存的犯罪记录的情况予以保密。

（二）最高人民法院、最高人民检察院、公安部、国家安全部、司法部《关于建立犯罪人员犯罪记录制度的意见》（2012 年 5 月 10 日实施，法发〔2012〕10 号）

二、犯罪人员犯罪记录制度的主要内容

……

（四）建立未成年人犯罪记录封存制度

为深入贯彻落实党和国家对违法犯罪未成年人的"教育、感化、挽救"方针和"教育为主、惩罚为辅"原则，切实帮助失足青少年回归社会，根据刑事诉讼法的有关规定，结合我国未成年人保护工作的实际，建立未成年人轻罪犯罪记录封存制度，对于犯罪时不满十八周岁，被判处五年有期徒刑以下刑罚的未成年人的犯罪记录，应当予以封存。犯罪记录被封存后，不得向任何单位和个人提供，但司法机关为办案需要或者有关单位根据国家规定进行查询的除外。依法进行查询的单位，应当对被封存的犯罪记录的情况予以保密。

（三）最高人民检察院《未成年人刑事检察工作指引（试行）》（2017年3月2日实施，高检发未检字〔2017〕1号）

第八十二条　【基本要求】对于犯罪时不满十八周岁，被判处五年有期徒刑以下刑罚以及免除刑事处罚的未成年人的犯罪记录，人民检察院应当在收到人民法院生效判决后，对犯罪记录予以封存。

对于犯罪记录封存的未成年人，人民检察院应当告知其在入学、入伍、就业时，免除报告自己曾受过刑事处罚的义务。

对于二审案件，上级人民检察院封存犯罪记录时，应当通知下级人民检察院对相关犯罪记录予以封存。

对于在年满十八周岁前后实施数个行为，构成一罪或者数罪，被判处五年有期徒刑以下刑罚的以及免除刑事处罚的未成年人的犯罪记录，人民检察院可以不适用犯罪记录封存规定。

第八十三条　【具体操作】人民检察院应当将拟封存的有关未成年人个人信息、涉嫌犯罪或者犯罪的全部案卷、材料，均装订成册，加盖"封存"字样印章后，交由档案部门统一加密保存，执行严格的保管制度，不予公开，并应在相关电子信息系统中加设封存模块，实行专门的管理及查询制度。未经法定查询程序，不得对封存的犯罪记录及相关电子信息进行查询。

有条件的地方可以建立专门的未成年人犯罪档案库或者管理区，封存相关档案。

第八十四条　【共同犯罪封存】对于未分案处理的未成年人与成年人共同犯罪案件中有未成年人涉罪记录需要封存的，应当将全案卷宗等材料予以封存。分案处理的，在封存未成年人材料的同时，应当在未封存的成年人卷宗封皮标注"含犯罪记录封存信息"，并对相关信息采取必要保密措施。

对不符合封存条件的其他未成年人、成年人犯罪记录，应当依照相关规定录入全国违法犯罪人员信息系统。

第八十五条　【封存效力】未成年人犯罪记录封存后，没有法定事由、未经法定程序不得解封。

除司法机关为办案需要或者有关单位根据国家规定进行查询的以外，人民检察院不得向任何单位和个人提供封存的犯罪记录，并不得提供未成年人有犯罪记录的证明。

前款所称国家规定，是指全国人民代表大会及其常务委员会制定的法律和决定，国务院制定的行政法规、规定的行政措施、发布的决定和命令。

第八十六条　【不起诉封存】人民检察院对未成年犯罪嫌疑人作出不起诉决定后，应当对相关记录予以封存。具体程序参照本指引第八十二条至八十五条规定办理。

第八十七条 【其他封存】其他民事、行政与刑事案件，因案件需要使用被封存的未成年人犯罪记录信息的，应当在相关卷宗中标明"含犯罪记录封存信息"，并对相关信息采取必要保密措施。

第八十八条 【出具无犯罪记录的证明】被封存犯罪记录的未成年人本人或者其法定代理人申请为其出具无犯罪记录证明的，人民检察院应当出具无犯罪记录的证明。如需要协调公安机关、人民法院为其出具无犯罪记录证明的，人民检察院应当积极予以协助。

第八十九条 【查询封存记录】司法机关或者有关单位需要查询犯罪记录的，应当向封存犯罪记录的人民检察院提出书面申请，列明查询理由、依据和目的，人民检察院应当在受理之后七日内作出是否许可的答复。

对司法机关为办理案件需要申请查询的，可以依法允许其查阅、摘抄、复制相关案卷材料和电子信息。

其他单位查询人民检察院不起诉决定的，应当不许可查询。

依法不许可查询的，人民检察院应当向查询单位出具不许可查询决定书，并说明理由。

许可查询的，查询后，档案管理部门应当登记相关查询情况，并按照档案管理规定将有关申请、审批材料一同存入卷宗归档保存。

第九十条 【共同犯罪查询】确需查询已封存的共同犯罪记录中成年同案犯或者被判处五年有期徒刑以上刑罚未成年同案犯犯罪信息的，人民检察院可以参照本指引第八十九条的规定履行相关程序。

第九十一条 【保密要求】对于许可查询被封存的未成年人犯罪记录的，人民检察院应当告知查询犯罪记录的单位及相关人员严格按照查询目的和使用范围使用有关信息，严格遵守保密义务，并要求其签署保密承诺书。不按规定使用所查询的犯罪记录或者违反规定泄露相关信息，情节严重或者造成严重后果的，应当依法追究相关人员的责任。

第九十二条 【解除封存】对被封存犯罪记录的未成年人，符合下列条件之一的，应当对其犯罪记录解除封存：

（一）实施新的犯罪，且新罪与封存记录之罪数罪并罚后被决定执行五年有期徒刑以上刑罚的；

（二）发现漏罪，且漏罪与封存记录之罪数罪并罚后被决定执行五年有期徒刑以上刑罚的。

第九十三条 【封存监督】未成年人及其法定代理人向人民检察院提出或者人民检察院发现应当封存未成年人犯罪记录而未依法封存的，或者相关单位违法出具未成年人有犯罪记录的证明的，人民检察院应当依法履行法律监督职责，提出纠正意见，督促相关部门依法落实未成年人犯罪记录封存制度。

（四）最高人民法院、最高人民检察院、公安部、司法部《关于未成年人犯罪记录封存的实施办法》（2022年5月30日实施）

第四条 犯罪的时候不满十八周岁，被判处五年有期徒刑以下刑罚以及免予刑事处罚的未成年人犯罪记录，应当依法予以封存。

对在年满十八周岁前后实施数个行为，构成一罪或者一并处理的数罪，主要犯罪行为是在年满十八岁周岁前实施的，被判处或者决定执行五年有期徒刑以下刑罚以及免予刑事处罚的未成年人犯罪记录，应当对全案依法予以封存。

第五条 对于分案办理的未成年人与成年人共同犯罪案件，在封存未成年人案卷材料和信息的同时，应当在未封存的成年人卷宗封面标注"含犯罪记录封存信息"等明显标识，并对相关信息采取必要保密措施。对于未分案办理的未成年人与成年人共同犯罪案件，应当在全案卷宗封面标注"含犯罪记录封存信息"等明显标识，并对相关信息采取必要保密措施。

第六条 其他刑事、民事、行政及公益诉讼案件，因办案需要使用了被封存的未成年人犯罪记录信息的，应当在相关卷宗封面标明"含犯罪记录封存信息"，并对相关信息采取必要保密措施。

第七条 未成年人因事实不清、证据不足被宣告无罪的案件，应当对涉罪记录予以封存；但未成年被告人及其法定代理人申请不予封存或者解除封存的，经人民法院同意，可以不予封存或者解除封存。

第八条 犯罪记录封存决定机关在作出案件处理决定时，应当同时向案件被告人或犯罪嫌疑人及其法定代理人或近亲属释明未成年人犯罪记录封存制度，并告知其相关权利义务。

第九条 未成年人犯罪记录封存应当贯彻及时、有效的原则。对于犯罪记录被封存的未成年人，在入伍、就业时免除犯罪记录的报告义务。

被封存犯罪记录的未成年人因涉嫌再次犯罪接受司法机关调查时，应当主动、如实地供述其犯罪记录情况，不得回避、隐瞒。

第十条 对于需要封存的未成年人犯罪记录，应当遵循《中华人民共和国个人信息保护法》不予公开，并建立专门的未成年人犯罪档案库，执行严格的保管制度。

对于电子信息系统中需要封存的未成年人犯罪记录数据，应当加设封存标记，未经法定查询程序，不得进行信息查询、共享及复用。

封存的未成年人犯罪记录数据不得向外部平台提供或对接。

第十一条 人民法院依法对犯罪时不满十八周岁的被告人判处五年有期徒

刑以下刑罚以及免予刑事处罚的，判决生效后，应当将刑事裁判文书、《犯罪记录封存通知书》及时送达被告人，并同时送达同级人民检察院、公安机关，同级人民检察院、公安机关在收到上述文书后应当在三日内统筹相关各级检察机关、公安机关将涉案未成年人的犯罪记录整体封存。

第十二条 人民检察院依法对犯罪时不满十八周岁的犯罪嫌疑人决定不起诉后，应当将《不起诉决定书》、《犯罪记录封存通知书》及时送达被不起诉人，并同时送达同级公安机关，同级公安机关收到上述文书后应当在三日内将涉案未成年人的犯罪记录封存。

第十三条 对于被判处管制、宣告缓刑、假释或者暂予监外执行的未成年罪犯，依法实行社区矫正，执行地社区矫正机构应当在刑事执行完毕后三日内将涉案未成年人的犯罪记录封存。

第十四条 公安机关、人民检察院、人民法院和司法行政机关分别负责受理、审核和处理各自职权范围内有关犯罪记录的封存、查询工作。

第十五条 被封存犯罪记录的未成年人本人或者其法定代理人申请为其出具无犯罪记录证明的，受理单位应当在三个工作日内出具无犯罪记录的证明。

第十六条 司法机关为办案需要或者有关单位根据国家规定查询犯罪记录的，应当向封存犯罪记录的司法机关提出书面申请，列明查询理由、依据和使用范围等，查询人员应当出示单位公函和身份证明等材料。

经审核符合查询条件的，受理单位应当在三个工作日内开具有/无犯罪记录证明。许可查询的，查询后，档案管理部门应当登记相关查询情况，并按照档案管理规定将有关申请、审批材料、保密承诺书等一同存入卷宗归档保存。依法不许可查询的，应当在三个工作日内向查询单位出具不许可查询决定书，并说明理由。

对司法机关为办理案件、开展重新犯罪预防工作需要申请查询的，封存机关可以依法允许其查阅、摘抄、复制相关案卷材料和电子信息。对司法机关以外的单位根据国家规定申请查询的，可以根据查询的用途、目的与实际需要告知被查询对象是否受过刑事处罚、被判处的罪名、刑期等信息，必要时，可以提供相关法律文书复印件。

第十七条 对于许可查询被封存的未成年人犯罪记录的，应当告知查询犯罪记录的单位及相关人员严格按照查询目的和使用范围使用有关信息，严格遵守保密义务，并要求其签署保密承诺书。不按规定使用所查询的犯罪记录或者违反规定泄露相关信息，情节严重或者造成严重后果的，应当依法追究相关人员的责任。

因工作原因获知未成年人封存信息的司法机关、教育行政部门、未成年人所在学校、社区等单位组织及其工作人员、诉讼参与人、社会调查员、合适成年人等，应当做好保密工作，不得泄露被封存的犯罪记录，不得向外界披露该未成年人的姓名、住所、照片，以及可能推断出该未成年人身份的其他资料。违反法律规定披露被封存信息的单位或个人，应当依法追究其法律责任。

第十八条　对被封存犯罪记录的未成年人，符合下列条件之一的，封存机关应当对其犯罪记录解除封存：

（一）在未成年时实施新的犯罪，且新罪与封存记录之罪数罪并罚后被决定执行刑罚超过五年有期徒刑的；

（二）发现未成年时实施的漏罪，且漏罪与封存记录之罪数罪并罚后被决定执行刑罚超过五年有期徒刑的；

（三）经审判监督程序改判五年有期徒刑以上刑罚的；

被封存犯罪记录的未成年人，成年后又故意犯罪的，人民法院应当在裁判文书中载明其之前的犯罪记录。

未成年人刑事犯罪法律适用

第 5 条

对未成年罪犯适用刑罚，应当充分考虑是否有利于未成年罪犯的教育和矫正

一、聚焦司法案件裁判观点

■ **争议焦点**

未成年人犯罪适用刑罚是否应该进行特殊保护？

■ **裁判观点**

对未成年罪犯适用刑罚，应当充分考虑是否有利于未成年罪犯的教育和矫正。对未成年罪犯量刑应当依照《刑法》第六十一条的规定，并充分考虑未成年人实施犯罪行为的动机和目的、犯罪时的年龄、是否初次犯罪、犯罪后的表现、个人成长经历和一贯表现等因素。对符合管制、缓刑、单处罚金或者免予刑事处罚适用条件的未成年罪犯，应当适用管制、缓刑、单处罚金或者免予刑事处罚。

二、司法案例样本对比

样本案例一

四川省××县人民检察院诉高某某故意伤害案

• **法院**

四川省××市××县人民法院

• **诉讼主体**

公诉机关：四川省××县人民检察院

被告人：高某某

- **基本案情**

2014年9月21日12时许,被告人高某某携带刀具邀约梁某某一同到某高中门口解决该校学生王某某(系高某某朋友)和宋某某纠纷时,与宋某某的朋友何某某相互挑衅,随后,高某某、梁某某、何某某发生互殴,被害人邬某某见状参与殴打,被该校老师制止。双方停止殴打后,高某某和梁某某便离开现场向车站方向行走,途中被何某某、邬某某等人拦下,二人继续殴打高某某,高某某用事先准备好的刀具将何某某、邬某某刺伤后,逃离现场。经鉴定,邬某某的损伤程度为重伤二级。

- **案件争点**

未成年行为人为同学解决纠纷而发生打架斗殴致人重伤的,是否应当减轻处罚?

案发后,行为人主动投案自首并积极赔偿被害人经济损失的,是否可以适用缓刑?

- **裁判要旨**

未成年行为人为同学解决纠纷而发生争执并打架斗殴,并使用随身携带刀具刺伤被害人,致其重伤的,构成故意伤害罪。因行为人具有减轻处罚的情节,应在法定的量刑幅度以下对其进行处罚,故符合了缓刑"三年以下有期徒刑"的适用条件。同时,考虑到未成年行为人主观恶性不大,事发后主动投案自首并积极赔偿被害人经济损失,真诚悔过,最终取得了被害人的谅解,属于犯罪情节较轻,具有悔罪表现,无再犯危险,符合我国法律规定的适用缓刑的条件,应当适用缓刑。

样本案例二

上海市××区检察院诉郭某某盗窃案

- **法院**

上海市××区人民法院

- **诉讼主体**

公诉机关:上海市××区人民检察院

被告人：郭某某

• **基本案情**

被告人郭某某，刚满十六周岁，系超市送货员。2009年8月19日上午，至上海市某公司经理办公室送货时，见室内无人，窃得桌上营业款人民币3 000元，后郭某某将赃款用于个人消费。

同年8月24日晚，郭某某利用送货之际，至上述地址送啤酒，趁吴某某将啤酒搬进室内时，窃得室内床头地板上正充电的某品牌手机一部（价值1 672元）。案发后，郭某某父母亲赔偿吴某某3 000元。

2010年5月12日，郭某某在其父母陪同下自首，其父母退赔3 000元。

另查，被告人郭某某的户籍证明显示，郭某某出生于1991年7月1日，但根据郭某某父母陈述，当时为规避计划生育政策，将郭某某的出生年月故意报大，而郭某某实际出生日期为1993年6月28日，并由证人证言及小学生学籍表加以印证，故法院采纳相关意见。

诉讼中，社会调查员根据《最高人民法院关于审理未成年人刑事案件的若干规定》①，向法院提交了郭某某的情况调查报告，并出庭宣读，控辩双方对郭某某情况的调查报告均没有异议。该调查报告全面反映其家庭情况、成长经历、性格特点及社会交往等情况。

• **案件争点**

未成年人盗窃，案发后行为人主动自首并积极赔偿被害人经济损失的，是否可以减轻处罚？

• **裁判要旨**

审理未成年人刑事案件应当贯彻"教育为主，惩罚为辅"原则和"教育、感化、挽救"方针，寓教于审，惩教结合，对于情节轻微的未成年被告人，可依法多适用缓刑或管制、单处罚金等非监禁刑，有利于其早日回归社会。被告人郭某某以非法占有为目的，秘密窃取公私财物，数额较大，其行为已构成盗窃罪。公诉机关指控罪名成立，应予支持。郭某某在犯罪时已满十六周岁不满十八周岁，案发后能自首，依法可从轻处罚。郭某某父母积极代为退赔全部赃款，弥补失主的财产损失，依法可再予酌情从轻处罚。

---

① 已被2015年1月《最高人民法院关于废止部分司法解释和司法解释性质文件（第十一批）的决定》（法释〔2015〕2号）废止。

样本案例三

甘肃省××县人民检察院诉李某1等寻衅滋事案

- 法院

甘肃省××县人民法院

- 诉讼主体

公诉机关：甘肃省××县人民检察院

被告人：李某1、李某2、王某某

- 基本案情

被告人李某1，男，1995年3月18日出生。2011年11月2日因涉嫌犯抢劫罪被逮捕。

被告人李某2，男，1994年5月28日出生。2011年11月2日因涉嫌犯抢劫罪被逮捕。

被告人王某某，男，1994年12月14日出生。2011年11月2日因涉嫌犯抢劫罪被逮捕。

2011年9月14日13时许，被告人李某1、李某2、王某某三人经事先预谋，在某路红绿灯处将准备上学的中学学生杨某某拉进附近一条巷子内，以威胁、恐吓的方式逼迫杨某某掏出现金人民币5元给李某1，三被告人又从杨某某身上搜得现金43元后逃离现场。2011年9月15日21时许，被告人李某1、李某2、王某某在某公司公路边将放学回家的中学学生李某3拉至某公司门房东侧，以威胁、恐吓的方式抢得现金5元。2011年9月18日21时许，被告人李某1、李某2、王某某三人在某路红绿灯处将准备回家的某中学学生陈某某拉进附近的一条巷子内，因在陈某某的身上未搜到钱，三人便对陈某某拳打脚踢后逃离现场。当晚，李某1、李某2、王某某又在某路红绿灯处，将放学回家途经该处的某中学学生安某某拦住，李某1在安某某胸部击打一拳，安某某被迫掏出现金1元交给了李某2。2011年9月21日21时许，被告人李某1、李某2、王某某在某路红绿灯处，王某某持匕首将放学回家途经该处的某中学学生姜某某胁迫至旁边一条巷子里，以殴打、恐吓的方式逼迫姜某某将身上现金22.5元掏出交给了李某2。2011年9月25日10时许，被告人李某1、李某2、杜某某（被治安处罚）在某路将途经该处的学生刘某某拉进附近美食城后门巷子，拳打脚踢后，逼迫刘某某将现金25元交给了李某2。2011年9月25日15时许，被告人李某1、李某2伙同李某4、杜某某（均被治安处罚）、宋某某（另案处理）在某美食城后门将途经该处的学生朱某某、张某某胁迫至美食城后门巷子一铁门处。李某2持匕首威胁朱某某和张某某将身上的钱交出，朱某某遂将现金57元交给了李某2。张某某谎称其银行卡内有200元现金，李某4、杜某某、宋某某三人陪同张某某去信用社取钱。途中，张某某趁机跑到街道对面同学家中，李某4等人见状，便逃离现场。

综上，被告人李某1、李某2、王某某等人强拿硬要他人钱财7起，得赃款158.5元；其中李某1、李某2参与作案7起，得赃款158.5元；王某某参与作案5起，得赃款76.5元。

• 案件争点

未成年人多次强取其他未成年人少量财物的案件如何处理？

• 裁判要旨

法院认为，被告人李某1、李某2、王某某为寻求精神刺激，采用暴力、胁迫等方法，以大欺小，以强凌弱，多次强拿硬要学生钱财，破坏社会秩序，其行为均构成寻衅滋事罪。三被告人在共同犯罪中所起的作用相当且犯罪时均不满十八周岁，均可从轻处罚。裁判理由如下。

（一）强拿硬要型寻衅滋事罪与抢劫罪的一般区分

根据《刑法》第二百六十三条的规定，抢劫罪是指以暴力、胁迫或者其他方法当场劫取公私财物的行为；而根据《刑法》第二百九十三条第一款第三项的规定，强拿硬要公私财物，情节严重的，应当以寻衅滋事罪论处。对于抢劫罪和强拿硬要型寻衅滋事罪而言，因两罪在客观方面都表现为强行非法占有公私财物，司法实践中易出现争议，因此应予准确区分。对于如何区分强拿硬要型寻衅滋事罪与抢劫罪，最高人民法院2005年下发的《关于审理抢劫、抢夺刑事案件适用法律若干问题的意见》（以下简称《两抢意见》）明确规定："寻衅滋事罪是严重扰乱社会秩序的犯罪，行为人实施寻衅滋事的行为时，客观上也可能表现为强拿硬要公私财物的特征。这种强拿硬要的行为与抢劫罪的区别在于：前者行为人主观上还具有逞强好胜和通过强拿硬要来填补其精神空虚等目的，后者行为人一般只具有非法占有他人财物的目的；前者行为人客观上一般不以严重侵犯他人人身权利的方法强拿硬要财物，而后者行为人则以暴力、胁迫等方式作为劫取他人财物的手段。"具体而言，区分强拿硬要型寻衅滋事罪与抢劫罪应当坚持主客观相统一的原则。

1. 从主观上分析行为人是否有寻衅动机。抢劫罪行为人一般单纯以非法占有公私财物为犯罪目的，即非法占有公私财物是行为人的终极目的；而寻衅滋事罪行为人主观上还具有逞强耍横、发泄情绪、寻求精神刺激的目的，非法占有公私财物在行为人的主观故意中处于次要地位。可以说，行为人主观上是否具有寻衅动机是区分两罪的关键所在。当然，行为人主观上是否具有寻衅动机还要结合行为人作案时间、地点和侵害对象的选择等方面进行判断。例如，从作案时间、地点上看，抢劫罪行为人通常较寻衅滋事罪行为人更加谨慎，以便实施抢劫犯罪后能够迅速逃离现场；而寻衅滋事罪行为人，有的则故意选择在公共场所当众作案，作案后滞留现场显示自己的威风，或者选择在同一地点多次作案，寻求精神刺激；从选择侵害的对象上看，抢劫罪行为人以侵财为目的，因此在侵害对象的选择上更注重对方是否具有财物的现实可能性；而寻衅滋事罪行为人则更注重侵害对象是否有反抗能力。

2. 从客观行为上分析行为人使用暴力、胁迫的程度。尽管我国刑法对抢劫罪的暴力程度未作出规定，但通常认为应当达到足以抑制被害人反抗的程度；而寻衅滋事罪中行为人实施的暴力手段程度较弱，一般不以使被害人不敢反抗或者不能反抗为必要。实践中，要尽量注意避免只要行为人实施了暴力行为，而不问暴力程度的强弱，一律以抢劫罪定罪。也就是说，寻衅滋事罪的强拿硬要行为也包含暴力、胁迫的内容，只是程度上较轻微，不足以使被害人不敢反抗或者不能反抗。判断被害人是否不敢反抗、不能反抗，可以根据案件发生的时间、场所、被害人的年龄、身体条件、伤害后果、行为人是否持凶器、所实施暴力及胁迫的强度等因素，以一般人为标准进行综合分析。当然，寻衅滋事罪的行为方式与抢劫罪的行为方式存在一定的重合和交叉，而行为人是否具有寻衅动机有时可能难以认定，因此尽管司法解释对两罪作了明确区分，但实践中仍然存在行为人所实施的犯罪行为同时触犯寻衅滋事罪和抢劫罪两罪的情况，这时可以按照想象竞合犯的处罚原则，从一重处断。对此，2013年《最高人民法院、最高人民检察院关于办理寻衅滋事刑事案件适用法律若干问题的解释》（以下简称《寻衅滋事案件解释》）第七条明确规定："实施寻衅滋事行为，同时符合寻衅滋事罪和故意杀人罪、故意伤害罪、故意毁坏财物罪、敲诈勒索罪、抢夺罪、抢劫罪等罪的构成要件的，依照处罚较重的犯罪定罪处罚。"

（二）未成年人强拿硬要其他未成年人少量财物行为的处理

司法实践中，未成年人强拿硬要其他未成年人少量财物的案件时有发生。对于此类行为性质的认定，《两抢意见》规定："对于未成年人使用或威胁使用轻微暴力强抢少量财物的行为，一般不宜以抢劫罪定罪处罚。其行为符合寻衅滋事罪特征的，可以寻衅滋事罪定罪处罚。"实际上，该司法解释对未成年人实施强抢财物行为性质的认定，也坚持了强拿硬要型寻衅滋事罪和抢劫罪的一般区分标准，其中"使用或威胁使用轻微暴力"系两罪客观行为方面的区分标准，即行为人并未使用严重侵害他人人身安全的暴力、胁迫方式，从而区别于抢劫罪的客观行为；"强抢少量财物"系从强抢的财物数额上推断行为人主观上并非主要出于非法占有公私财物的目的，从而区别于抢劫罪的主观要件。为进一步明确未成年人使用或者威胁使用轻微暴力强取少量财物行为的定罪标准，2006年《最高人民法院关于审理未成年人刑事案件具体应用法律若干问题的解释》（以下简称《未成年人解释》）第七条规定："已满十四周岁不满十六周岁的人使用轻微暴力或者威胁，强行索要其他未成年人随身携带的生活、学习用品或者钱财数量不大，且未造成被害人轻微伤以上或者不敢正常到校学习、生活等危害后果的，不认为是犯罪。已满十六周岁不满十八周岁的人具有前款规定情形的，一般也不认为是犯罪。"该条分别从实施暴力的程度和危害后果两方面，对何种情形下未成年人的抢劫行为属于《刑法》第十三条规定的"情节显著轻微危害不大"作出了解释。

　　从上述司法解释的规定可以看出，本着对未成年人"教育、感化、挽救"的方针和"教育为主、惩罚为辅"的原则，对未成年人实施的以轻微暴力强索他人少量财物的行为，如果没有造成被害人轻微伤以上后果或者严重扰乱公共场所秩序、社会秩序等其他后果的，一般不以犯罪论处；社会危害大，确有必要追究刑事责任的，也要控制抢劫罪的适用，符合寻衅滋事罪的构成特征的，尽量选择适用寻衅滋事罪。在适用上述司法解释具体认定时，有两个问题需要注意。一是关于"轻微暴力"和"少量财物"的认定。对是否属于"轻微暴力"，可以从实施暴力的方式、强度，以及是否造成被害人身体伤害后果来分析判断，并应注意与成年人相区分。例如，同样是持刀强抢财物情节，成年人和未成年人由此所表现出的主观恶性与对被害人的威胁程度有所不同。成年人实施的持刀强抢行为，即使只是持刀威胁，未实际动刀伤害被害人，一般也应认定超出了"轻微暴力"的范畴，严重侵害了他人的人身安全；而对于未成年人实施的持刀强抢行为，则还要结合是否实际动刀伤人，是否造成被害人轻微伤以上或其他危害后果，综合认定是否属于"轻微暴力"。对于是否属"少量财物"，可以参考盗窃罪数额较大的标准，以1 000元以下的财物为标准。当然，不是说使用轻微暴力强抢了数额超过1 000元的财物即定为抢劫罪，根据《寻衅滋事案件解释》的规定，强拿硬要公私财物价值1 000元以上的，也是寻衅滋事罪的入罪标准之一，因此符合寻衅滋事罪特征的，也可能认定为寻衅滋事罪。二是对寻衅滋事罪入罪标准的把握。强拿硬要他人财物构成寻衅滋事罪,需要具备"情节严重",《寻衅滋事案件解释》对该类犯罪"情节严重"的标准作了明确规定:(1)强拿硬要公私财物价值1 000元以上的;(2)多次强拿硬要公私财物,造成恶劣社会影响的;(3)强拿硬要精神病人、残疾人、流浪乞讨人员、老年人、孕妇、未成年人的财物,造成恶劣社会影响的;(4)引起他人精神失常、自杀等严重后果的;(5)严重影响他人的工作、生活、生产、经营的;(6)其他情节严重的情形。可见,该解释没有区分成年人与未成年人实施强拿硬要财物的定罪标准。我们认为,鉴于未成年人身心发育不成熟,人生观、价值观尚未定型等因素,上述标准对处理未成年人强索财物案件虽然适用,但仍应坚持有所区别、对未成年人尽量从宽处理的刑事政策精神。比如,如果是未成年人针对老年人、未成年人强拿硬要财物的,就不宜机械适用《寻衅滋事案件解释》上述规定第3项,认定未成年人构成寻衅滋事罪。法院认为,在办理未成年违法犯罪案件中《未成年人解释》所体现的政策精神应当得到贯彻。应当综合考虑未成年人实施强拿硬要行为的次数、手段、危害后果,是否造成恶劣社会影响,是否认罪悔罪以及是否积极退赃等因素,准确把握其行为是否属于"情节显著轻微危害不大的,可不认为是犯罪"的情形。

需要指出的是,处理未成年人强索财物案件,既要坚持宽大原则,又要避免片面从宽,放纵犯罪。《两抢意见》《未成年人解释》关于从宽处理的规定,其适用都是有特定语境和前提条件的,即总体上适用于那些主观恶性不大、人身危险性不大、作案手段一般、危害后果不严重的违法犯罪行为。对那些虽然系未成年人,但强取不特定人员财物的犯意十分明确、坚决,甚至屡教不改,多次持凶器或者暴力殴打、威胁被害人,强行劫取、索要他人财物,严重侵害公民人身、财产安全的行为,应依法以抢劫罪定罪处罚。

(三)本案三被告人构成寻衅滋事罪

尽管司法解释已作了明确的规定,但司法实践中对于寻衅滋事罪与抢劫罪的认定仍会发生混淆的情况。如本案公安机关立案侦查的罪名就与检察机关、人民法院认定的罪名不一致。

根据前述司法解释的规定,法院有以下两个观点。

1. 三被告人不构成抢劫罪。本案中,三被告人均系已满十六周岁不满十八周岁的未成年人,根据《两抢意见》的规定,对于未成年人使用或威胁使用轻微暴力强抢少量财物的行为,一般不宜以抢劫罪定罪处罚。从被告人使用的暴力、威胁手段的强度看,被告人共作案7次,其中有2次采用持凶器威逼的方式作案,其余几次均未持凶器,而采用威胁、恐吓,或采用拳打脚踢的方式作案，均未造成被害人人身伤害后果，可以认定为轻微暴力；从强抢的数额看，各被告人 7 次作案累计强抢 158.5 元，数额较小，可以认定为强抢少量财物。故对三被告人不宜以抢劫罪定罪处罚。

2. 三被告人构成寻衅滋事罪。从主观方面看，三被告人具有寻衅动机，认定根据有：从作案时间、地点看，本案 7 次作案有 3 次发生在白天，7 次作案均发生在校园周边，且有 4 次选择在同一地点作案；从作案对象看，7 次作案对象均为在校未成年学生，其中 5 次作案对象是同一中学的学生，被害人的未成年学生身份意味着其不可能携带数额较大的财物；从客观行为表现看，被告人强抢陈某某时，在未搜到财物后，还对陈某某拳打脚踢后才离开现场。以上均反映出被告人并非以非法占有财物为唯一目的，而具有以大欺小、以强凌弱、寻求精神刺激、逞强耍横的寻衅动机。从客观方面看，被告人李某 1 及李某 2 均 7 次实施、王某 5 次实施向其他未成年人强拿硬要财物的行为，严重扰乱了校园周边的社会秩序，属于"情节严重"，符合《未成年人解释》第八条的规定，应以寻衅滋事罪追究三被告人的刑事责任。同案李某 4 参与作案 1 次，同案人杜某某参与作案 2 次，二人寻衅滋事行为均不足 3 次，尚不属于"情节严重"，故按照《中华人民共和国治安管理处罚法》的规定予以行政处罚。

三、司法案例类案甄别

（一）事实对比

样本案例一高某某故意伤害案，被告人高某某系未成年人，其于 2014 年 9 月 21 日 12 时许携带刀具邀约梁某某一同到某高中门口解决该校学生王某某和宋某某纠纷时，与宋某某的朋友何某某相互挑衅，后发生互殴，被害人邬某某见状参与殴打，被该校老师制止。双方停止殴打后，高某某和梁某某便离开现场向车站方向行走，途中被何某某、邬某某等人拦下，二人继续殴打高某某，高某某用事先准备好的刀具将何某某、邬某某刺伤后，逃离现场。经鉴定，邬某某的损伤程度为重伤二级。

样本案例二郭某某盗窃案，被告人郭某某刚满十六周岁，系超市送货员。2009 年 8 月 19 日上午，至上海市某公司经理办公室送货，见室内无人，窃得桌上营业款人民币 3 000 元，后郭某某将赃款用于个人消费。同年 8 月 24 日晚，郭某某利用送货之际，至上述地址送啤酒，趁吴某某将啤酒搬进室内时，窃得室内床头地板上正充电的某品牌手机一部（价值 1 672 元）。案发后，郭某某在其父母陪同下自首,其父母退赔 3 000 元。

样本案例三李某 1 等寻衅滋事案,被告人李某 1 不满十七周岁,李某 2 和王某某不满十八周岁,均属于未成年人。李某 1、李某 2、王某某在 2011 年 9 月期间先后 7 次使用威胁、恐吓等方式强拿硬要他人钱财,共所得赃款 158.5 元;其中李某 1、李某 2 参与作案 7 起,得赃款 158.5 元;王某某参与作案 5 起,得赃款 76.5 元。

从认定事实情况看,样本案例一、二、三查明事实均围绕被告人的主观恶性、犯罪情节、是否真诚悔罪、是否赔偿被害人损失、有无再犯危险,以及未成年被告人的家庭情况、成长经历、性格特点及社会交往等情况展开。

样本案例一被告人高某某是为同学解决纠纷而发生打架斗殴行为,主观恶性不大,案发后,被告人主动投案自首并积极赔偿被害人经济损失,最终取得了被害人的谅解,属于真诚悔过。

样本案例二被告人郭某某在犯罪时已满十六周岁不满十八周岁,案发后在亲属劝说下主动自首,郭某某父母积极代为退赔全部赃款,弥补失主的财产损失,取得了被害人的谅解。

样本案例三从被告人行为上看,三名被告人短期内作案 7 次,其中有 2 次采用持凶器威逼的方式作案,其余几次采用威胁、恐吓,或拳打脚踢的方式作案,均未造成被害人人身伤害后果,属于轻微暴力;从强抢的数额看,三被告人 7 次作案累计强抢 158.5 元,数额较小,属于强抢少量财物;从作案时间、地点看,7 次作案有 3 次发生在白天,7 次作案均发生在校园周边,且有 4 次选择在同一地点;从作案对象看,7 次作案对象均为在校未成年学生,其中 5 次作案对象是同一中学的学生,被害人的未成年学生身份意味着其不可能携带数额较大的财物,以上均反映出被告人并非以非法占有财物为唯一目的,而是具有以大欺小、以强凌弱、寻求精神刺激、逞强耍横的寻衅动机。

(二)适用法律对比

样本案例一高某某故意伤害案,法院认为,未成年行为人为同学解决纠纷而发生争执并打架斗殴,并使用随身携带刀具刺伤被害人,致其重伤的,构成故意伤害罪。因行为人具有减轻处罚的情节,应在法定的量刑幅度以下对其进行处罚,故符合了缓刑"三年以下有期徒刑"的适用条件。同时,考虑到未成年行为人主观恶性不大,事发后主动投案自首并积极赔偿被害人经济损失,真诚悔过,最终取得了被害人的谅解,属于犯罪情节较轻,具有悔罪表现,无再犯危险,符合我国法律规定的适用缓刑的条件,应当适用缓刑。

样本案例二郭某某盗窃案,法院认为,审理未成年人刑事案件应当贯彻

"教育为主，惩罚为辅"原则和"教育、感化、挽救"方针，寓教于审，惩教结合，对于情节轻微的未成年被告人，可依法多适用缓刑或管制、单处罚金等非监禁刑，有利于其早日回归社会。被告人郭某某以非法占有为目的，秘密窃取公私财物，数额较大，其行为已构成盗窃罪。公诉机关指控罪名成立，应予支持。郭某某在犯罪时已满十六周岁不满十八周岁，案发后能自首，依法可从轻处罚。郭某某父母积极代为退赔全部赃款，弥补失主的财产损失，依法可再予酌情从轻处罚。

样本案例三李某1等寻衅滋事案，法院认为，本着对未成年人"教育、感化、挽救"的方针和"教育为主、惩罚为辅"的原则，对未成年人实施的以轻微暴力强索他人少量财物的行为，如果没有造成被害人轻微伤以上后果或者严重扰乱公共场所秩序、社会秩序等其他后果的，一般不以犯罪论处；社会危害大，确有必要追究刑事责任的，也要控制抢劫罪的适用，符合寻衅滋事罪的构成特征的，尽量选择适用寻衅滋事罪。鉴于未成年人身心发育不成熟，人生观、价值观尚未定型等因素，对处理未成年人强索财物案件仍应坚持有所区别、对未成年人尽量从宽处理的刑事政策精神。应当综合考虑未成年人实施强拿硬要行为的次数、手段、危害后果，是否造成恶劣社会影响，是否认罪悔罪以及是否积极退赃等因素，准确把握其行为是否属于"情节显著轻微危害不大的，可不认为是犯罪"的情形。

从法律适用情况看，样本案例一、二、三适用的主要为《中华人民共和国刑事诉讼法》第二百七十七条"对犯罪的未成年人实行教育、感化、挽救的方针，坚持教育为主、惩罚为辅的原则。人民法院、人民检察院和公安机关办理未成年人刑事案件，应当保障未成年人行使其诉讼权利，保障未成年人得到法律帮助，并由熟悉未成年人身心特点的审判人员、检察人员、侦查人员承办"，第二百七十九条"公安机关、人民检察院、人民法院办理未成年人刑事案件，根据情况可以对未成年犯罪嫌疑人、被告人的成长经历、犯罪原因、监护教育等情况进行调查"，《最高人民法院关于审理未成年人刑事案件具体应用法律若干问题的解释》第十一条"对未成年罪犯适用刑罚，应当充分考虑是否有利于未成年罪犯的教育和矫正。对未成年罪犯量刑应当依照刑法第六十一条的规定，并充分考虑未成年人实施犯罪行为的动机和目的、犯罪时的年龄、是否初次犯罪、犯罪后的表现、个人成长经历和一贯表现等因素。对符合管制、缓刑、单处罚金或者免予刑事处罚适用条件的未成年罪犯，应当适用管制、缓刑、单处罚金或者免予刑事处罚"。

（三）适用法律程序对比

样本案例一、二、三从适用法律程序情况看，按照《最高人民法院关于人民法院案件案号的若干规定》要求和案件审理机关等级，经查证样本案例一、二、三均为一审刑事案件，适用法律程序均为一审程序。

（四）类案检索大数据报告

时间截至2022年11月16日，案例来源为Alpha案例库，案件数量为7 617件，数据采集时间为2022年11月16日，本次检索共获取关于认定未成年罪犯刑罚适用的裁判文书共7 617篇。

从案件程序分类统计可以看到未成年人犯罪的审理程序分布状况，其中一审案件有6 904件，二审案件有535件，再审案件有55件，执行案件有89件，并能够推算出一审上诉率约为7.75%。

如图5-1所示，对二审裁判结果进行可视化分析可以看到，当前条件下维持原判的有266件，占比为49.72%；改判的有241件，占比为45.04%；其他为26件，占比为4.86%。

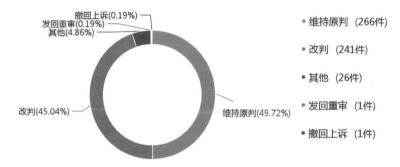

图5-1　二审裁判结果情况

如图5-2所示，对再审裁判结果进行可视化分析可以看到，当前条件下改判的有41件，占比为74.55%；其他为7件，占比为12.73%；维持原判的有7件，占比为12.73%。

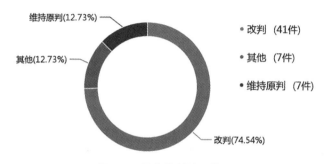

图5-2　再审裁判结果情况

如图 5-3 所示，对主刑适用情况进行可视化分析可以看到，当前条件下包含有期徒刑的案件有 6 000 件，包含拘役的案件有 1 290 件，包含管制的案件有 356 件。

图 5-3　主刑适用情况

如图 5-4 所示，对附加刑适用情况进行可视化分析可以看到，当前条件下包含罚金的案件有 3 861 件，包含剥夺政治权利的案件有 81 件，包含没收财产的案件有 80 件。

图 5-4　附加刑适用情况

四、类案裁判规则的解析确立

《最高人民法院关于审理未成年人刑事案件具体应用法律若干问题的解释》第十一条规定："对未成年罪犯适用刑罚，应当充分考虑是否有利于未成年罪犯的教育和矫正。对未成年罪犯量刑应当依照刑法第六十一条的规定，并充分考虑未成年人实施犯罪行为的动机和目的、犯罪时的年龄、是否初次犯罪、犯罪后的表现、个人成长经历和一贯表现等因素。对符合管制、缓刑、单处罚金或者免予刑事处罚适用条件的未成年罪犯，应当适用管制、缓刑、单处罚金或者免予刑事处罚。"该解释确立了审理未成年人犯罪案件需贯彻"教育为主、惩罚为辅"原则和对部分案件适用轻罪、判处轻刑以及从有利于未成年罪犯教育和矫正出发,适当多适用非监禁刑的定罪量刑原则。

2010年2月8日最高人民法院印发《关于贯彻宽严相济刑事政策的若干意见》,对涉及未成年犯罪人的定罪量刑提出进一步从宽的具体政策界限。该意见特别强调:对未成年人犯罪,要坚持"教育为主、惩罚为辅"的原则和"教育、感化、挽救"的方针进行处理。其中,对于刚达数额标准的盗窃、抢夺、诈骗等涉财类案件,案发后如实供述并积极退赃,可认定为情节显著轻微,不作为犯罪处理。该意见将未成年人犯罪免予处罚的范围界定为较轻犯罪,对罪行较轻的,可依法多适用缓刑或判处管制、单处罚金等非监禁刑;依法可免罚的,应当免罚。对犯罪情节严重的,也应当依法从轻或减轻处罚,依法不应有例外。同时进一步明确,对于已满十四周岁不满十六周岁的未成年犯罪人一般不判处无期徒刑,更具实践指导意义。此外,还对未成年犯的减刑、假释规定了从宽掌握的原则。符合条件的,减刑的幅度可以适当放宽,还可依法多适用假释,体现了人民法院将对未成年犯罪人"教育、感化、挽救"的方针贯穿于审判活动的始终。

五、关联法律法规

(一)最高人民法院《关于审理未成年人刑事案件具体应用法律若干问题的解释》(2006年1月23日施行,法释〔2006〕1号)

第十一条 对未成年罪犯适用刑罚,应当充分考虑是否有利于未成年罪犯的教育和矫正。

对未成年罪犯量刑应当依照刑法第六十一条的规定,并充分考虑未成年人实施犯罪行为的动机和目的、犯罪时的年龄、是否初次犯罪、犯罪后的悔罪表现、个人成长经历和一贯表现等因素。对符合管制、缓刑、单处罚金或者免予刑事处罚适用条件的未成年罪犯,应当依法适用管制、缓刑、单处罚金或者免予刑事处罚。

(二)最高人民法院《关于贯彻宽严相济刑事政策的若干意见》(2010年2月8日施行,法发〔2010〕9号)

二、准确把握和正确适用依法从"严"的政策要求

……

20、对于未成年人犯罪,在具体考虑其实施犯罪的动机和目的、犯罪性质、情节和社会危害程度的同时,还要充分考虑其是否属于初犯,归案后是否悔罪,以及个人成长经历和一贯表现等因素,坚持"教育为主、惩罚为辅"的原则和"教育、感化、挽救"的方针进行处理。对于偶尔盗窃、抢夺、诈骗,数额刚达到较大的标准,案发后能如实交代并积极退赃的,可以认定为情节显著轻微,不作为犯罪处理。对于罪行较轻的,可以依法适当多适用缓刑或者判处管制、单处罚金等非监禁刑;依法可免予刑事处罚的,应当免予刑事处罚。对于犯罪情节严重的未成年人,也应当依照刑法第十七条第三款的规定予以从轻或者减轻处罚。对于已满十四周岁不满十六周岁的未成年犯罪人,一般不判处无期徒刑。

(三)最高人民检察院《未成年人刑事检察工作指引(试行)》(2017年3月2日施行,高检发未检字〔2017〕1号)

第一百六十七条 人民检察院审查起诉未成年人刑事案件,应当全面审查起诉意见书、案卷证据以及社会调查报告等材料,根据其涉嫌犯罪的性质、情节、主观恶性以及其年龄、身心发育状况、成长经历、犯罪原因、有无监护或者社会帮教条件等,综合衡量起诉的必要性,尽可能作出不起诉或者附条件不起诉的决定。对于确有起诉必要的,应当起诉并依法提出量刑建议;对于可以不判处监禁刑的,应当依法提出适用非监禁刑的建议。

未成年人刑事犯罪法律适用

第 6 条

对未成年人犯罪人定罪量刑时,应当重视社会调查报告的地位和作用

一、聚焦司法案件裁判观点

■ **争议焦点**

未成年人调查报告的地位和作用如何?

■ **裁判观点**

法院应当全面审查未成年人调查报告,对有关组织或者个人调查形成的社会调查报告应当进行庭审质证,认真听取控辩双方对调查报告的意见。必要时,可以要求社会调查员出席法庭。

社会调查报告应当在量刑程序中出示,其只能作为量刑的依据,而不能作为定罪的依据。在未成年人刑事判决书中,应当对社会调查报告以及控辩双方针对报告进行质证的意见采纳与否进行充分的判决说理。

二、司法案例样本对比

样本案例一
云南省××县人民检察院诉邱某某交通肇事案

• **法院**

云南省××县人民法院

• **诉讼主体**

公诉机关:云南省××县人民检察院

被告人:邱某某

• **基本案情**

2019年7月8日17时26分许,被告人邱某某(男,2001年10月21日生)无证驾驶摩托车沿某路由北向南行驶。当车行至某小区路段时,因车辆未靠右行驶,致使车辆与行人李某某(在事故路段打扫卫生)发生碰撞,造成李某某受伤,李某某经送医院抢救无效于2019年7月14日死亡。事故发生后,被告邱某某主动报案并在现场等候交警处理。经公安局交通警察大队认定,邱某某承担此次交通事故的主要责任,李某某承担事故的次要责任。经鉴定,被害人李某某死因符合交通事故致重型颅脑损伤死亡。

• **案件争点**

对未成年犯罪人定罪量刑时,如何评价社会调查报告的地位和作用?

• **裁判要旨**

在法庭审理过程中,公诉机关提交了被告人邱某某的社会调查报告,法庭也了解到被告人邱某某初中毕业后,便外出打工,在一家餐饮店做配菜员,独自租房居住,父母亲在其他城市打工。邱某某因无证驾驶、违反交通管理法规,过失导致犯罪。事故发生后,其父母返回老家处理此事,已赔偿被害人亲属共计人民币82 000元,并表示以后会加强对邱某某的管教。

法院认为,交通肇事罪是指违反交通运输管理法规,因而发生重大事故,致人重伤、死亡或者致使公私财物遭受重大损失的行为。《刑法》第一百三十三条规定:"违反交通运输管理法规,因而发生重大事故,致人重伤、死亡或者使公私财产遭受重大损失的,处三年以下有期徒刑或者拘役;交通运输肇事后逃逸或者有其他特别恶劣情节的,处三年以上七年以下有期徒刑;因逃逸致人死亡的,处七年以上有期徒刑。"本案中,被告人邱某某违反交通运输管理法规,无证驾驶机动车,发生交通事故致一人死亡,并承担事故的主要责任,其行为已触犯《刑法》第一百三十三条的规定构成交通肇事罪,依法应予惩处。公诉机关的指控,事实清楚,证据确实、充分,法院予以支持。

被告人邱某某犯罪时未满十八周岁,系未成年人犯罪,应当从轻或减轻处罚。被告人邱某某发生交通事故后主动报案,并在现场等候处理,如实供述自己的犯罪事实,系自首,积极赔偿被害人亲属的经济损失共计人民币82 000元,综合上述量刑情节,法院依法对被告人邱某某从轻处罚并适用缓刑。公诉机关提出的量刑建议,在法律规定的幅度内,法院予以支持。关于被告人邱某某的辩护人提出邱某某系未成年人犯罪、有自首情节、自愿认罪认罚、赔偿被害人亲属经济损失且无前科的辩护意见,法院予以采纳,在量刑时已予以考虑。

公诉机关提交的被告人邱某某的社会调查报告全面、客观、公正地反映其成长经历、生活环境,分析其犯罪主客观方面原因,为法院贯彻教育、感化、挽救邱某某,正确处理案件提供了重要依据。

样本案例二
河南省××市人民检察院诉谭某某故意伤害案

- **法院**

河南省××市中级人民法院

- **诉讼主体**

公诉机关:河南省××市人民检察院
被告人:谭某某

- **基本案情**

被告人谭某某(十六周岁,在校学生)与被害人曾某某(在校学生)均系某武术学校全托班学生。2016年6月11日21时许,两人在谭某某宿舍内因琐事发生争吵并厮打,被劝开后,谭某某持刀具至曾某某所住宿舍将曾某某捅伤。曾某某经抢救无效于次日凌晨死亡。

- **案件争点**

对未成年犯罪人定罪量刑时,如何评价社会调查报告的地位和作用?

- **裁判要旨**

河南省××市中级人民法院经审理认为,被告人谭某某故意伤害他人身体,致一人死亡,其行为已构成故意伤害罪。被告人实施犯罪时不满十八周岁,系未成年人;认罪态度较好,有悔罪表现;其法定代理人积极赔偿被害人亲属经济损失并取得谅解;社会调查报告显示,被告人平时表现良好,无违法违纪行为。依照《刑法》有关规定,认定被告人谭某某犯故意伤害罪。

样本案例三

安徽省××市××区人民检察院诉安某某等人诈骗案

• **法院**

安徽省××市××区人民法院

• **诉讼主体**

公诉机关：安徽省××市××区人民检察院

被告人：安某某、林某某、王某某、骆某某

• **基本案情**

自2019年开始，被告人安某某（男，2002年7月23日生）、林某某（男，2002年8月18日生）、王某某（男，2002年10月15日生）、骆某某（男，2002年8月2日生）等人在网络上以"红包雨"的方式实施诈骗，发布虚假返利信息，诱骗被害人的钱财，当被害人发现上当要求退款时，他们又通过编造退款需交手续费等理由继续骗取被害人的钱财。同时，被告人安某某、林某某、王某某、骆某某在实施"红包雨"诈骗的过程中，还通过其他方式获取诈骗款，其中安某某的诈骗金额为57 932元，林某某和王某某的诈骗金额为319 632.89元，骆某某的诈骗金额为27 639元。

• **案件争点**

对未成年犯罪人定罪量刑时，如何评价社会调查报告的地位和作用？

• **裁判要旨**

法院认为，被告人安某某、林某某、王某某、骆某某等人诈骗公私财物，其中安某某的诈骗金额为57 932元，林某某和王某某的诈骗金额为319 632.89元，骆某某的诈骗金额为27 639元。安某某、林某某、王某某诈骗数额巨大，骆某某诈骗数额较大，其行为均构成诈骗罪，公诉机关的指控成立。被告人骆某某经公安机关传唤到案后，如实供述犯罪事实，依法可认定为自首，依法予以从轻处罚。被告人安某某、骆某某认罪认罚，予以从宽处罚。被告人林某某、王某某自愿认罪，予以从轻处罚。被告人安某某退缴部分违法所得，取得部分被害人的谅解，被告人骆某某退缴全部违法所得，酌情对两被告人从轻处罚。

法院通过社会调查报告了解到：被告人林某某、王某某均系在校学生，被告人安某某、骆某某均已辍学。四被告人家庭经济条件一般，法律观念淡薄，四被告人父母或对子女溺爱，或对子女教育不够，或与子女沟通交流少，不能帮助四被告人树立正确的世界观、人生观、价值观，导致四被告人养成好逸恶劳的恶习。监护人未能尽到监管职责，在四被告人的成长过程中，又没有对四被告人注重思想品行教育，最终导致四被告人走上犯罪道路。公诉机关对被告人安某某、骆某某提出的量刑建议适当，法院予以采纳。对四被告人辩护人提出四被告人系未成年人犯罪，自愿认罪，请求法院对四被告人从轻处罚的辩护意见，法院予以采纳。对被告人安某某的辩护人提出对安某某减轻处罚的辩护意见，法院予以采纳。被告人骆某某的辩护人提出骆某某系自首，认罪认罚，退缴违法所得，请求法院对其从轻处罚的辩护意见，法院予以采纳。

三、司法案例类案甄别

（一）事实对比

样本案例一邱某某交通肇事案，被告人邱某某无证驾驶摩托车，因车辆未靠右行驶，致使车辆与行人李某某发生碰撞，造成李某某受伤，李某某经送医院抢救无效于2019年7月14日死亡。事故发生后，被告邱某某主动报案并在现场等候交警处理。经公安局交通警察大队认定，邱某某承担此次交通事故的主要责任，李某某承担事故的次要责任。

样本案例二谭某某故意伤害案，被告人谭某某与被害人曾某某均系某武术学校全托班学生。2016年6月11日21时许，两人在谭某某宿舍内因琐事发生争吵并厮打，被劝开后，谭某某持刀具至曾某某所住宿舍将曾某某捅伤。曾某某经抢救无效于次日凌晨死亡。

样本案例三安某某等人诈骗案，被告人安某某等4人在网络上以"红包雨"的方式实施诈骗，发布虚假返利信息，诱骗被害人的钱财，当被害人发现上当要求退款时，又通过编造退款需交手续费等理由继续骗取被害人的钱财。同时，还通过其他方式获取诈骗款，其中安某某的诈骗金额为57 932元，林某某和王某某的诈骗金额为319 632.89元，骆某某的诈骗金额为27 639元。

从认定事实情况看，在样本案例一、二、三中，查明事实均围绕被告人的犯罪行为、原因以及未成年被告人的家庭情况、成长经历、性格特点和社会交往等情况展开调查，在法庭审理过程中公诉机关均提交了社会调查报告，法院也最终将社会调查报告作为量刑的重要依据之一。

（二）适用法律对比

样本案例一邱某某交通肇事案，法院认为，交通肇事罪是指违反交通运输管理法规，因而发生重大事故，致人重伤、死亡或者致使公私财产遭受重大损失的行为。被告人邱某某违反交通运输管理法规定，无证驾驶机动车，发生交通事故致一人死亡，并承担事故的主要责任，其行为已触犯《刑法》第一百三十三条的规定构成交通肇事罪，依法应予惩处。被告人邱某某犯罪时未满十八周岁，系未成年人犯罪，应当从轻或减轻处罚。被告人邱某某发生交通事故后主动报案，并在现场等候处理，如实供述自己的犯罪事实，系自首，积极赔偿被害人亲属的经济损失共计人民币 82 000 元，综合上述量刑情节，依法对被告人邱某某从轻处罚并适用缓刑。

样本案例二谭某某故意伤害案，法院认为，被告人谭某某故意伤害他人身体，致一人死亡，其行为已构成故意伤害罪。被告人实施犯罪时不满十八周岁，系未成年人；认罪态度较好，有悔罪表现；其法定代理人积极赔偿被害人亲属并取得谅解；社会调查报告显示，被告人平时表现良好，无违法违纪行为。依照《刑法》有关规定，认定被告人谭某某犯故意伤害罪。

样本案例三安某某等人诈骗案，法院认为，安某某、林某某、王某某诈骗数额巨大，骆某某诈骗数额较大，其行为均构成诈骗罪，公诉机关的指控成立。被告人骆某某经公安机关传唤到案后，如实供述犯罪事实，依法可认定为自首，依法予以从轻处罚。被告人安某某、骆某某认罪认罚，予以从宽处罚。被告人林某某、王某某自愿认罪，予以从轻处罚。被告人安某某退缴部分违法所得，取得部分被害人谅解，被告人骆某某退缴全部违法所得，酌情对两被告人从轻处罚。法院通过社会调查报告了解到：被告人林某某、王某某均系在校学生，被告人安某某、骆某某均已辍学。四被告人家庭经济条件一般，法律观念淡薄，四被告人父母或对子女溺爱，或对子女教育不够，或与子女沟通交流少，不能帮助四被告人树立正确的世界观、人生观、价值观，导致四被告人养成好逸恶劳的恶习。监护人未能尽到监管职责，在四被告人的成长过程中，又没有对四被告人注重思想品行教育，最终导致四被告人走上犯罪道路。公诉机关对被告人安某某、骆某某提出的量刑建议适当，法院予以采纳。

从法律适用角度看，样本案例一、二、三均实际适用了最高人民检察院、最高人民法院关于未成年人社会调查制度的相关规定。

（三）适用法律程序对比

样本案例一、二、三从适用法律程序情况看，按照《最高人民法院关于人民法院案件案号的若干规定》要求和案件审理机关等级，经查证样本案例一、二、三均为一审刑事案件，适用法律程序均为一审程序。

（四）类案大数据报告

截至 2022 年 11 月 16 日，案例来源为 Alpha 案例库，案件数量为 31 486 件，数据采集时间为 2022 年 11 月 16 日，本次检索共获取关于认定未成年人犯罪定罪量刑的裁判文书 31 486 篇。

从案件程序分类统计可以看到未成年人犯罪当前的审理程序分布状况，其中一审案件有 20 320 件，二审案件有 10 429 件，再审案件有 603 件，其他案件有 51 件，死刑复核案件有 47 件。

如图 6-1 所示，对二审裁判结果进行可视化分析可以看到，当前条件下维持原判的有 7 454 件，占比为 71.47%；改判的有 2 687 件，占比为 25.76%；其他为 251 件，占比为 2.41%。

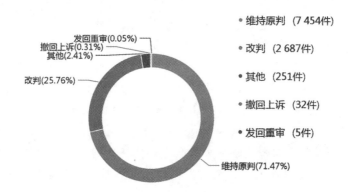

图 6-1　二审裁判结果情况

如图 6-2 所示，对再审裁判结果进行可视化分析可以看到，当前条件下改判的有 306 件，占比为 50.75%；其他为 178 件，占比为 29.52%；维持原判的有 119 件，占比为 19.73%。

如图 6-3 所示，对主刑适用情况进行可视化可以看到，当前条件下包含有期徒刑的案件有 21 470 件，包含拘役的案件有 2 131 件，包含死刑的案件有 600 件。

如图 6-4 所示，对附加刑适用情况进行可视化可以看到，当前条件下包含罚金的案件有 19 203 件，包含没收财产的案件有 1 750 件，包含剥夺政治权利的案件有 1 597 件。

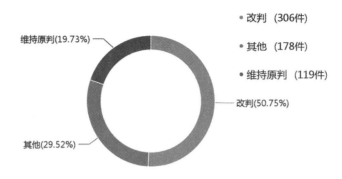

图 6-2　再审裁判结果情况

图 6-3　主刑适用情况

图 6-4　附加刑适用情况

四、类案裁判规则的解析确立

（一）社会调查报告制度的确立和作用

对未成年犯罪人定罪量刑时，应当重视社会调查报告的地位和作用。社会调查报告是在未成年人刑事案件庭前开展社会调查而形成的报告，即指人民检察院提起公诉的案件，在人民法院判决以前，对未成年被告人犯罪行为的背景情况，通过社会有关组织进行的调查。其目的是全面、客观、公正地反映未成年被告人的成长经历、生活环境，分析未成年被告人犯罪主客观方面原因，探索未成年人刑事案件的诉讼程序，为司法机关贯彻教育、感化、挽救未成年被告人，正确处理案件提供重要依据。

2010年7月，最高人民法院下发的《关于进一步加强少年法庭工作的意见》提出，有条件的人民法院在审理未成年人刑事案件时，对有关组织或者个人调查形成的社会调查报告应当进行庭审质证，认真听取控辩双方对调查报告的意见，量刑时予以综合考虑。必要时，人民法院也可以委托有关社会团体组织就上述情况进行调查或者自行调查。同年8月，中央社会治安综合治理委员会预防青少年违法犯罪工作领导小组、最高人民法院、最高人民检察院、公安部、司法部、共青团中央联合制定的《关于进一步建立和完善办理未成年人刑事案件配套工作体系的若干意见》进一步规定：（1）社会调查的主要内容，一般应包括未成年犯罪嫌疑人的性格特点、家庭背景、社会交往、学校表现、成长经历、犯罪前后的表现、自我认识、帮教条件以及对再犯可能性的分析、综合评价意见等。（2）委托调查的机关有公安机关、检察机关、法院；被委托调查的社会组织，一般以社区矫正机构为宜，以与判处非监禁刑罚后的帮教工作相衔接，也可以是共青团或者其他社会组织。（3）公安机关提请检察院审查批准或者移送审查起诉的、检察院对其提起公诉的未成年人刑事案件，应当将社会调查报告、未成年犯罪嫌疑人在办案期间表现等材料随案移送，法院应当全面审查，没有移送的，法院可以要求检察院提供。对于调查内容不全面或自诉的未成年人刑事案件，法院可以自行调查或者另行委托社会组织调查。（4）少年法庭应邀请社会调查员出庭，在法庭调查结束后，由社会调查员宣读社会调查报告；审判长或者独任审判员可就社会调查报告的内容逐一询问公诉人、辩护人、法定代理人等诉讼参与人的意见，社会调查员应如实回答他们的质询。（5）经质询的社会调查报告可以作为少年法庭量刑时的参考。

（二）社会调查报告的庭审质证

社会调查报告应当在相对独立的量刑程序中出示并接受质证。在司法实践中，法院审理阶段何时出示社会调查报告接受各方质证，各地做法不一。有些法院在法庭调查阶段即出示社会调查报告，而有些法院则是在法庭审理完毕后进行庭后教育时才出示，甚至在有些案件中即使进行了社会调查也不出示调查报告。根据证据裁判原则的要求，证据必须经过法庭的调查才能作为裁判的依据，包含了丰富的量刑信息、会对量刑产生重大影响的社会调查报告，必须在法庭上出示才符合证据裁判原则，同时也是保障控辩双方对该量刑证据的质证、辩论的权利的需要。2021年《最高人民法院关于适用〈中华人民共和国刑事诉讼法〉的解释》的相关规定也体现了这一精神,但对于调查报告的出示时间则没有明确规定。①

基于"教育、感化、挽救"方针,未成年人刑事诉讼程序与成年人刑事诉讼程序相比更注重对未成年人的保护,量刑的轻缓化较为明显,但在未成年人定罪程序中,无罪推定、正当法律程序等基本原则仍然需要坚守。社会调查报告的内容多数属于品格证据、传闻证据、意见证据等,如在定罪程序没有完成前出示,其内容很可能会使法官产生有罪推断,影响其中立的立场,有违程序公正的基本要求。另外,定罪是对未成年被告人违法行为最为明确的否定性评价,能够使未成年被告人真正认识自己行为的违法性及社会危害性,是其真诚悔罪并接受教育改造的前提。在定罪程序中出示社会调查报告容易使未成年被告人产生自己的行为主要是由于家庭、学校教育、社会等多方面原因导致,不能正确评价和认识自己的行为性质而将责任完全归于自身以外的因素,这反而不利于对未成年人的教育、感化和挽救。在量刑程序中,因定罪已经完成,法官需要更为丰富的信息确定适合未成年被告人的刑罚,以实现对未成年人的教育改造及再社会化,此时出现在法庭视野的量刑证据具有范围宽泛、形式多样的特点,它既不受法定证据种类的限制,亦不受证据能力的束缚,在此阶段出示社会调查报告既能够达到量刑个别化的要求,又能使未成年被告人在认清自己行为的前提下感受来自社会的关爱。因此,在未成年人刑事案件的审判中,应当将定罪量刑彻底分离,在未成年被告人不认罪时适用完全独立的量刑程序,在被告人认罪时适用相对独立的量刑程序,而社会调查报告应当在量刑程序中出示,其只能作为量刑的依据,而不能作为定罪的依据。

(三)社会调查员出席法庭

社会调查员有出席法庭的必要。作为社会调查报告的制作主体,社会调查员对于调查材料的来源以及如何得出相应的分析评估意见最为了解,能够针对各方可能出现的质疑作出最直接的解释、说明,消除疑点,保证社会调查报告的真实性和可信性,因此具有出庭接受质证的必要。作为社会调查报告的责任

---

① 2021年《最高人民法院关于适用〈中华人民共和国刑事诉讼法〉的解释》第五百七十五条规定:"对未成年被告人情况的调查报告,以及辩护人提交的有关未成年被告人情况的书面材料,法庭应当审查并听取控辩双方意见。上述报告和材料可以作为办理案件和教育未成年人的参考。人民法院可以通知作出调查报告的人员出庭说明情况,接受控辩双方和法庭的询问。"

主体，社会调查员必须对所作报告的客观性、真实性负责，其出庭也意味着接受法庭、控辩双方甚至被害人对其是否合法履行社会调查职责的监督。社会调查员除了出具社会调查报告并接受质证之外，还有一个重要的职责，即协助法庭对未成年被告人进行法庭教育。社会调查员从侦查阶段就开始和涉案未成年人接触，对未成年人的性格特点较为熟悉，在长时间的沟通中也容易得到未成年人的信任。另外社会调查员能够利用自己所掌握的社会学、心理学等知识对未成年人进行更为深入的分析，由其出席法庭，容易找到教育、感化未成年被告人的突破口，从而以正确的人生观、价值观对其进行引导，真正实现寓教于审的诉讼目的。

（四）社会调查报告的判决说理

为了保证社会调查报告真正实现其量刑证据的作用并增强法官对未成年被告人个别化量刑裁判的说服力，在未成年人刑事判决书中应当对社会调查报告以及控辩双方针对报告进行质证的意见采纳与否进行充分的判决说理。在我国司法实践中，上海市长宁区法院在1996年就开始推行将社会调查报告内容写入判决书的做法，北京市朝阳区法院、朝阳区检察院在社会调查员出庭规范化程序中也要求法庭对社会调查报告的内容予以采纳的，应当在判决书中予以体现。由此可见，对社会调查报告进行判决说理已成为社会调查报告运用必不可少的环节，这对于司法实践中增强对社会调查报告的重视，真正发挥报告的量刑证据的作用，增强法院判决的说服力具有重要的意义。2009年《最高人民法院办公厅关于印发一审未成年人刑事案件适用普通程序的刑事判决书样式和一审未成年人刑事公诉案件适用简易程序的刑事判决书样式的通知》中明确要求：判决书的事实部分应当概述被告人的性格特点、家庭情况、社会交往、成长经历等社会调查报告载明的情况，并对控辩双方对未成年被告人调查报告反映的情况提出的意见，予以客观表述。

（五）完善社会调查制度的建议

自1899年美国伊利诺伊州少年法院创立未成年人社会调查制度至今已过去100余年，此间世界各国探索该项制度形成了较为丰富的实践经验和完备的立法体系，我国完善未成年人社会调查制度应当在立足本国国情的基础上，借鉴国外先进做法。

1. 明确职责分工，监督责任落实，建立贯穿侦、检、审全阶段的社会调查工作体系。

目前世界上大多数国家均强制规定在未成年人刑事案件中必须对未成年被

告人进行社会调查。2018年修正的《中华人民共和国刑事诉讼法》并未规定强制社会调查制度导致我国未成年人刑事案件社会调查制度引入率不高。应该看到，社会调查报告工作是一个需要公安机关、检察院、法院分工合作、协调配合的系统工程，仅仅依靠一方力量孤军奋战不能达到该项工作的最佳效果；应当从明确职责分工、监督责任落实两方面着手，整合公检法三方力量，建立贯穿刑事诉讼全过程的社会调查工作体系。

鉴于前述法律有关公检法三机关在社会调查工作中职责的立法缺失，当务之急是制定配套制度，规范不同司法机关在各个诉讼阶段之间的分工和职责。应当建立起以公安机关在侦查阶段启动社会调查程序为主体，以检察院、法院在侦查、审判阶段开展补充社会调查工作为辅助的未成年人刑事案件社会调查工作体系。从目前司法实践看，各地未成年人社会调查工作基本以在审判阶段启动社会调查为主。虽然以法院为主开展社会调查工作取得了一定的实效，但在法院阶段启动社会调查程序也存在较大的局限性，主要表现为：一是案多人少、司法被动性导致的与相关职能部门联系相对较少等因素影响社会调查工作的实效；二是由审判机关开展社会调查有悖于司法中立的原则。从这个角度看，由公安机关启动社会调查程序不仅符合刑事诉讼程序流程，而且节约司法成本，提高司法效率。一方面，公安机关享有侦查权，其接手案件最早，接触未成年犯罪嫌疑人的时间最多，能够更加全面、详细、准确地获取有关未成年人的相关信息；另一方面，公安机关社区警务和派出所具有管理辖区内的实有人口和收集、掌握、报告影响治安稳定的情报信息的职能，同时，公安机关是社区矫正的监督考察机关，与司法行政机关、社区街道联系紧密。因此，公安机关开展未成年人刑事案件社会调查工作更便利，既节约司法成本，又提高司法效率。在实际操作中，应当在侦查阶段启动未成年人社会调查制度，并将调查报告随卷移送，作为检察院审查起诉、法院审判的参考。在审查起诉阶段，检察院无需重复进行社会调查，只对新出现的情况和公安机关遗漏的情况进行补充。在审判阶段，法院原则上也不进行重复的社会调查，除非被告人或其代理人对调查报告有异议。通过三机关配合，使刑事诉讼进程的不同阶段层层递进，不断完善和充实社会调查工作，避免重复调查，节约司法成本，提高司法效率。同时，为保障未成年人刑事案件社会调查工作职责落到实处，必须制定配套制度监督责任落实。应当赋予检察院、法院审查是否开展社会调查工作的监督权，可以规定检察院、法院在审查受理未成年人刑事案件时应当审查是否随卷附有未成年人社会调查报告，如未进行社会调查工作，应当分别通知公安、检察院补充材料，以此督促履行职责。

2. 建立司法机关自行调查为主体、委托调查为辅助的未成年人社会调查主体体系。

基于我国社会调查主体素质良莠不齐,特别是社会团体调查主体监管缺失的现状,我国未成年人刑事诉讼中应建立司法机关自行调查为主体、委托调查为辅助的未成年人社会调查主体体系。建议从如下方面规范和改进社会调查主体。一是未成年人社会调查应以司法机关自行调查为主。关于司法机关具体从事社会调查的人员,世界各国的规定也不尽相同,但大多数国家均由专门的社会调查官担任。例如,美国少年法院或者少年法庭,除少年法官外,另设缓刑官员,由缓刑官员对未成年人进行社会调查。日本也采用类似的做法,家庭裁判所的每一名法官均配备调查官专门进行未成年人社会调查工作。对此类问题,近年来我国法院也借鉴了外国的先进经验,例如成都市中级人民法院借鉴了美国的做法,在案件承办人之外单独设立专职社会调查员。这不仅避免了由案件承办人直接进行调查带来的先入为主之嫌,这种细化分工还有利于提高社会调查的效率和质量。成都市中级人民法院的做法值得借鉴。二是对人身危险性及犯罪原因的分析涉及犯罪行为人的心理活动,因此在专业性较强的领域,应当积极采用委托调查的方式,吸收心理学、教育学、网瘾治疗专家和精神病学家参与社会调查,进行科学的专业诊断。三是建议在条件成熟时,对调查人员的选拔任用采用职业资格认证的方式,以确保调查主体的专业性、调查报告的合法性和真实性。

3. 通过完善调查手段,构建科学、全面、合理的调查报告内容体系。

社会调查方式及调查报告内容是否科学、全面、合理,直接关系到调查报告的效力,因而有必要进一步加以规范。近年来,部分法院在开展未成年人社会调查实践中积极吸收日本、英国等国家的先进经验,在发扬传统调查方法优势的基础上,完善了未成年人社会调查手段,尤其是融合了心理学、医学、教育学、社会学等知识,并采用鉴定的方式,力求提升社会调查报告的科学性、全面性,从而取得了较好的效果。社会调查报告不仅应当包括通过传统调查方法获取的被调查未成年人相关情况,还应当包括通过鉴定等方式得出的反映未成年犯罪嫌疑人、被告人人身危险性与当罚性及量刑情况的建议。

4. 探索异地委托调查,实现对外地户籍未成年人的平等保护。

鉴于目前外地户籍未成年人犯罪社会调查引入率低,缓刑适用率低的现状,应当借助目前的社区矫正制度,建立外来未成年被告人委托调查制度。由公安机关启动社会调查的制度设计可以高效地启动异地委托调查,有效解决未成年人异地调查难的问题。公安机关可以利用其协作网络优势,利用异地社区警务和派出所与社区矫正机关、社区街道在社区矫正工作中的协作关系开展异地委托社会调查，不仅能实现对外来未成年被告人的平等保护，而且可以避免监禁刑执行阶段"脱管"的风险。鉴于目前全国范围的异地委托调查协作机制尚未建成，建议先针对近年来辖区涉案外地未成年人的户籍进行调查，再依据调查结果，选择户籍分布较多的地区公检法机关，试点建立异地委托社会调查协作机制。

5. 明确社会调查报告的法律地位，构建科学的量刑程序，确保社会调查报告的实效。

有关社会调查报告的法律地位，大陆法系与英美法系国家规定不同。在英美法系国家，量刑前调查报告属于量刑程序中的品格证据。如美国采取的是定罪与量刑程序分离的模式，因而调查报告中包含的传闻证据、品格证据等在定罪程序中可能被排除，在量刑程序中却可能被采纳。在大陆法系国家及地区，社会调查报告更多被视为量刑的参考。例如，我国台湾地区《少年事件处理法》第十九条规定，少年调查官调查之结果，不得采为认定事实之唯一证据。

《人民法院量刑程序指导意见（试行）》规定，有关方面向法庭提交涉及未成年人量刑的社会调查报告的，调查报告应当到庭宣读，并接受质证。此规定也明确了社会调查报告具有证据的性质。社会调查报告为法官了解犯罪人员的性格特点、家庭情况、社会交往、成长经历、犯罪原因、犯罪前后表现、监护教育等情况提供了便利。鉴于此，虽不宜强行将社会调查报告划分为证据种类之一，但可以参考证据质证中相关程序性规定，制定社会调查报告的审查程序。一是借鉴国外经验，当庭出示社会调查报告，社会调查员应接受控辩双方的质询。二是必须保证提前将社会调查报告交予控辩双方，使其有充足的时间阅读，并对其认为不准确之处进行补充调查。

6. 明确社会调查员的诉讼主体地位，完善社会调查员的监督机制。

从我国目前的法律规定看，社会调查员的法律地位不明确，导致对其社会调查行为缺乏法律规制，存在监督空白。从目前实践中的操作来看，将社会调查员列为诉讼参与人比较合适。因此下一步对未成年人社会调查制度进行完善，应当赋予社会调查员特殊诉讼参与人的法律地位，赋予其与鉴定人、翻译人员平行的诉讼地位。只有明确其法律地位，才能解决社会调查员出庭问题、社会调查报告证据化问题、社会调查员的法律监督问题。同时，现有法律对诉讼参与人的法律规制和监督也应适用于社会调查员，填补对其监督的法律空白，确保社会调查报告的真实性。

五、关联法律法规

（一）《最高人民法院关于适用〈中华人民共和国刑事诉讼法〉的解释》（法释〔2021〕1号）

第五百七十六条　法庭辩论结束后，法庭可以根据未成年人的生理、心理特点和案件情况，对未成年被告人进行法治教育；判决未成年被告人有罪的，宣判后，应当对未成年被告人进行法治教育。

对未成年被告人进行教育，其法定代理人以外的成年亲属或者教师、辅导员等参与有利于感化、挽救未成年人的，人民法院应当邀请其参加有关活动。

适用简易程序审理的案件，对未成年被告人进行法庭教育，适用前两款规定。

（二）最高人民法院、最高人民检察院、公安部、国家安全部、司法部《关于适用认罪认罚从宽制度的指导意见》（高检发〔2019〕13号）

九、社会调查评估

35.侦查阶段的社会调查。犯罪嫌疑人认罪认罚，可能判处管制、宣告缓刑的，公安机关可以委托犯罪嫌疑人居住地的社区矫正机构进行调查评估。

公安机关在侦查阶段委托社区矫正机构进行调查评估，社区矫正机构在公安机关移送审查起诉后完成调查评估的，应当及时将评估意见提交受理案件的人民检察院或者人民法院，并抄送公安机关。

36.审查起诉阶段的社会调查。犯罪嫌疑人认罪认罚，人民检察院拟提出缓刑或者管制量刑建议的，可以及时委托犯罪嫌疑人居住地的社区矫正机构进行调查评估，也可以自行调查评估。人民检察院提起公诉时，已收到调查材料的，应当将材料一并移送，未收到调查材料的，应当将委托文书随案移送；在提起公诉后收到调查材料的，应当及时移送人民法院。

37.审判阶段的社会调查。被告人认罪认罚，人民法院拟判处管制或者宣告缓刑的，可以及时委托被告人居住地的社区矫正机构进行调查评估，也可以自行调查评估。

社区矫正机构出具的调查评估意见，是人民法院判处管制、宣告缓刑的重要参考。对没有委托社区矫正机构进行调查评估或者判决前未收到社区矫正机构调查评估报告的认罪认罚案件，人民法院经审理认为被告人符合管制、缓刑适用条件的，可以判处管制、宣告缓刑。

38. 司法行政机关的职责。受委托的社区矫正机构应当根据委托机关的要求，对犯罪嫌疑人、被告人的居所情况、家庭和社会关系、一贯表现、犯罪行为的后果和影响、居住地村（居）民委员会和被害人意见、拟禁止的事项等进行调查了解，形成评估意见，及时提交委托机关。

（三）最高人民检察院《人民检察院刑事诉讼规则》（高检发释字[2019]4号）

第四百六十一条　人民检察院根据情况可以对未成年犯罪嫌疑人的成长经历、犯罪原因、监护教育等情况进行调查，并制作社会调查报告，作为办案和教育的参考。

（四）最高人民检察院《未成年人刑事检察工作指引（试行）》（高检发未检字[2017]1号）

第二十八条　【基本要求】人民检察院办理未成年人刑事案件，应当对公安机关或者辩护人提供的社会调查报告及相关材料进行认真审查，并作为审查逮捕、审查起诉、提出量刑建议以及帮教等工作的重要参考。

第二十九条　【应当调查】对于未成年人刑事案件，一般应当进行社会调查，但未成年犯罪情节轻微，且在调查案件事实的过程中已经掌握未成年犯罪嫌疑人的成长经历、犯罪原因、监护教育等情况的，可以不进行专门的社会调查。

第三十条　【督促调查】对于卷宗中没有证明未成年犯罪嫌疑人的成长经历、犯罪原因、监护教育等情况的材料或者材料不充分的，人民检察院应当要求公安机关提供或者补充提供。

未成年犯罪嫌疑人不讲真实姓名、住址，身份不明，无法进行社会调查的，人民检察院应当要求公安机关出具书面情况说明。无法进行调查的原因消失后，应当督促公安机关开展社会调查。

第三十一条　【自行调查】人民检察院对于公安机关移送审查起诉的未成年人刑事案件，未随案移送社会调查报告及其附属材料，经发函督促七日内仍不补充移送的；或者随案移送的社会调查报告不完整，需要补充调查的；或者人民检察院认为应当进行社会调查的，可以进行调查或补充调查。

第三十二条　【知情权保护】开展社会调查应当充分保障未成年人及其法定代理人的知情权，并在调查前将调查人员的组成、调查程序、调查内容及对未成年人隐私保护等情况及时告知未成年人及其法定代理人。

第三十三条　【隐私权保护】开展社会调查时，调查人员不得驾驶警车、穿着检察制服，应当尊重和保护未成年人名誉，避免向不知情人员泄露未成年人的涉罪信息。

第三十四条　【调查方式、程序】人民检察院自行开展社会调查的，调查人员不得少于二人。

开展社会调查应当走访未成年犯罪嫌疑人的监护人、亲友、邻居、老师、同学、被害人或者其近亲属等相关人员。必要时可以通过电话、电子邮件或者其他方式向身在外地的被害人或其他人员了解情况。

经被调查人同意，可以采取拍照、同步录音录像等形式记录调查内容。

第三十五条　【心理测评】社会调查过程中，根据需要，经未成年犯罪嫌疑人及其法定代理人同意，可以进行心理测评。

第三十六条　【调查内容】社会调查主要包括以下内容：

（一）个人基本情况，包括未成年人的年龄、性格特点、健康状况、成长经历（成长中的重大事件）、生活习惯、兴趣爱好、教育程度、学习成绩、一贯表现、不良行为史、经济来源等；

（二）社会生活状况，包括未成年人的家庭基本情况（家庭成员、家庭教育情况和管理方式、未成年人在家庭中的地位和遭遇、家庭成员之间的感情和关系、监护人职业、家庭经济状况、家庭成员有无重大疾病或遗传病史等）、社区环境（所在社区治安状况、邻里关系、在社区的表现、交往对象及范围等）、社会交往情况（朋辈交往、在校或者就业表现、就业时间、职业类别、工资待遇、与老师、同学或者同事的关系等）；

（三）与涉嫌犯罪相关的情况，包括犯罪目的、动机、手段、与被害人的关系等；犯罪后的表现，包括案发后、羁押或取保候审期间的表现、悔罪态度、赔偿被害人损失等；社会各方意见，包括被害方的态度、所在社区基层组织及辖区派出所的意见等，以及是否具备有效监护条件、社会帮教措施；

（四）认为应当调查的其他内容。

第三十七条　【调查笔录】调查情况应当制作笔录，并由被调查人进行核对。被调查人确认无误，签名后捺手印。

以单位名义出具的证明材料，由材料出具人签名，并加盖单位印章。以个人名义出具的证明材料，由材料出具人签名，并附个人身份证复印件。

第三十八条　【制作报告】社会调查结束后，应当制作社会调查报告，由调查人员签名，并加盖单位印章。

社会调查报告的主要内容包括：

（一）调查主体、方式及简要经过；

（二）调查内容；

（三）综合评价，包括对未成年犯罪嫌疑人的身心健康、认知、解决问题能力、可信度、自主性、与他人相处能力以及社会危险性、再犯可能性等情况的综合分析；

（四）意见建议，包括对未成年犯罪嫌疑人的处罚和教育建议等。

社会调查人员意见不一致的，应当在报告中写明。

调查笔录或者其他能够印证社会调查报告内容的书面材料，应当附在社会调查报告之后。

第三十九条 【委托调查】人民检察院开展社会调查可以委托有关组织或者机构进行。当地有青少年事务社会工作等专业机构的，应当主动与其联系，以政府购买服务等方式，将社会调查交由其承担。

委托调查的，应当向受委托的组织或者机构发出社会调查委托函，载明被调查对象的基本信息、案由、基本案情、调查事项、调查时限等，并要求其在社会调查完成后，将社会调查报告、原始材料包括调查笔录、调查问卷、社会调查表、有关单位和个人出具的证明材料、书面材料、心理评估报告、录音录像资料等，一并移送委托的人民检察院。

第四十条 【保密及回避原则】人民检察院委托进行社会调查的，应当明确告知受委托组织或机构为每一个未成年人指派两名社会调查员进行社会调查；不得指派被调查人的近亲属或者与本案有利害关系的人员进行调查。社会调查时，社会调查员应当出示社会调查委托函、介绍信和工作证，不得泄露未成年犯罪嫌疑人的犯罪信息、个人隐私等情况，并对社会调查的真实性负法律责任。

第四十一条 【了解情况】经人民检察院许可，社会调查员可以查阅部分诉讼文书并向未检检察官了解案件基本情况。

社会调查员进行社会调查，应当会见被调查的未成年犯罪嫌疑人，当面听取其陈述。未成年犯罪嫌疑人未被羁押的，可以到未成年犯罪嫌疑人的住所或者其他适当场所进行会见。未成年犯罪嫌疑人被羁押的，经公安机关审查同意，可以到羁押场所进行会见。

会见未在押的未成年犯罪嫌疑人，应征得其法定代理人的同意。

第四十二条 【审查认定】人民检察院收到公安机关或者受委托调查组织或者机构移送的社会调查报告及相关材料后，应当认真审查材料是否齐全、内容是否真实，听取未成年犯罪嫌疑人及其法定代理人或者其他到场人员、辩护人的意见，并记录在案。

第四十三条 【重新调查】对公安机关或者受委托调查组织或者机构出具的社会调查报告，经审查有下列情形之一的，人民检察院应当重新进行社会调查：

（一）调查材料有虚假成分的；

（二）社会调查结论与其他证据存在明显矛盾的；

（三）调查人员系案件当事人的近亲属或与案件有利害关系，应当回避但没有回避的；

（四）人民检察院认为需要重新调查的其他情形。

第四十四条　【文书表述】承办人应当在案件审查报告中对开展社会调查的情况进行详细说明，并在决定理由部分写明对社会调查报告提出的处罚建议的采纳情况及理由。

人民检察院在制作附条件不起诉决定书、不起诉决定书、起诉书等法律文书时，应当叙述通过社会调查或者随案调查查明的未成年犯罪嫌疑人、被不起诉人、被告人的成长经历、犯罪原因、监护教育等内容。

第四十五条　【移送法院】人民检察院提起公诉的案件，社会调查报告及相关资料应当随案移送人民法院。

社会调查报告的内容应当在庭审中宣读，必要时可以通知调查人员出庭说明情况。委托调查的，可以要求社会调查员出庭宣读社会调查报告。

（五）最高人民检察院《人民检察院办理未成年人刑事案件的规定》（高检发研字〔2013〕7号）

第九条　人民检察院根据情况可以对未成年犯罪嫌疑人的成长经历、犯罪原因、监护教育等情况进行调查，并制作社会调查报告，作为办案和教育的参考。

人民检察院开展社会调查，可以委托有关组织和机构进行。开展社会调查应当尊重和保护未成年人名誉，避免向不知情人员泄露未成年犯罪嫌疑人的涉罪信息。

人民检察院应当对公安机关移送的社会调查报告进行审查，必要时可以进行补充调查。

提起公诉的案件，社会调查报告应当随案移送人民法院。

（六）最高人民法院、最高人民检察院、公安部、国家安全部、司法部《关于规范量刑程序若干问题的意见》（法发〔2020〕38号）

第十八条　人民法院、人民检察院、侦查机关或者辩护人委托有关方面制作涉及未成年人的社会调查报告的，调查报告应当在法庭上宣读，并进行质证。

（七）最高人民法院《关于进一步加强少年法庭工作的意见》（法发〔2010〕32号）

四、完善工作制度，强化少年法庭的职能作用

……

13. 有条件的人民法院在审理未成年人刑事案件时，对有关组织或者个人调查形成的反映未成年人性格特点、家庭情况、社会交往、成长经历以及实施被指控犯罪前后的表现等情况的调查报告，应当进行庭审质证，认真听取控辩双方对调查报告的意见，量刑时予以综合考虑。必要时人民法院也可以委托有关社会组织就上述情况进行调查或者自行调查。

人民法院应当在总结少年审判工作经验的基础上，结合实际情况，积极规范、完善社会调查报告制度，切实解决有关社会调查人员主体资格、调查报告内容及工作程序等方面的问题，充分发挥社会调查报告在审判中的作用。

（八）最高人民法院《人民法院量刑程序指导意见（试行）》（2009年4月实施）

六、量刑事实的调查按照以下顺序进行：

（1）审判人员首先归纳在犯罪事实调查阶段已经查明的量刑事实，并告知公诉人、当事人和辩护人、诉讼代理人不再重复举证和质证；

（2）公诉人、自诉人及其诉讼代理人就其掌握的未经审理的量刑事实举证，并接受质证；

（3）被告人及其辩护人就其掌握的未经审理的量刑事实举证，并接受质证。

被害人及其诉讼代理人到庭参加诉讼的，可以向法庭提交量刑事实证据，并接受质证。

有关方面向法庭提交涉及未成年人量刑的社会调查报告的，调查报告应当当庭宣读，并接受质证。

（九）中央综治委预防青少年违法犯罪工作领导小组、最高人民法院、最高人民检察院、公安部、司法部、共青团中央《关于进一步建立和完善办理刑事案件配套工作体系的若干意见》（综治委预青领联字〔2010〕1号）

6. 办理未成年人刑事案件，应当结合对未成年犯罪嫌疑人背景情况的社会调查，注意听取未成年人本人、法定代理人、辩护人、被害人等有关人员的意见。应当注意未成年犯罪嫌疑人、被告人是否有被胁迫情节，是否存在成年人教唆犯罪、传授犯罪方法或者利用未成年人实施犯罪的情况。

……

三、进一步加强公安机关、人民检察院、人民法院、司法行政机关的协调与配合

公安机关、人民检察院、人民法院、司法行政机关在办理未成年人刑事案件中建立的相互协调与配合的工作机制，是我国未成年人司法制度的重要内容，也是更好地维护未成年人合法权益、预防和减少未成年人违法犯罪的客观需要。为此，各级公安机关、人民检察院、人民法院、司法行政机关应当注意工作各环节的衔接和配合，进一步建立、健全配套工作制度。

（一）对未成年犯罪嫌疑人、被告人的社会调查

公安机关、人民检察院、人民法院、司法行政机关在办理未成年人刑事案件和执行刑罚时，应当综合考虑案件事实和社会调查报告的内容。

1. 社会调查由未成年犯罪嫌疑人、被告人户籍所在地或居住地的司法行政机关社区矫正工作部门负责。司法行政机关社区矫正工作部门可联合相关部门开展社会调查，或委托共青团组织以及其他社会组织协助调查。

社会调查机关应当对未成年犯罪嫌疑人的性格特点、家庭情况、社会交往、成长经历、是否具备有效监护条件或者社会帮教措施，以及涉嫌犯罪前后表现等情况进行调查，并作出书面报告。

对因犯罪嫌疑人不讲真实姓名、住址，身份不明，无法进行社会调查的，社会调查机关应当作出书面说明。

未成年人刑事犯罪法律适用

第 7 条

未成年罪犯可能被判处拘役、三年以下有期徒刑，悔罪表现好，符合条件的，应当免予刑事处罚

一、聚焦司法案件裁判观点

■ 争议焦点

对犯法定刑为三年以下有期徒刑之罪的未成年被告人是否可以免予刑事处罚?

■ 裁判观点

1. 对符合《刑法》第三十七条所规定条件的未成年被告人,不是"可以"而是"应当"免予刑事处罚。

2. 《最高人民法院关于审理未成年人刑事案件具体应用法律若干问题的解释》第十七条规定:"未成年罪犯根据其所犯罪行,可能被判处拘役、三年以下有期徒刑,如果悔罪表现好,并具有下列情形之一的,应当依照刑法第三十七条的规定免于刑事处罚:(一)系又聋又哑的人或者盲人;(二)防卫过当或者避险过当;(三)犯罪预备、中止或者未遂;(四)共同犯罪中从犯、胁从犯;(五)犯罪后自首或者有立功表现;(六)其他犯罪情节轻微不需要判处刑罚的。"该规定并未涵括所有免予刑事处罚的情形,并未禁止对犯法定刑为三年以上有期徒刑之罪的未成年被告人免予刑事处罚。

3. "可能被判处拘役、三年以下有期徒刑"是指宣告刑而非法定刑。在适用上述司法解释第十七条决定是否免予刑事处罚时,要全面、有序地衡量各种从宽处罚情节,避免重复评价。

二、司法案例样本对比

样本案例一
上海市××区人民检察院诉李某某、史某某抢劫案

• **法院**

上海市××中级人民法院

• **诉讼主体**

一审公诉机关：上海市××区人民检察院
二审公诉机关：上海市人民检察院××分院
一审被告人：李某某、史某某
上诉人：史某某

• **基本案情**

2006年5月3日23时40分许，被告人李某某、史某某结伙，在上海市某公司附近，从途经该处的被害人高某某处劫得现金人民币1 700余元及价值人民币100元的某品牌手机1部。2006年5月8日，被告人史某某在因形迹可疑受到公安机关查询时，主动交代了上述抢劫事实，并协助公安机关抓获犯罪嫌疑人李某某。案发后，赃款、赃物已发还给被害人。

• **案件争点**

1. 未成年人犯罪，法定刑为有期徒刑三年以下的，能否适用免予刑事处罚？
2. 如何对未成年被告人适用《最高人民法院关于审理未成年人刑事案件具体应用法律若干问题的解释》第十七条决定是否免予刑事处罚？

• **裁判要旨**

上海市××区人民法院认为，被告人李某某、史某某以非法占有为目的，

采用暴力手段劫取他人财物，其行为均已构成抢劫罪。根据本案的事实、情节、性质和对社会的危害程度，结合两名被告人犯罪时未成年，史某某还有自首情节和立功表现，依法对两名被告人予以减轻处罚。

上海市××中级人民法院经审理认为，上诉人史某某、原审被告人李某某以非法占有为目的，采用暴力手段劫取他人财物，其行为均已构成抢劫罪。两名被告人犯罪时均未成年。其中上诉人史某某还具有自首、立功情节。原判认定事实清楚，定性正确。史某某、李某某在共同抢劫中的地位和作用相当，并无主从之分，故辩护人提出史某某属从犯的意见不能成立。但上诉人史某某悔罪态度较好，且具有自首和立功情节，依法应免予刑事处罚，故对史某某的法定代理人、辩护人的相关意见予以采纳。

样本案例二

甘肃省××市人民检察院诉刘某某故意伤害案

- 法院

甘肃省××市中级人民法院

- 诉讼主体

公诉机关：甘肃省××市人民检察院

被告人：刘某某

- 基本案情

被告人刘某某在某中学一年级就读，和同学丁某某合租一房屋。2013年11月20日12时许，丁某某的同学郝某某（另案处理）饭后到二人屋内闲转时翻动桌上物品，被刘某某制止，二人为此发生争执。当日14时许到校后，郝某某纠集张某某、许某某、兰某某、焦某某等人在该校实验楼后面拦住刘某某，郝某某持一块砖头砸在刘某某的脖子上，其他几人围住刘某某殴打，后因该校教师黄某某发现而中止。当日18时许放学后，郝某某又纠集张某某、王某某等人预谋下自习后再"教训"刘某某，他们持械寻找刘某某未果。当晚22时许，郝某某再次纠集王某某、张某某、许某某、兰某某、包某某、丁某某、韩某某、邓某某等十多人持械前往刘某某租住屋附近公厕旁后，郝某某等人将刘某某拦在其出租屋门口，意图带至公厕旁殴打。刘某某要求回宿舍放书，郝某某、王某某跟随刘某某到宿舍，刘某某趁放书之际携带上刀具后，被郝某某、王某某带至公厕旁。郝某某、王某某等人持钢管、砍刀殴打刘某某，刘某某持刀反击。反击中，刘某某刺伤王某某、张某某二人，后王某某送医院经抢救无效死亡。经鉴定，死者王某某符合锐性物体作用致心主动脉破裂、肺脏破裂，大失血死亡；伤者张某某符合锐性物体作用致容貌损毁，面部条状疤痕单条长度达到12cm，属重伤。案发当晚23时许，被告人刘某某向公安机关投案。另查明：被告人刘某某生于1995年12月29日。

- 案件争点

对被告人刘某某能否免予刑事处罚？

- 裁判要旨

法院认为，被告人刘某某与被害人王某某等均系在校学生。刘某某与郝某某因琐事发生争执后，郝某某纠集多人在校对被告人刘某某进行殴打。当刘某某返回宿舍，郝某某又纠集十余人持械将刘某某强行带出宿舍，郝某某、王某某首先持凶器钢管、砍刀殴打刘某某。刘某某情急之下，掏出刀具反击，其行为本身具有正当防卫的属性。但防卫中造成被害人一死一重伤的严重后果，明显超过了正当防卫的必要限度，应认定为防卫过当。故被告人刘某某的行为已构成故意伤害罪。被告人刘某某作案后主动投案，如实供述事实，具有自首情节。对于辩护人所提的被告人刘某某系未成年人、具有自首情节的意见予以采纳。被告人刘某某因防卫过当构成犯罪，系未成年人、在校学生，有自首情节，认罪态度好，被害人亲属基于达成赔偿协议对被告人表示谅解。被告人刘某某具有三个法定从轻、减轻、免除处罚情节与一个酌定从轻情节。遵循审理未成年人刑事案件"教育、感化、挽救"的方针，综合诸多情节，依法对被告人不需判处刑罚。最终法院判决被告人刘某某犯故意伤害罪，免予刑事处罚。

样本案例三

四川省××县人民检察院诉廖某某故意伤害案

- 法院

四川省××县人民法院

- **诉讼主体**

公诉机关：四川省××县人民检察院

被告人：廖某某

- **基本案情**

2013年4月24日，时年十七岁的高三学生廖某某下晚自习后，在学校走廊处与同班同学唐某某发生口角。前来当和事佬的方某某在劝架时，被廖某某吼了几句。方某某觉得丢了面子，心里很不舒服。在寝室熄灯后，方某某带着几名同学来到廖某某所在的寝室，将其堵在厕所，扇了其几个耳光。随后，两人抓扯在一起。廖某某见对方人多势众，拿出随身携带的刀具将方某某捅成轻伤。

- **案件争点**

对被告人廖某某能否免予刑事处罚？

- **裁判要旨**

法院审理认为，被告人廖某某故意伤害他人身体并致一人轻伤，其行为已构成故意伤害罪。廖某某犯罪时未满十八周岁，应当从轻或者减轻处罚；廖某某到案后能如实供述自己的罪行，并自愿认罪，可从轻处罚；廖某某与被害人方某某达成和解协议并取得谅解，可酌定从轻处罚；对于纠纷的引发，被害人方某某有较大过错，对被告人廖某某可酌定从轻处罚。鉴于被告人廖某某犯罪时系未成年人、在校学生，有认罪悔罪表现，通过赔偿被害人经济损失取得了谅解，且被害人对犯罪的引发有过错，法院认定被告人廖某某犯罪情节轻微，依法不需判处刑罚。据此，法院根据被告人廖某某的犯罪事实、性质、情节和社会危害程度，判决被告人廖某某犯故意伤害罪，免予刑事处罚。

三、司法案例类案甄别

（一）事实对比

样本案例一李某某、史某某抢劫案，2006年5月3日23时40分许，被告人李某某、史某某结伙，在上海市某公司附近，从途经该处的被害人高某某处劫得现金人民币1 700余元及价值人民币100元的某品牌手机1部。2006年

5月8日，被告人史某某在因形迹可疑受到公安机关查询时，主动交代了上述抢劫事实，并协助公安机关抓获犯罪嫌疑人李某某。

样本案例二刘某某故意伤害案，被告人刘某某在高中一年级就读，和同学丁某某合租一房屋。2013年11月20日12时许，丁某某的同学郝某某（另案处理）饭后到二人屋内闲转时因翻动桌上物品，被刘某某制止，二人为此发生争执。当日14时许到校后，郝某某纠集几人在该校实验楼后面拦住刘某某，郝某某持一块砖头砸在刘某某的脖子上，其他几人围住刘某某殴打，后因该校教师黄某某发现而中止。当日18时许放学后，郝某某又纠集数人预谋下自习后再"教训"刘某某，他们持械寻找刘某某未果。当晚22时许，郝某某再次纠集十几人持械前往刘某某租住屋附近公厕旁后，郝某某等人将刘某某拦在其出租屋门口，意图带至公厕旁殴打。刘某某要求回宿舍放书，郝某某、王某某跟随刘某某到宿舍，刘某某趁放书之际携带上刀具后，被郝某某、王某某带至公厕旁。郝某某、王某某等人持钢管、砍刀殴打刘某某，刘某某持刀反击。反击中，刘某某刺伤王某某、张某某二人，后王某某送医院经抢救无效死亡。经鉴定，死者王某某符合锐性物体作用致心主动脉破裂、肺脏破裂，大失血死亡；伤者张某某符合锐性物体作用致容貌损毁，面部条状疤痕单条长度达到12cm，属重伤。

样本案例三廖某某故意伤害案，2013年4月24日，时年十七岁的高三学生廖某某下晚自习后，在学校走廊处与同班同学唐某某发生口角。前来当和事佬的方某某在劝架时，被廖某某吼了几句。方某某觉得丢了面子，心里很不服气。在寝室熄灯后，方某某带着几名同学来到廖某某所在寝室，将其堵在厕所，扇了其几个耳光。随后，两人抓扯在一起。廖某某见对方人多势众，拿出随身携带的刀具将方某某捅成轻伤。

从认定事实情况看，样本案例一、二、三的法院查明事实均围绕犯罪行为人是否为未成年人，是否有从轻、减轻、免除处罚的情节展开。样本案例一中两名被告人犯罪时均是未成年，其中史某某还具有自首、立功情节；样本案例二被告人刘某某因防卫过当构成犯罪，系未成年人、在校学生，有自首情节，认罪态度好，被害人亲属基于达成赔偿协议对被告人表示谅解；样本案例三被告人廖某某系未成年人、在校学生，认罪态度好，获得谅解。从法律事实看，三个样本案例均有相似的影响量刑的事实和法定情节。

（二）适用法律对比

样本案例一李某某、史某某抢劫案，二审法院认为，上诉人史某某、原审被告人李某某以非法占有为目的，采用暴力手段劫取他人财物，其行为均已构成抢劫罪。两名被告人犯罪时均为未成年。其中上诉人史某某还具有自首、立功情节。原判认定事实清楚，定性正确。史某某、李某某在共同抢劫中的地位和作用相当，并无主从之分。上诉人史某某悔罪态度较好，且具有自首和立功情节，依法应免予刑事处罚。

样本案例二刘某某故意伤害案，一审法院认为，被告人刘某某与被害人王某某等均系在校学生。因琐事刘某某与郝某某发生争执后，郝某某纠集多人在校对被告人刘某某进行殴打。当刘某某返回宿舍，郝某某又纠集十余人等持械将刘某某强行带出宿舍，郝某某、王某某首先持凶器钢管、砍刀殴打刘某某。刘某某情急之下，掏出刀具反击，其行为本身具有正当防卫的属性。但防卫中造成被害人一死一重伤的严重后果，明显超过了正当防卫的必要限度，应认定为防卫过当。故被告人刘某某的行为已构成故意伤害罪。被告人刘某某作案后主动投案，如实供述事实，具有自首情节。被告人刘某某因防卫过当构成犯罪，系未成年人、在校学生，有自首情节，认罪态度好，被害人亲属基于达成赔偿协议对被告人表示谅解。被告人刘某某具有三个法定从轻、减轻、免除处罚情节与一个酌定从轻情节。遵循审理未成年人刑事案件"教育、感化、挽救"的方针，综合诸多情节，依法对被告人不需判处刑罚。

样本案例三廖某某故意伤害案，一审法院认为，被告人廖某某故意伤害他人身体并致一人轻伤，其行为已构成故意伤害罪。廖某某犯罪时未满十八周岁，应当从轻或者减轻处罚；廖某某到案后能如实供述自己的罪行，并自愿认罪，可从轻处罚；廖某某与被害人方某某达成和解协议并取得谅解，可酌定从轻处罚；对于纠纷的引发，被害人方某某有较大过错，对被告人廖某某可酌定从轻处罚。鉴于被告人廖某某犯罪时系未成年人、在校学生，有认罪悔罪表现，通过赔偿被害人经济损失取得了谅解，且被害人对犯罪的引发有过错，法院认定被告人廖某某犯罪情节轻微，不需判处刑罚。据此，根据被告人廖某某的犯罪事实、性质、情节和社会危害程度，判决被告人廖某某犯故意伤害罪，免予刑事处罚。

从法律适用角度看，样本案例一法院适用《中华人民共和国刑事诉讼法》第一百八十九条第二项、第二百六十三条、第二十五条第一款、第十七条第一款和第三款、第六十七条第一款、第六十八条第一款、第七十二条、第五十二条、第三十七条、第六十四条，《最高人民法院关于处理自首和立功具体应用法律若干问题的解释》第一条、第五条，《最高人民法院关于审理未成年人刑事案件具体应用法律若干问题的解释》第十七条之规定。样本案例二法院适用《中华人民共和国刑法》第二百三十四条第二款、第十七条第一款和第三款、第二十条第二款、第六十七条第一款、第六十四条，《最高人民法院关于刑事附带民事诉讼范围问题的规定》第四条之规定。样本案例三法院适用《中华人民共和国刑法》第二百三十四条第一款、第十七条第三款、第六十七条第三款、第六十一条和第三十七条之规定。三个案例适用法律有一致之处。

(三)适用法律程序对比

样本案例一李某某、史某某抢劫案,审理法院为上海市××中级人民法院,样本案例二刘某某故意伤害案,审理法院为甘肃省××市中级人民法院,样本案例三审理法院为四川省××县人民法院。从适用法律程序情况看,按照《最高人民法院关于人民法院案件案号的若干规定》要求,样本案例一为二审刑事案件,适用的是二审刑事诉讼程序,样本案例二、三为一审刑事案件,适用的为一审刑事诉讼程序。

(四)类案大数据报告

时间截至 2022 年 11 月 16 日,案例来源为 Alpha 案例库,案件数量为 5 170 件,数据采集时间为 2022 年 11 月 16 日,本次检索共获取关于认定未成年人犯罪免予刑事处罚的裁判文书共 5 170 篇。

从案件程序分类统计可以看到未成年人犯罪的审理程序分布状况,其中一审案件有 4 745 件,二审案件有 391 件,再审案件有 23 件,执行案件有 2 件,并能够推算出一审上诉率约为 8.24%。

如图 7-1 所示,对二审裁判结果进行可视化分析可以看到,当前条件下维持原判的有 218 件,占比为 55.75%;改判的有 154 件,占比为 39.39%;其他为 15 件,占比为 3.84%。

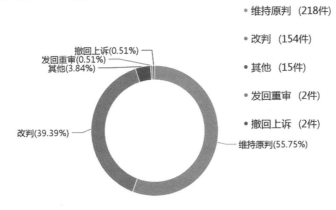

图 7-1 二审裁判结果情况

如图 7-2 所示，对再审裁判结果进行可视化分析可以看到，当前条件下改判的有 10 件，占比为 43.48％；其他为 8 件，占比为 34.78％；维持原判的有 5 件，占比为 21.74％。

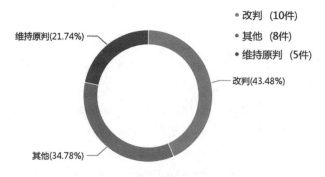

图 7-2　再审裁判结果情况

如图 7-3 所示，对主刑适用情况进行可视化可以看到，当前条件下包含有期徒刑的案件有 4 111 件，包含拘役的案件有 736 件，包含管制的案件有 64 件。

图 7-3　主刑适用情况

如图 7-4 所示，对附加刑适用情况进行可视化可以看到，当前条件下包含罚金的案件有 1 407 件，包含剥夺政治权利的案件有 141 件，包含没收财产的案件有 122 件。

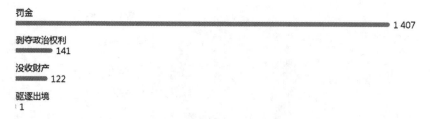

图 7-4　附加刑适用情况

四、类案裁判规则的解析确立

（一）对未成年人犯罪确实属于"犯罪情节轻微不需要判处刑罚的"，应当免予刑事处罚

《刑法》第三十七条规定："对于犯罪情节轻微不需要判处刑罚的，可以免予刑事处罚，但是可以根据案件的不同情况，予以训诫或者责令具结悔过、赔礼道歉、赔偿损失，或者由主管部门予以行政处罚或者行政处分。"

2006年《最高人民法院关于审理未成年人刑事案件具体应用法律若干问题的解释》（以下简称《未成年人解释》）第十七条规定："未成年罪犯根据其所犯罪行，可能被判处拘役、三年以下有期徒刑，如果悔罪表现好，并具有下列情形之一的，应当依照刑法第三十七条的规定免于刑事处罚：（一）系又聋又哑的人或者盲人；（二）防卫过当或者避险过当；（三）犯罪预备、中止或者未遂；（四）共同犯罪中从犯、胁从犯；（五）犯罪后自首或者有立功表现；（六）其他犯罪情节轻微不需要判处刑罚的。"

《未成年人解释》第十七条是对《刑法》第三十七条规定的免予刑事处罚条件的一种具体化，但并未涵括所有可能免予刑事处罚的情形。《刑法》第三十七条规定，对犯罪情节轻微不需要判处刑罚的，可以免予刑事处罚。这是对于免予刑事处罚的原则性规定，与之对应的是刑法总则和分则中一些关于免予刑事处罚的具体规定，如又聋又哑的人或者盲人犯罪、防卫过当、避险过当、犯罪预备或者中止、共同犯罪中的从犯或者胁从犯、自首或者重大立功、非法种植毒品原植物但在收获前自动铲除、行贿人在被追诉前主动交代行贿行为的，均可能免予刑事处罚。但不论基于哪种理由免予刑事处罚，都应当符合《刑法》第三十七条的一般规定，即属于"犯罪情节轻微不需要判处刑罚的"。《未成年人解释》第十七条是就未成年人犯罪问题对《刑法》第三十七条免予刑事处罚条件的具体化，采取列举式方法作出了如此具体的规定，并要求对符合这些条件的未成年被告人"应当"免予刑事处罚，正是为了充分贯彻"教育为主，惩罚为辅"的原则，并尽可能地增强审判中的可操作性，避免因自由裁量不当而对部分应免予刑事处罚的未成年被告人判处了刑罚。正因为规定的是"应当"免予刑事处罚的条件，所以起草时结合司法经验使用了较为严谨的文字表述，以确保"应当"免予刑事处罚的都是"犯罪情节轻微"的未成年被告人。但是，法律规定不可能把所有可能免予刑事处罚的情形都涵括进来，因此《未成年人解释》第十七条第六项还规定了兜底条款，以涵括对于司法实践中出现的其他可免予刑事处罚的情形。

（二）《未成年人解释》第十七条的规定未禁止对犯法定刑为三年以上有期徒刑之罪的未成年被告人免予刑事处罚

"可能被判处拘役、三年以下有期徒刑"是指宣告刑而非法定刑，也就是说，法定刑为三年有期徒刑以上时，也存在免予刑事处罚的余地。对《未成年人解释》第十七条规定的刑罚条件，有人认为是指法定刑而非宣告刑，故免予刑事处罚仅适用于法定刑为三年以下有期徒刑的犯罪案件。这里规定的刑罚条件应是指宣告刑而不是法定刑，即审判机关根据被告人犯罪的事实、性质、情节及对社会的危害程度，依法对被告人可能判处的刑罚。理由在于以下三点。

1.《未成年人解释》第十七条明确使用了"可能被判处……"的表述，按照文义解释方法，显然是指宣告刑而不是法定刑；如果是指法定刑，则应当通过文字来直接表明。例如，《刑法》第八十七条关于时效的规定，明确使用了"法定最高刑"的表述，故不可能被认为是宣告刑；《刑法》第七十二条关于缓刑的适用条件明确使用了"被判处"的表述，所指则是宣告刑而不可能是法定刑。1998年《最高人民法院关于执行〈中华人民共和国刑事诉讼法〉若干问题的解释》①第二百二十条规定："刑事诉讼法第一百七十四条第（一）项规定的可能判处三年以下有期徒刑、拘役、管制、单处罚金的公诉案件，是指被告人被指控的一罪或者数罪，可能被宣告判处的刑罚为三年以下有期徒刑、拘役、管制、单处罚金的案件。"这实际上是对"判处"的含义作出了解释，即所指是宣告刑而不是法定刑。

2.可能宣告刑以被告人所犯罪行及犯罪时未成年为考量因素。根据《未成年人解释》第十七条的规定，在对未成年罪犯考虑是否免予刑事处罚时，首先要考虑可能宣告刑是否为三年以下有期徒刑，然后看其是否具有良好的悔罪表现以及第十七条各项规定的具体情形。根据刑事司法中的禁止重复评价原则，对于同一量刑情节，无论其对被告人是否有利，在量刑时均不能作两次以上的评价。因此，在衡量未成年被告人的可能宣告刑时，对于悔罪表现和第十七条各项所规定的情节不能一并考虑，只能考虑其所犯的基本罪行和犯罪时未成年的因素。在未成年人共同犯罪的案件中，如果两名以上的共犯在共同犯罪中的作用、地位相当时，衡量具有《未成年人解释》第十七条规定情形的可能宣告刑，应仅以具有犯罪时未成年这一单一从宽处罚情节的

---

① 已被2012年《最高人民法院关于适用〈中华人民共和国刑事诉讼法〉的解释》废止。

实际宣告刑为参照。《刑法》第三十七条关于免予刑事处罚的原则性规定一是犯罪情节轻微,二是不需要判处刑罚。对犯罪情节是否轻微的判断应以犯罪的事实、性质、情节和对社会的危害程度为依据,如果所犯罪行危害后果并不严重、主观恶性小,且有从宽处罚情节,可以认定为犯罪情节轻微。对于犯罪情节轻微与否的判断,应建立在对案件主观、客观方面情节全面考察的基础之上,并不存在重复评价的问题。再通过对未成年罪犯的主观危险性、再犯可能性的考量,认为不需要适用刑罚的,可以借助于非刑罚处理方法预防再次犯罪。

3.《未成年人解释》第十七条没有把法定刑为三年以上有期徒刑的犯罪排除在可适用免予刑事处罚的范围之外。因为被告人的犯罪情节是否轻微,并不完全是依据法定刑的高低来决定的,被告人犯法定刑为三年以上有期徒刑的犯罪,根据具体案情也完全可能属于犯罪情节轻微。同时,《刑法》第三十七条并没有以法定刑作为适用免予刑事处罚的条件,因此《未成年人解释》第十七条也不可能僭越立法权来不当缩小免予刑事处罚的适用范围。

(三)在适用《未成年人解释》第十七条决定是否免予刑事处罚时,要全面、有序地衡量各种从宽处罚情节,避免重复评价

根据《未成年人解释》第十七条,对未成年人犯罪"应当"免予刑事处罚的,要同时符合三项条件:(1)可能被判处三年以下有期徒刑或者拘役;(2)悔罪表现好;(3)具有六项从宽处罚情节之一。据此,在判断对被告人能否适用免予刑事处罚时,裁量过程具有很强的顺序性和逻辑性,不能笼统地同时运用各种情节"估堆"出结论,否则就会出现对某一情节重复评价的现象。对于未成年人免予刑事处罚的适用,可以分为以下三个步骤来权衡决定。

第一,以所犯罪行本身为基础判断对被告人可能适用的刑罚,也就是按照《刑法》第六十一条规定的量刑基准(犯罪的事实、犯罪的性质、情节和对于社会的危害程度)来量定刑罚。例如案例一,未成年被告人李某某、史某某结伙采用暴力手段,抢劫了1800余元钱财的事实是量刑的基础,它包含的要素有:(1)抢到财物1800余元;(2)使用了轻微暴力,未造成伤害结果;(3)两名被告人均系在校就读的未成年人。由于二人不具有《刑法》第二百六十三条明确列举的八种加重处罚情节,故二人所犯罪行应适用第一档法定刑,即三至十年有期徒刑。接着要考虑的是,二人仅使用了轻微暴力,所抢1800余元的钱财不属于数额大,应在起刑处选择较低刑期。鉴于二人犯罪时均系在校就读的未成年人,依据《刑法》第十七条第三款的规定,可对二人减轻处罚,即判处三年以下有期徒刑。

第二,衡量悔罪表现的作用。一般认为,悔罪表现属于酌定从轻处罚情节,

但对于适用缓刑而言,则是法定的必备条件。免予刑事处罚是比适用缓刑更宽大的处理方法,故自然要求被告人有更好的悔罪表现。对于"悔罪表现好"的具体含义,《未成年人解释》没有作出规定,通常认为是指到案后如实交代所犯罪行,向被害人真诚表达歉意,积极退赃,积极赔偿被害人的经济损失等。悔罪表现直接反映被告人人身危险性的大小,对法官决定刑罚量及其执行方式具有重要影响,故应当认真审查,严格把关。对于仅在庭审时简单地口头表示悔意,但有条件退赔而不退赔的,不能认定为悔罪表现好。

第三,对于具有《未成年人解释》第十七条所列六项从宽处罚情节之一的被告人,应适用免予刑事处罚。对于符合适用缓刑条件的被告人是否进一步适用免予刑事处罚,关键看其是否具有《未成年人解释》第十七条所列六项从宽处罚情节之一。在这六项从宽情节中,前五项属于刑法明确规定可能免予刑事处罚的情节,而第六项则属于兜底规定,以涵括前五项之外的其他可能免予刑事处罚的情节。《未成年人解释》第十七条第五项规定,被告人在符合其他条件的情况下,并具有自首或者立功表现之一的,均应当适用免予刑事处罚。

(四)对未成年罪犯免予刑事处罚的若干思考

我们可以将《刑法》与司法解释有机结合,从司法解释的角度公正评价法律,借此提出一些制度完善的有益思考。

第一是人格调查。对犯罪行为人人格的考虑应主要注意犯罪行为人在犯罪前后的表现。就犯罪前表现而言,看行为人的素行,如果行为人平素知书达礼,能够克己爱人,在犯罪危害性不是很严重的情况下,可以考虑免刑;如果行为人平日不求上进,吃喝嫖赌,在造成同样危害的情况下,就不应考虑免刑。就犯罪后表现而言,如果行为人有悔罪表现,如积极抢救被害人,向被害方赔罪、积极赔偿被害人经济损失,在犯罪行为造成的危害不大的情况下,可以考虑免刑;如果犯罪行为人在犯罪后对犯罪行为不以为然甚至恐吓被害人,则不能考虑免刑。此外,还要考虑行为人的家庭情况、交友情况,行为人是一向多与上进、友善、有责任感的人交往,还是一贯混迹于地痞流氓中,甚至本身起主导作用,区别就十分明显了。因此,对于未成年人刑事案件,应注重审前调查和适当引入心理矫正,有助于案件审判的同时,也是全面了解和帮助未成年被告人完善人格的体现。目前我们的社会调查流于形式不少,其实从未成年人归案之日起,那些关于其犯罪的原因、性情的缺陷,包括辩护权的全案跟踪等,都应形成系统工程,需要漫长的时间来取得进展。至于现实审判中,法官能够借鉴的也只有社会调查报告和未成年犯的悔罪表现了。

第二是量刑情节。最高人民法院研究室就曾撰文明确指出:第十七条是对

《刑法》第三十七条规定的犯罪情节轻微不需要判处刑罚所作的解释，具体执行中应当防止机械地对照该条规定对号入座，特别是对该条第四项、第五项规定的共同犯罪的从犯、犯罪后自首或者有立功表现两种情形，在决定是否应免予刑事处罚时，要注意结合具体个案情况综合考虑，只有符合《未成年人解释》第十七条的规定，并且确实属于犯罪情节轻微不需要判处刑罚的，才应当免予刑事处罚。① 量刑情节中，中止优于预备，预备优于未遂；自动投案的自首与重大立功相当，优于到案后主动交代的准自首，准自首与一般立功相当；胁从犯优于从犯。按照此思路，那么最具备免刑条件的是犯罪中止、自动投案的自首或重大立功、胁从犯。建立在人格调查的基础上，犯罪情节如盗窃数额超过较大标准不多，具备任何从宽情节之一，都可以适用免刑；犯罪情节一般如即将达到或超过盗窃巨大标准的，应结合盗窃次数、地点，并要求具备两种以上从宽情节，方可适用。如抢劫造成轻伤后果、参与持械斗殴、多次盗窃数额巨大的，倘若是从犯身份，即便有自首或者立功，也不宜适用免刑。在盗窃犯罪中，多次盗窃且数额在巨大以上，适用缓刑尚且勉强，更不能适用免刑；如在数额较大至巨大之间，看其是否超过中线数及其盗窃次数。在抢劫犯罪中，虽然取得财物和造成轻伤害以上结果为既遂标准，但人身损害的危险性远大于财产损失，应从此方面入手，以暴力手段的程度、伤害的结果和劫得财物为三要素。司法解释的本意不是为了让更多的未成年犯获得缓刑，而是让那些可以适用免刑的未成年犯在司法解释的规定下得到应有的免刑。

第三是轻微犯罪。《刑法》第三十七条规定了犯罪情节轻微可以免予刑事处罚，《刑法》第六十七条规定了自首犯犯罪较轻的可以免除处罚。不论是犯罪情节轻微还是犯罪较轻的，这里简单称为轻微犯罪。重刑与轻刑的区分，一般都以量刑的基准为依据，三年以下的自然要轻，三年以上的自然要重；另外，暴力犯罪要严重些，非暴力犯罪要平和些，这也是我国众多学者在归纳犯罪类型时将盗窃作为平和型犯罪、将抢劫作为夺取型犯罪来对待的基本思路。假设一名未成年人因受胁迫参与一起入户抢劫的共同犯罪，其负责望风或者在户门处监视，不论抢劫到多少钱财还是有无造成伤害，在抢劫犯罪完成后主动投案自首的，可否适用免刑？除了年龄，其还有胁从犯和自首的情节。这种情况应当从有期徒刑十年以上减轻处罚，可以放宽至三年，能宣告缓刑似乎就是法官轻缓量刑的极限了，况且还要看抢劫到多少钱财，造成了轻微伤害还是轻伤、重伤、死亡。从未成年人的角度看，被胁迫参与犯罪，

---

① 参见李兵：《〈关于审理未成年人刑事案件具体应用法律若干问题的解释〉的理解与运用》，载《人民司法》2006年第4期。

主动自首并提供了详细案情,便于侦查机关及时开展抓捕行动,抢劫犯罪的客观后果已经发生,没有该未成年人的自首可能无法侦破此案,倘若不去考虑未成年人的心态而去计较抢劫犯罪的后果,于情于法都过于死板刻薄。要知道,抢劫后果的实际发生不以该未成年人的意志为转移,我们更多应鼓励具有良知的人自首,节约司法成本的同时便于案件告破、防止更多的犯罪发生。以上轻微犯罪的论述,不是单纯从犯罪结果来取舍轻重,而是注重自首的少年犯之可受惩罚的尺度。

综上,在刑事司法制度改革发展和现代司法理念推进的新时期,将实践中如免刑适用有分歧的事物深入挖掘,是十分必要的。实质上,对判了免刑的未成年犯,法院的判决部分对训诫、赔礼道歉等内容尚无突破,只能归于现行的社区矫正方式去考察。依照宽严相济的刑事政策,非犯罪化和非刑罚化是实现刑罚轻缓的两个基本途径。那么,正确理解基于法律原则制定的刑法条文或者司法解释,对免予刑事处罚给予合理的适用,才是符合法律精神和刑事政策的有效举措。

五、关联法律法规

（一）《中华人民共和国刑法》（2023年修正）

第三十七条　对于犯罪情节轻微不需要判处刑罚的,可以免予刑事处罚,但是可以根据案件的不同情况,予以训诫或者责令具结悔过、赔礼道歉、赔偿损失,或者由主管部门予以行政处罚或者行政处分。

（二）《最高人民法院关于审理未成年人刑事案件具体应用法律若干问题的解释》（法释〔2006〕1号）

第十七条　未成年罪犯根据其所犯罪行,可能被判处拘役、三年以下有期徒刑,如果悔罪表现好,并具有下列情形之一的,应当依照刑法第三十七条的规定免予刑事处罚:

（一）系又聋又哑的人或者盲人；

（二）防卫过当或者避险过当；

（三）犯罪预备、中止或者未遂；

（四）共同犯罪中从犯、胁从犯；

（五）犯罪后自首或者有立功表现；

（六）其他犯罪情节轻微不需要判处刑罚的。

未成年人刑事犯罪法律适用

第 8 条

未成年人的法定代理人因故不能参加讯问和审判时,可以由法律规定的其他合适成年人到场

一、聚焦司法案件裁判观点

■ 争议焦点

未成年人的法定代理人因故不能参加讯问和审判时,如何处理?

■ 裁判观点

对于未成年人刑事案件,在讯问和审判时,应当通知未成年犯罪嫌疑人、被告人的法定代理人到场。无法通知、法定代理人不能到场或者法定代理人是共犯的,也可以通知未成年犯罪嫌疑人、被告人的其他成年亲属,所在学校、单位、居住地基层组织或者未成年人保护组织的代表到场,并将有关情况记录在案。

二、司法案例样本对比

样本案例一

重庆市××县人民检察院诉黄某某贩卖毒品案

- 法院

重庆市××中级人民法院

- 诉讼主体

公诉机关:重庆市××县人民检察院

被告人:黄某某

• 基本案情

2016年11月左右,被告人黄某某(男,1992年4月1日出生)与周某某相识。2017年1月以来,黄某某向周某某提供某毒品并让周某某帮助其贩卖。之后,周某某多次将黄某某提供的某毒品贩卖给罗某某,并将收取的毒资通过微信转账的方式转给黄某某。具体事实如下:2017年1月2日23时许,周某某在某网吧附近,将一小包某毒品交给罗某某,罗某某通过微信给周某某支付毒资230元。之后,周某某将罗某某支付的毒资通过微信转账的方式转给黄某某。2017年1月3日晚,周某某在某网吧附近将一小包某毒品交给罗某某,罗某某通过微信给周某某支付毒资100元。之后,周某某将罗某某支付的毒资通过微信转账的方式转给黄某某。2017年3月13日晚,罗某某联系黄某某购买150元的毒品,黄某某让周某某给罗某某送毒品。之后,周某某在某火锅店附近,将一小包某毒品交给罗某某,罗某某因支付宝被锁未当场支付毒资。

• 案件争点

辩护人以未通知未成年人法定代理人到场为由申请对周某某的四次讯问笔录作为非法证据予以排除,如何处理?

• 裁判要旨

一审法院认为,关于辩护人申请对周某某2017年3月14日、3月15日、3月31日、4月10日的四次讯问笔录作为非法证据予以排除的辩护意见。经查,《中华人民共和国刑事诉讼法》规定对于未成年人刑事案件,在讯问和审判的时候,对于无法通知、法定代理人不能到场等情形的,可以通知未成年犯罪嫌疑人、被告人的其他成年亲属,所在学校、单位、居住地基层组织或者未成年人保护组织的代表等人到场。本案中,虽然公安机关于2017年3月14日、3月31日、4月10日讯问未成年人周某某时,因周某某不能提供其法定代理人的联系方式,导致公安机关无法通知其法定代理人,但公安机关依法为其通知了相关合适成年人到场,保障了周某某的合法权益。因此,公安机关2017年3月14日、3月31日、4月10日三次讯问周某某时程序合法,对周某某的以上三次讯问笔录不应作为非法证据予以排除。公安机关对周某某2017年3月15日的讯问,既无法定代理人在场,亦未为其通知合适成年人到场,讯问程序违法,属于非法收集的证据,应当予以排除。

二审查明的事实和证据与原审相同。二审法院认为,上诉人黄某某违反国家对毒品的管理制度，指使他人多次贩卖某毒品，其行为已构成贩卖毒品罪，且属情节严重，裁定驳回上诉，维持原判。

样本案例二

浙江省××市××区人民检察院诉高某某、李某某组织卖淫案

- **法院**

浙江省××市××区人民法院

- **诉讼主体**

公诉机关：浙江省××市××区人民检察院

被告人：高某某、李某某

- **基本案情**

2013年7月10日前后，被告人高某某、李某某伙同鲍某某、曾某某、汪某某、龙某某（均另案处理）为开美容院而将汤某某等人从江西省××县带至浙江省××市××区，后因开店没有本钱，被告人高某某遂提议组织汤某某、龙某某、黄某某、周某某等人卖淫，被告人李某某及鲍某某、曾某某、汪某某、龙某某等人表示同意，并将汤某某等人带至某快捷酒店，且准备避孕套、印制招嫖卡片等。在被告人高某某的安排下，被告人李某某负责开车接送卖淫女，鲍某某负责在房间内接听电话、收取嫖资、记账、安排日常生活，并将嫖资交给被告人高某某，曾某某、汪某某、龙某某负责分发招嫖卡片、护送卖淫女到卖淫的宾馆等，组织汤某某、龙某某、黄某某、周某某（均已被行政处罚）从事卖淫活动，并与卖淫女约定按五五分成收取卖淫所得。2013年7月13日至15日，周某某、黄某某、汤某某先后为邱某某、夏某某、易某某等人（均已被行政处罚）提供性服务，并各收取嫖资现金200元。同年7月16日18时许，公安机关在被告出租房内缴获账本一本，该账本记载卖淫等违法所得共计7 900元。

- **案件争点**

证人黄某某、汤某某、周某某、龙某某均系未成年人，其提供证言时无法定代理人或其他合适成年人到场，如何处理？

- **裁判要旨**

法院认为,对于公诉机关提供的证人黄某某、汤某某、周某某、龙某某的证言,经查,上述证人在接受询问时均系未成年人,而公安机关对其进行取证时未能通知法定代理人或其他合适成年人到场,亦未按照规定安排女工作人员在场,故上述证据的取得程序存有严重瑕疵,依法不予采纳。辩护人提出与此相关的辩护意见予以采纳。但对于辩护人提出同案犯鲍某某、曾某某、龙某某的供述在取证程序上亦有瑕疵而不能作为定案依据的辩护意见,经查,公安机关对该三同案犯进行取证时,在无法通知法定代理人到场的情况下,已安排其他合适成年人到场,取证程序合法,应予采纳,故对该辩护意见不予采纳。

样本案例三

四川省××县人民检察院诉刘某某猥亵儿童案

- **法院**

四川省××县人民法院

- **诉讼主体**

公诉机关:四川省××县人民检察院
被告人:被告人刘某某

- **基本案情**

2017年下半年至2019年上半年期间,被告人刘某某担任××县××镇中心学校小学数学教师,利用给学生上课、自习等机会,在该班教室内的学生座位、讲台等地点对邓某某(女,2008年2月16日出生)、罗某某(女,2007年8月30日出生)、简某1(女,2007年12月23日出生)、周某某(女,2008年1月13日出生)、王某某(女,2008年4月19日出生)、曹某某(男,2007年11月24日出生)、唐某某(女,2008年3月18日出生)、简某2(女,2008年1月4日出生)、吴某某(女,2008年10月10日出生)等人分别实施猥亵行为。

- **案件争点**

未成年被害人提供证言时其法定代表人不能到场,如何处理?

• 裁判要旨

法院认为，公安机关在询问未成年被害人或调查未成年证人过程中，在被害人、证人明确表示其法定代理人不能到场的情况下，邀请了社区干部作为合适成年人到场，见证了整个询问、调查过程，符合《中华人民共和国刑事诉讼法》中关于询问、调查未成年人的相关规定精神。公安机关的取证程序合法，对该部分证据法院予以采信。

三、司法案例类案甄别

（一）事实对比

样本案例一黄某某贩卖毒品案，被告人黄某某自2017年1月以来，向周某某提供某毒品并让周某某帮助其贩卖。之后，周某某将黄某某提供的某毒品多次贩卖给罗某某等人，并将收取的毒资通过微信转账的方式转给黄某某。周某某犯罪时系未成年人，公安机关讯问周某某时，周某某的法定代理人未到场。

样本案例二高某某、李某某组织卖淫案，被告人高某某、李某某伙同他人为开美容院而将汤某某等人从江西省××县带至浙江省××市××区，后因开店没有本钱，被告人高某某遂提议组织汤某某、龙某某、黄某某、周某某等人卖淫，其他人均表示同意，后汤某某等人实施卖淫行为。案发时，汤某某等人均系未成年人，公安机关询问汤某某等人时，汤某某等人的法定代理人未到场。

样本案例三刘某某猥亵儿童案，被告人刘某某在担任学校教师期间，利用给学生上课、自习等机会，在该班教室内的学生座位、讲台等地点对多个学生分别实施猥亵行为。案发时，被害人均系未成年人，公安机关询问被害人时，被害人的法定代理人未到场。

从认定事实情况看，在样本案例一、二、三中，法院查明事实、认定证据均围绕在讯问未成年人时，是否通知相关人员到场展开。样本案例一公安机关在2017年3月14日、3月31日、4月10日讯问未成年人周某某时，因周某某不能提供其法定代理人的联系方式，导致公安机关无法通知其法定代理人，但公安机关依法为其通知了相关合适成年人到场，保障了周某某的合法权益。因此，公安机关2017年3月14日、3月31日、4月10日三次讯问周某某时程序合法，对周某某的以上三次讯问笔录不作为非法证据予以排除。公安机关对周某某2017年3月15日的讯问，既无法定代理人在场，亦未为其通知合适成年人到场,讯问程序违法,法院对其当作非法收集的证据予以排除。样本案例二黄某某、汤某某、周某某、龙某某等证人在接受询问时均系未成年人,而公安机关进行取证时既未能通知法定代理人或其他合适成年人到场,亦未按照规定安排女工作人员在场,证据的取得程序存有严重瑕疵,法院将其视为非法收集的证据予以排除。公安机关对同案犯鲍某某、曾某某、龙某某进行取证时,在无法通知其法定代理人到场的情况下,已安排其他合适成年人到场,取证程序合法,法院未将其作为非法收集的证据予以排除。样本案例三公安机关在询问未成年被害人或调查未成年证人过程中,在被害人、证人明确表示其法定代理人不能到场的情况下,邀请了社区干部作为合适成年人到场,见证了整个询问、调查过程,符合《中华人民共和国刑事诉讼法》中关于询问、调查未成年人的相关规定精神,公安机关的取证程序合法,法院对该部分证据予以采信。从法律事实看,三个样本案例均有相似的事实。

(二)适用法律对比

样本案例一黄某某犯贩卖毒品案,二审法院认为,上诉人黄某某违反国家对毒品的管理制度,指使他人多次贩卖某毒品,其行为已构成贩卖毒品罪,且属情节严重。一审判决认定事实和适用法律正确,量刑适当,审判程序合法。裁定驳回上诉,维持原判。

样本案例二高某某、李某某组织卖淫案,法院认为,对于公诉机关提供的证人黄某某、汤某某、周某某、龙某某的证言,经查,上述证人在接受询问时均系未成年人,而公安机关对其进行取证时既未能通知法定代理人或其他合适成年人到场,亦未按照规定安排女工作人员在场,上述证据的取得程序存有严重瑕疵,依法不予采纳。辩护人提出与此相关的辩护意见予以采纳。但对于辩护人提出同案犯鲍某某、曾某某、龙某某的供述在取证程序上亦有瑕疵而不能作为定案依据的辩护意见,经查,公安机关对该三同案犯进行取证时,在无法通知法定代理人到场的情况下,已安排其他合适成年人到场,取证程序合法,应予采纳,故对该辩护意见不予采纳。

样本案例三刘某某猥亵儿童案,法院认为,公安机关在询问未成年被害人或调查未成年证人过程中,在被害人、证人明确表示其法定代理人不能到场的情况下,邀请了社区干部作为合适成年人到场,见证了整个询问、调查过程,符合《中华人民共和国刑事诉讼法》中关于询问、调查未成年人的相关规定精神。公安机关的取证程序合法,对该部分证据法院予以采信。被告人刘某某身为人民教师,在学校利用教学之机,对学生实施猥亵,严重损害学生身心健康,其行为已构成猥亵儿童罪。

从法律适用角度看，样本案例一、二、三均适用《中华人民共和国刑事诉讼法》第二百八十一条的相关规定。

（三）适用法律程序对比

从适用法律程序情况看，按照《最高人民法院关于人民法院案件案号的若干规定》要求，样本案例一为二审刑事案件，样本案例二、三为一审刑事案件。

（四）类案大数据报告

时间截至2022年11月16日，案例来源为Alpha案例库，案件数量为1 797件，数据采集时间为2022年11月16日，本次检索共获取关于认定未成年人的法定代理人不能参加讯问和审判时的处理方式的裁判文书1 797篇。

从案件程序分类统计可以看到未成年人犯罪当前的审理程序分布状况，其中一审案件有1 456件，二审案件有319件，再审案件有18件，执行案件有1件，并能够推算出一审上诉率约为21.91%。

如图8-1所示，对二审裁判结果进行可视化分析可以看到，当前条件下维持原判的有214件，占比为67.08%；改判的有98件，占比为30.72%；其他为5件，占比为1.57%。

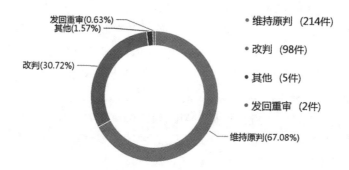

图8-1 二审裁判结果情况

如图8-2所示，对再审裁判结果进行可视化分析可以看到，当前条件下改判的有6件，占比为33.34%；维持原判的有6件，占比为33.33%；驳回再审申请的有4件，占比为22.22%。

如图8-3所示，对主刑适用情况进行可视化可以看到，当前条件下包含有期徒刑的案件有951件，包含无期徒刑的案件有77件，包含死刑的案件有70件。

如图8-4所示，对附加刑适用情况进行可视化可以看到，当前条件下包含罚金的案件有331件，包含剥夺政治权利的案件有177件，包含没收财产的案件有46件。

其他(11.11%)
改判(33.34%)
驳回再审申请(22.22%)
维持原判(33.33%)
改判（6件）
维持原判（6件）
驳回再审申请（4件）
其他（2件）

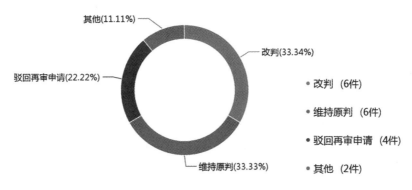

图 8-2　再审裁判结果情况

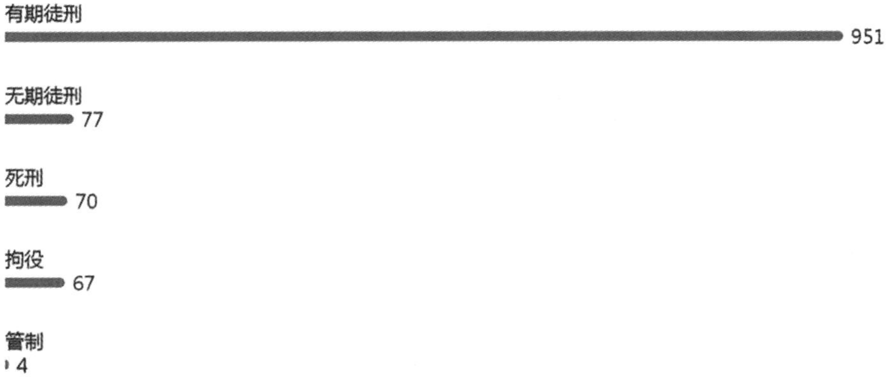

有期徒刑
951
无期徒刑
77
死刑
70
拘役
67
管制
4

图 8-3　主刑适用情况

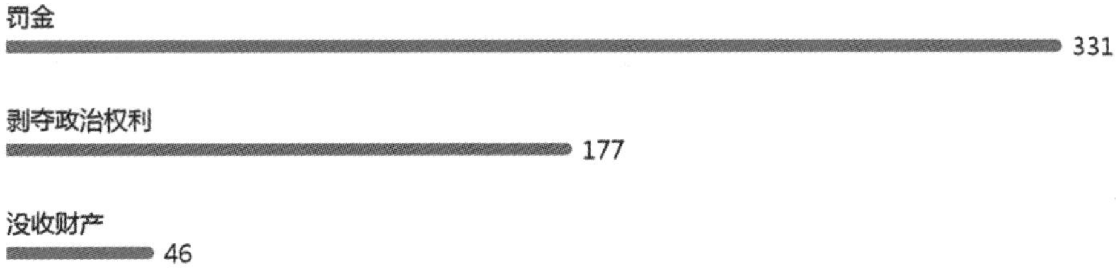

罚金
331
剥夺政治权利
177
没收财产
46

图 8-4　附加刑适用情况

四、类案裁判规则的解析确立

（一）合适成年人参与制度概述

合适成年人参与制度，是指未成年人作为犯罪嫌疑人或者刑事被告人，其法定代理人因故不能参加讯问和审判时，为了避免未成年人合法权益受到不当侵害，而由法律规定的其他合适人选到场的司法程序。

我国合适成年人制度的主要法律依据为2018年修正的《中华人民共和国刑事诉讼法》（以下简称《刑事诉讼法》）第二百八十一条的规定，即对于未成年人刑事案件，在讯问和审判时，应当通知相关未成年人的法定代理人或者其他人员到场，以保障相关未成年人的合法权益以及诉讼的顺利进行。"相关未成年人"包括未成年的犯罪嫌疑人、被告人、被害人和证人。"其他人员"包括相关未成年人的成年亲属、所在学校、单位、居住地基层组织或未成年人保护组织的代表。

《刑事诉讼法》中关于合适成年人的选任范围和原则，反映出合适成年人与未成年人的关系具有监护本质。《刑事诉讼法》第二百八十一条、2013年修订的《人民检察院办理未成年人刑事案件的规定》（以下简称《未成年人刑事规定》）的修改内容，进一步明确了合适成年人的选任顺序，即法定代理人到场具有优先性，通知其他合适成年人到场具有递补性，是对法定代理人不能到场的替代措施。考虑到对未成年人应当以尊重其隐私和个人意愿为前提，《未成年人刑事规定》明确了未成年人拒绝法定代理人以外的合适成年人到场，人民检察院可以准许，但应当另行通知其他合适成年人到场。合适成年人的选择上有明确的先后顺序，即在父母等不能到场的情况下，第二顺位的合适成年人是未成年人其他的成年亲属，第三顺位是机构性的组织，如学校、单位、居住地基层组织或未成年人保护组织。第三顺位的组织选择次序，显然也有其内在的排列逻辑，即该组织与未成年人的熟悉度由高到低。这一排列的逻辑顺序是依照个人、组织与未成年人生活的重合度由高到低进行的，符合生活经验法则。因此，《刑事诉讼法》对监护制度的设计遵循的是自然和经验法则。首先，未成年人的父母等监护人应为首选；其次，监护人的划分具有层次性，且均以与未成年人的远近亲疏为基本原则；最后，自然监护人不能履行监护时，均有公权力介入履行监护职责，不允许出现监护真空。

合适成年人基于对未成年人的保护职责和义务，其与司法办案人员之间存在着监督与被监督的关系。《刑事诉讼法》第二百八十一条规定："到场的法定代理人可以代为行使未成年犯罪嫌疑人、被告人的诉讼权利。到场的法定代理人或者其他人员认为办案人员在讯问、审判中侵犯未成年人合法权益的，可以提出意见。讯问笔录、法庭笔录应当交给到场的法定代理人或者其他人员阅读或者向他宣读。……审判未成年人刑事案件，未成年被告人最后陈述后，其法定代理人可以进行补充陈述。"可见，关于法定代理人与其他合适成年人，《刑事诉讼法》在权利义务上进行了区别设置：法定代理人与其他合适成年人均具有保护未成年人合法权益的义务，有提出意见、核对笔录的权利；只有法定代理人才享有代为行使诉讼权利、法庭上补充陈述的权利。此外，最高人民法院、最高人民检察院的司法解释关于在场合适成年人的权利义务与《刑事诉讼法》的规定基本相同，并作了进一步细化。如2021年《最高人民法院关于适用〈中华人民共和国刑事诉讼法〉的解释》第五百五十五条第二款规定："到场的法定代理人或者其他人员，除依法行使刑事诉讼法第二百八十一条第二款规定的权利外，经法庭同意，可以参与对未成年被告人的法庭教育等工作。"概言之，合适成年人在场重要功能之一就是防止司法办案人员侵犯未成年人合法权益，依法保护未成年人。

（二）合适成年人的来源与选任

各地担任合适成年人的一般是热心于未成年人保护工作、具有一定沟通能力和社会阅历的成年人。具体资格可以从以下四个方面进行考察。（1）年龄。各地对合适成年人的年龄基本没有严格限制。有的地区要求年满十八周岁，有的地区则要求年满二十周岁或二十三周岁以上。实践中合适成年人的年龄跨度较大，既有二十几岁、大学毕业后刚参加工作的人员，也有六七十岁的退休人员。（2）性别。各地对于合适成年人的性别一般不做要求。（3）知识背景。从更好地履行合适成年人的职责出发，合适成年人可能需要涉猎以下三项专业知识：首先是法律知识。具备相关法律知识，是合适成年人保护未成年人权益不受侵犯、协助其理解诉讼行为、监督讯问程序是否合法的基础。其次是心理学知识。合适成年人抚慰未成年人情绪和帮其舒缓心理压力的职责要求其需具备一定的心理学知识，对未成年人的心理、性格、行为方式有一定的了解，可以针对未成年人的特征进行沟通。最后是教育学知识。教育的功能在于引导而不是说教，侧重于让未成年人真正认识到自己行为的不当，培养其责任感，在思想上触动而不是简单地批评说教。很多地区的合适成年人来源中包括学校老师。（4）沟通能力。与未成年人的沟通是合适成年人运用其各项专业知识的基础。

良好的沟通可以促进未成年人与合适成年人的交流、增强信任感，发挥合适成年人的其他职能。

实践中，社工、律师、学校老师、共青团干部、妇联工作人员、关心下一代工作委员会人员以及退休老干部等是合适成年人的主要来源。（1）社工。在部分地区，社工是合适成年人的最主要来源，这与当地社工体系的发展情况密切相关。社工担任合适成年人的优势主要在于其从事相应社会工作的专业性，其所具有的教育学、心理学知识和较强的沟通能力有助于履行合适成年人的职责。但是，由于他们同时还承担着大量的其他工作，讯问时在场易被视为"副业"而未受到应有的重视。同时，大部分社工缺乏专门的法律培训，也会影响其参与的实际效果。在社工大规模参与的情况下，其在具体案件中的参与通常是"自动配置"的，很可能出现不同的社工在对同一个未成年人的不同讯问时在场以及不同的社工分别负责讯问时在场与之后的社会调查与跟踪帮教的情况，甚至出现一个未成年人在一个刑事诉讼程序中接触3至4名社工的情况。这些会导致作为合适成年人的社工与未成年人接触时间较短，难以在短时间内与未成年人建立信任关系，影响了合适成年人作用的发挥。另外，社工的参与需要成熟的社工体系和有力的资金保障等客观条件，这些客观条件成为制约社工参与的主要原因。（2）律师。律师能否担任合适成年人在各地实践中存在不同的做法。有的地方在尝试合适成年人参与机制的初期，将法律援助律师作为合适成年人的唯一来源，但司法社工担任合适成年人后，律师不再作为合适成年人的来源；部分地区则将律师作为合适成年人的来源之一，在合适成年人中占据一定比例。支持律师作为合适成年人的理由主要是，律师比其他人员都精通法律和诉讼程序，能够有效监督办案人员，维护未成年人权益不被侵害。但是，应尽量避免担任了合适成年人的律师继续担任该未成年人的辩护人。（3）学校老师、共青团干部、妇联工作人员、关心下一代工作委员会人员以及退休老干部等其他热心于未成年人保护工作的人员。这部分人员担任合适成年人大多出于对公益事业的热爱，能有效利用社会资源来缓解合适成年人人员不足的问题，而且这些人员通常具有较为丰富的工作阅历和较强的沟通能力，有的本职工作也与青少年相关，在与未成年人的沟通上具有优势。

（三）具体案件中合适成年人的确定

调查发现，具体案件中合适成年人的确定主要存在三种方式：一是制定合适成年人名册，由办案机关从中选择；二是在办案机关内设置社工工作站，从工作站内确定合适成年人参与案件；三是将合适成年人的工作区域特定化，由固定的合适成年人负责特定的工作区域。具体案件中合适成年人的确定还涉及三个具体问题。首先，同一未成年人在不同诉讼阶段的合适成年人是否保持同一个？对一个未成年人在不同阶段的多次讯问均由同一个合适成年人在场，多次和长时间的接触有助于双方信任关系的建立。有的地方对这一点作了明确要求。其次，共同犯罪案件中如何确定合适成年人？考虑到同案犯之间存在利害关系，大部分地区都要求共同犯罪案件中，应当区分同案犯的合适成年人，即一名合适成年人不得担任两名以上同案未成年犯罪嫌疑人的合适成年人。最后，是否要求由女性担任女性未成年人的合适成年人？大部分地区对此作出了规定，如果涉案未成年人是女性，必须由女性合适成年人到场；如果负责该派出所的是男性合适成年人，则需由互助工作小组中的女性合适成年人或其他女性合适成年人陪同前往。

（四）合适成年人讯问时在场的具体程序

合适成年人讯问时在场的具体程序可以分为以下四个步骤。（1）通知与到场。对于涉案未成年人符合合适成年人在场条件的，案件承办人员在受理案件后讯问开始前，应当及时通知相应的合适成年人，合适成年人接到通知后应及时到场旁听讯问。各地都对通知的具体方式作出了规定，并要求给合适成年人留出合理的路途时间。（2）准备工作。合适成年人到场后，需要就参与讯问进行相应的准备工作，主要包括：向办案人员了解未成年人及案件的基本情况；向未成年人表明自己的身份和作用；与未成年人就案件之外的信息进行交流，主要了解未成年人的健康状况、权益是否受到侵害、有无需要帮助等。（3）旁听讯问。合适成年人旁听整个讯问过程，主要不是关注讯问过程中涉及的犯罪事实问题，而是从程序上保障未成年人的权利，对未成年人不理解的内容进行解释，对其紧张情绪予以抚慰。在讯问过程中如果有需要解释或程序不当的地方，合适成年人可以插话方式介入。但有的地区规定了合适成年人在旁听讯问的过程中发言需经讯问人员允许，对于合适成年人的不当发言，办案人员有权予以制止。实践中，合适成年人大多数情况下都以消极的方式在场旁听，以插话的方式打断讯问的情况较为少见。一些办案人员对于合适成年人打断讯问也持保留态度。（4）查看笔录与签字。讯问结束后，合适成年人阅看讯问笔录，核对无误后签字。

五、关联法律法规

（一）《中华人民共和国刑事诉讼法》（2018年修正）

第二百八十一条 对于未成年人刑事案件，在讯问和审判的时候，应当通知未成年犯罪嫌疑人、被告人的法定代理人到场。无法通知、法定代理人不能到场或者法定代理人是共犯的，也可以通知未成年犯罪嫌疑人、被告人的其他成年亲属，所在学校、单位、居住地基层组织或者未成年人保护组织的代表到场，并将有关情况记录在案。到场的法定代理人可以代为行使未成年犯罪嫌疑人、被告人的诉讼权利。

到场的法定代理人或者其他人员认为办案人员在讯问、审判中侵犯未成年人合法权益的，可以提出意见。讯问笔录、法庭笔录应当交给到场的法定代理人或者其他人员阅读或者向他宣读。

讯问女性未成年犯罪嫌疑人，应当有女工作人员在场。

审判未成年人刑事案件，未成年被告人最后陈述后，其法定代理人可以进行补充陈述。

询问未成年被害人、证人，适用第一款、第二款、第三款的规定。

（二）最高人民检察院《人民检察院办理未成年人刑事案件的规定》（高检发研字〔2013〕7号）

第十七条 人民检察院办理未成年犯罪嫌疑人审查逮捕案件，应当讯问未成年犯罪嫌疑人，听取辩护律师的意见，并制作笔录附卷。

讯问未成年犯罪嫌疑人，应当根据该未成年人的特点和案件情况，制定详细的讯问提纲，采取适宜该未成年人的方式进行，讯问用语应当准确易懂。

讯问未成年犯罪嫌疑人，应当告知其依法享有的诉讼权利，告知其如实供述案件事实的法律规定和意义，核实其是否有自首、立功、坦白等情节，听取其有罪的供述或者无罪、罪轻的辩解。

讯问未成年犯罪嫌疑人，应当通知其法定代理人到场，告知法定代理人依法享有的诉讼权利和应当履行的义务。无法通知、法定代理人不能到场或者法定代理人是共犯的，也可以通知未成年犯罪嫌疑人的其他成年亲属，所在学校、单位或者居住地的村民委员会、居民委员会、未成年人保护组织的代表等合适成年人到场，并将有关情况记录在案。到场的法定代理人可以代为行使未成年犯罪嫌疑人的诉讼权利，行使时不得侵犯未成年犯罪嫌疑人的合法权益。

未成年犯罪嫌疑人明确拒绝法定代理人以外的合适成年人到场，人民检察院可以准许，但应当另行通知其他合适成年人到场。

到场的法定代理人或者其他人员认为办案人员在讯问中侵犯未成年犯罪嫌疑人合法权益的，可以提出意见。讯问笔录应当交由到场的法定代理人或者其他人员阅读或者向其宣读，并由其在笔录上签字、盖章或者捺指印确认。

讯问女性未成年犯罪嫌疑人，应当有女性检察人员参加。

询问未成年被害人、证人，适用本条第四款至第七款的规定。

（三）《最高人民法院关于适用〈中华人民共和国刑事诉讼法〉的解释》（2021 年 3 月 1 日施行，法释〔2021〕1 号）

第五百五十五条　人民法院审理未成年人刑事案件，在讯问和开庭时，应当通知未成年被告人的法定代理人到场。法定代理人无法通知、不能到场或者是共犯的，也可以通知合适成年人到场，并将有关情况记录在案。

到场的法定代理人或者其他人员，除依法行使刑事诉讼法第二百八十一条第二款规定的权利外，经法庭同意，可以参与对未成年被告人的法庭教育等工作。

适用简易程序审理未成年人刑事案件，适用前两款规定。

第五百五十六条　询问未成年被害人、证人，适用前条规定。

审理未成年人遭受性侵害或者暴力伤害案件，在询问未成年被害人、证人时，应当采取同步录音录像等措施，尽量一次完成；未成年被害人、证人是女性的，应当由女性工作人员进行。

未成年人刑事犯罪法律适用

第 9 条

教唆不满十八周岁的人犯罪的，应当从重处罚

一、聚焦司法案件裁判观点

■ 争议焦点

教唆不同年龄段的未成年人犯罪的，应如何处罚？

■ 裁判观点

教唆未满十六周岁至十八周岁的人，满足共同犯罪要求而与教唆者成立共同犯罪的，可以对教唆者从重处罚；教唆十四周岁至十六周岁的人实施故意杀人、故意伤害致人重伤或者死亡、强奸、抢劫、贩卖毒品、放火、爆炸、投放危险物质罪八种犯罪行为时成立共同犯罪的，可以对教唆者从重处罚；不满十四周岁的人不能成为被教唆者，"教唆"不满十四周岁的人不能认定为共同犯罪。

二、司法案例样本对比

样本案例一

湖北省××县人民检察院诉何某某、陈某某抢劫案

- 法院

湖北省××市中级人民法院

- 诉讼主体

公诉机关：湖北省××县人民检察院
被告人：何某某、陈某某

• **基本案情**

2018年8月14日19时50分许，被告人何某某邀约被告人陈某某与同案人徐某某、柳某某（均另案处理）及其朋友罗某某一起预谋抢劫，到达某山庄附近后，被告人何某某提出实施抢劫的意图，罗某某明确表示不参与并离开。被告人何某某对陈某某、徐某某和柳某某提出只对来往的单身行人或者情侣进行抢劫。当被害人龚某某经过案发地时，被告人何某某指使被告人陈某某及徐某某和柳某某实施抢劫，随即被告人陈某某持柴刀、同案人徐某某持匕首与柳某某拦住被害人龚某某，胁迫其将微信内的200元人民币转给陈某某，所得赃款被四人用于购买香烟、槟榔等。后何某某认为被害人报了警，遂带领陈某某、徐某某、柳某某逃离现场。2018年9月18日，被告人陈某某主动到公安机关投案。

• **案件争点**

何某某邀约两名未成年人进行抢劫的行为如何评价？

• **裁判要旨**

一审法院认为，被告人何某某邀约陈某某等人以暴力、胁迫的方式抢劫他人财物，其行为构成抢劫罪。陈某某主动投案，并如实供述自己的犯罪事实，系自首，依法可以从轻或减轻处罚。何某某到案后如实供述自己的犯罪事实，依法可以从轻处罚。一审法院判决被告人何某某犯抢劫罪，被告人陈某某犯抢劫罪。

二审法院认为，证人罗某某的证言证实，案发当日，上诉人何某某邀约罗某某后，提出一起抢劫，罗某某予以拒绝并离开。同案人徐某某、柳某某、上诉人陈某某均供述，何某某策划指挥其三人持械抢劫，并提出只对单身行人或者情侣抢劫，何某某在二审庭审中亦对其邀约并指使陈某某、徐某某、柳某某持械抢劫的事实供认不讳，并有作案凶器匕首等证据佐证，事实清楚，证据确实、充分。同案人徐某某、柳某某在实施抢劫作案时均未满十八周岁，系未成年人，依照《刑法》第二十九条的规定，教唆未成年人犯罪的，依法应当从重处罚。

上诉人何某某邀约并指使上诉人陈某某等人持匕首、柴刀，以胁迫抢劫他人财物200元，其行为均已构成抢劫罪。何某某指使不满十八周岁的人实施抢劫犯罪，依法应当从重处罚。何某某在一审庭审和二审庭审中均自愿认罪认罚，依法可以从轻处罚。陈某某在案发后主动投案，并如实供述自己的犯罪事实，系自首，依法可以从轻或减轻处罚。抗诉机关提出"何某某教唆未成年人犯罪，依法应当从重处罚及原判量刑过轻"的抗诉意见成立，二审法院予以支持，但抗诉机关提出"何某某没有真诚悔过，不能适用认罪认罚从宽的规定"的抗诉理由不能成立，二审法院不予采纳。最终二审法院判决何某某犯抢劫罪，其有期徒刑由三年六个月改判为四年六个月。

样本案例二

广东省××市××区人民检察院诉高某某、黄某某故意伤害案

- **法院**

广东省××市中级人民法院

- **诉讼主体**

公诉机关：广东省××市××区人民检察院
被告人：高某某、黄某某

- **基本案情**

2018年7月初，被告人高某某出资人民币15 000元雇请被告人黄某某帮助其殴打、教训被害人吴某1。被告人黄某某同意并在收取了高某某人民币7 000元后纠集吴某2（系未成年）、陈某某、张某某、孙某某四人帮忙（四人均另案处理）。黄某某支付了吴某2、陈某某等人人民币3 000元作为报酬。2018年7月18日晚，吴某2、陈某某、张某某、孙某某四人到被告人黄某某开设的某公司集合。被告人黄某某提前电话联系被害人吴某1，以洽谈装修工程为由约其到某公交站见面。次日8时许，被告人黄某某驾车搭载吴某2、陈某某、张某某、孙某某在某公交站附近烂尾楼埋伏，并指使四人携带伸缩铁棍，戴上口罩。当被害人吴某1到达后，吴某2、陈某某、张某某、孙某某随即上前用伸缩铁棍对被害人吴某1进行殴打，致使吴某1头部、手部多处受伤。经鉴定，被害人吴某1所受损伤为轻伤二级。事后，被告人黄某某将在现场拍摄的殴打被害人吴某1的照片通过微信发给被告人高某某让其确认是否满意。2018年7月25日10时30分许，被告人黄某某在某路附近一废品收购站被抓获归案。2018年7月27日，被告人高某某到派出所投案。

- **案件争点**

受高某某雇请的黄某某纠集未成年人实施犯罪行为，高某某是否应当对教

唆未成年人犯罪的行为承担责任?

• **裁判要旨**

二审法院认为,虽然被告人黄某某辩称自己不知道吴某2系未成年人,但是根据黄某某之前在公安机关的供述,其所雇佣的未成年人吴某2系其洗车行员工,二人作为同事朝夕相处理应知道吴某2的实际年龄,故上诉人黄某某及其辩护人认为其不清楚吴某2系未成年人不符合常理,该上诉意见以及辩护意见不予采信。上诉人高某某的供述"我一共见过他(黄某某)两次,第一次就是认识他的那次,我认识他后就立即开着车带着他还有一个十七岁左右的年轻人去某地。……过了三四天后,他就打电话给我,……中午我还跟他以及那个年轻人一起吃了一顿饭"证实,高某某在雇请黄某某商谈打人时黄某某就带着吴某2,且其明知吴某2年龄十七岁左右,系未成年人,而事后黄某某亦教唆了吴某2等人参与殴打被害人,故黄某某教唆未成年人犯罪并未超出高某某的预期和犯意,其亦应当对黄某某教唆未成年人犯罪的行为承担共同责任。

样本案例三

甘肃省××市××区人民检察院诉邱某某盗窃案

• **法院**

甘肃省××市中级人民法院

• **诉讼主体**

公诉机关:甘肃省××市××区人民检察院

被告人:邱某某

• **基本案情**

2013年8月16日18时许,张某某(系未成年人、已判处)在被告人邱某某、陈某某(已判处)、李某某(已判处)事前多次教唆、授意下将其父亲购买的装载机在陈某某的接应下秘密从自己家中开出后藏匿。陈某某、李某某、张某某以21 000元的价格将装载机出卖给他人,所得赃款20 000元由被告人邱某某拿走,其余1 000元由张某某、陈某某、李某某用于买衣服、住宾馆。后被告人邱某某为掩盖盗窃犯罪事实,授意张某某给陈某某书写欠条一张,以便逃避追究法律责任。被盗装载机经××区价格认证中心价格鉴证价值45 000元。破案后,追回被盗车辆,已发还失主。

• 案件争点

邱某某上诉称其构成教唆罪,但不构成盗窃罪,上诉理由是否成立?

• 裁判要旨

一审法院认为,被告人邱某某以非法占有为目的,教唆未成年人秘密窃取他人财物,数额较大,其行为已触犯刑律,构成盗窃罪,应予处罚。公诉机关指控被告人邱某某犯盗窃罪的事实清楚,证据充分,指控罪名成立。被告人邱某某辩解其未教唆未成年人张某某犯盗窃罪,也未有参与盗窃作案的理由,经审查,被告人邱某某虽未直接参与盗窃作案,但其事先诱导、事后为掩盖盗窃犯罪事实,逃避追究法律责任,授意张某某书写欠条,并拿走大部分赃款的事实有报案材料、证据保全清单、欠条及同案犯的供述等证据证实,故其辩解理由不能成立,属盗窃共犯。但在共同犯罪中,被告人邱某某参与程度较轻,属从犯,依法应当从轻处罚。被告人邱某某教唆未成年人犯罪,且曾因犯罪被判处有期徒刑,在刑罚执行完毕五年内又犯,应当判处有期徒刑以上刑罚之罪,系累犯,依法应当从重处罚。

二审法院认为,上诉人邱某某以非法占有为目的,教唆未成年人秘密窃取他人财物,数额较大,其行为已触犯刑律,构成盗窃罪,应予处罚。上诉人所持"其构成教唆罪而非盗窃罪,自首情节应予认定"之上诉理由,经查,上诉人在主动投案后,未能如实供述自己的犯罪事实。虽在二审中能当庭如实供述其犯罪事实,但并不符合我国《刑法》所规定自首成立的要件,故其行为并不能认定为自首。我国《刑法》规定,教唆他人犯罪的,应当按照他在共同犯罪中所起的作用处罚,一审法院认定上诉人犯盗窃罪的定罪准确、恰当,故二审法院对邱某某的上诉理由不予支持。

三、司法案例类案甄别

(一)事实对比

样本案例一何某某、陈某某抢劫案,2018年8月14日19时50分许,被告人何某某邀约被告人陈某某与同案人徐某某、柳某某及其朋友罗某某一起预谋抢劫，到达某山庄附近后，被告人何某某提出实施抢劫的意图，罗某某明确表示不参与并离开。被告人何某某对陈某某、徐某某和柳某某提出只对来往的单身行人或者情侣进行抢劫。当被害人龚某某经过案发地时，被告人何某某指使被告人陈某某及徐某某和柳某某实施抢劫，随即被告人陈某某持柴刀、同案人徐某某持匕首与柳某某拦住被害人龚某某，胁迫其向陈某某转账，所得赃款被四人用于购买香烟、槟榔等。后何某某认为被害人报了警，遂带领陈某某、徐某某、柳某某逃离现场。2018年9月18日，被告人陈某某主动到公安机关投案。

样本案例二高某某、黄某某故意伤害案，2018年7月初，被告人高某某出资人民币15 000元雇请被告人黄某某帮助其殴打、教训被害人吴某1。被告人黄某某同意并在收取了高某某人民币7 000元后纠集吴某2、陈某某、张某某、孙某某四人帮忙。黄某某支付了吴某2、陈某某等人人民币3 000元作为报酬。2018年7月18日晚，吴某2、陈某某、张某某、孙某某四人在被告人黄某某开设的某公司集合。被告人黄某某提前电话联系被害人吴某1，以洽谈装修工程为由约其到某公交站见面。次日8时许，被告人黄某某驾车搭载吴某2、陈某某、张某某、孙某某到某公交站附近烂尾楼埋伏，并指使四人携带伸缩铁棍、戴上口罩。当被害人吴某1到达后，吴某2、陈某某、张某某、孙某某随即上前用伸缩铁棍对被害人吴某1进行殴打，致使吴某1头部、手部多处受伤。经鉴定，被害人吴某1所受损伤为轻伤二级。事后，被告人黄某某将在现场拍摄的殴打被害人吴某1的照片通过微信发给被告人高某某让其确认是否满意。

样本案例三邱某某盗窃案，2013年8月16日18时许，张某某在被告人邱某某、陈某某、李某某事前多次教唆、授意下，将其父亲购买的装载机在陈某某的接应下秘密从自己家中开出后藏匿。陈某某、李某某、张某某以21 000元的价格将装载机出卖给他人，所得赃款20 000元由被告人邱某某拿走，其余1 000元由张某某、陈某某、李某某用于买衣服、住宾馆。后被告人邱某某为掩盖盗窃犯罪事实，授意张某某给陈某某书写欠条一张，以便逃避追究法律责任。

从认定事实情况看，在样本案例一、二、三中，法院查明事实均围绕教唆者是否教唆未成年人参与犯罪展开，样本案例一同案人徐某某、柳某某在实施抢劫作案时均未满十八周岁，系未成年人；样本案例二被告人黄某某纠集的吴某2系未成年人；样本三张某某系未成年人，其在邱某某、陈某某、李某某事前多次教唆、授意下参与犯罪。从被教唆者的情况看，样本案例一未成年人徐某某和柳某某受何某某的教唆，样本案例二未成年人吴某2受黄某某的教唆，样本三未成年人张某某受到邱某某、陈某某、李某某事前多次教唆和授意。从法律事实看，三个样本案例均有相似的事实。

未成年犯罪类案甄别与裁判规则确立

（二）适用法律对比

样本案例一何某某、陈某某抢劫案，二审法院认为，上诉人何某某邀约并指使上诉人陈某某等人持匕首、柴刀，以胁迫方法抢劫他人财物200元，其行为均已构成抢劫罪。何某某指使不满十八周岁的人实施抢劫犯罪，依法应当从重处罚。抗诉机关提出何某某教唆未成年人犯罪，依法应当从重处罚及原判量刑过轻的抗诉意见成立，二审法院予以支持。

样本案例二高某某、黄某某故意伤害案，二审法院认为，上诉人黄某某供述其所雇请的未成年人吴某2系其洗车行员工，其二人作为同事朝夕相处理应知道吴某某的实际年龄，故上诉人黄某某及其辩护人认为其不明知吴某2系未成年人不符合常理，该上诉意见以及辩护意见二审法院不予采信。而上诉人高某某的供述证实，高某某在雇请黄某某商谈打人时黄某某就带着吴某2，且其明知吴某2年龄十七岁左右，系未成年人，而事后黄某某亦教唆了吴某2等人参与殴打被害人，故黄某某教唆未成年人犯罪并未超出高某某的预期和犯意，其亦应当对黄某某教唆未成年人犯罪的行为承担共同责任。

样本案例三邱某某盗窃案，二审法院认为，上诉人邱某某以非法占有为目的，教唆未成年人秘密窃取他人财物，数额较大，其行为已触犯刑律，构成盗窃罪，应予刑罚。一审法院认定上诉人犯盗窃罪的定罪准确、恰当，故对邱某某的上诉理由二审法院均不予支持。

从法律适用角度看，样本案例一、二、三均实际适用《刑法》第二十九条关于教唆犯及其处罚原则的相关规定。

（三）适用法律程序对比

从适用法律程序情况看，按照《最高人民法院关于人民法院案件案号的若干规定》要求，样本案例一、二、三均为二审刑事案件。从程序类别看，三个样本均适用刑事诉讼程序；从程序层级看，三个样本均适用二审诉讼程序。

（四）类案检索大数据报告

时间截至2022年11月16日，案例来源为Alpha案例库，案件数量为329件，数据采集时间为2022年11月16日，本次检索共获取关于认定教唆未成年人犯罪的裁判文书329篇。

从案件程序分类统计可以看到未成年人犯罪当前的审理程序分布状况，其中一审案件有264件，二审案件有57件，再审案件有5件，执行案件有3件，并能够推算出一审上诉率约为21.59％。

如图 9-1 所示，对二审裁判结果进行可视化分析可以看到，当前条件下维持原判的有 48 件，占比为 84.21%；改判的有 7 件，占比为 12.28%；其他为 2 件，占比为 3.51%。

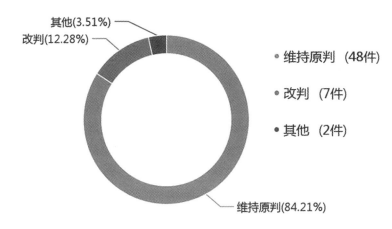

图 9-1　二审裁判结果情况

如图 9-2 所示，对再审裁判结果进行可视化分析可以看到，当前条件下其他为 4 件，占比为 80%；维持原判的有 1 件，占比为 20%。

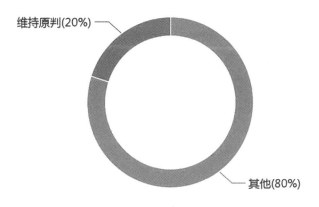

图 9-2　再审裁判结果情况

如图 9-3 所示，对主刑适用情况进行可视化可以看到，当前条件下包含有期徒刑的案件有 234 件，包含拘役的案件有 40 件，包含无期徒刑的案件有 3 件。

如图 9-4 所示，对附加刑适用情况进行可视化可以看到，当前条件下包含罚金的案件有 218 件，包含剥夺政治权利的案件有 6 件，包含没收财产的案件有 3 件。

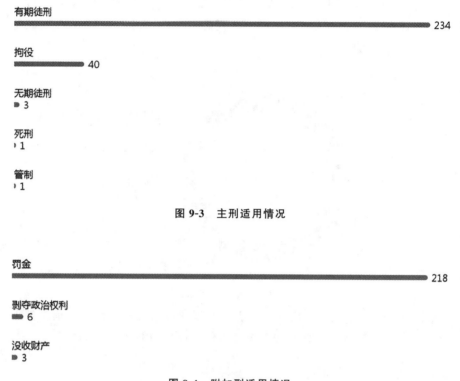

图 9-3 主刑适用情况

图 9-4 附加刑适用情况

四、类案裁判规则的解析确立

（一）教唆犯概述

教唆犯是指故意唆使并引起他人实施符合构成要件的违法行为的人。一般而言，教唆犯的成立需要满足以下三个成立条件。（1）教唆对象。一般认为，教唆行为的对象，必须是特定的（可以确定被教唆者的具体范围）；但特定并不意味着只能对一人教唆，对特定的二人以上实施教唆行为，也能成立教唆犯。（2）教唆行为。教唆罪成立，必须有唆使他人实行犯罪的教唆行为。教唆行为必须引起他人实施符合构成要件的违法行为的意思，进而使之实行犯罪。（3）教唆故意。唆使行为只要引起他人实施符合构成要件的违法行为，就是一种教唆行为。但是，成立违法且有责意义上的教唆犯，还必须有责任，因而必须有教唆故意（包括直接故意与间接故意）。

（二）教唆未成年人犯罪的情形界分

《刑法》第二十九条规定的"不满十八周岁的人"，以承担责任与否，分为承担刑事责任（十四周岁至十八周岁），不承担刑事责任（十四周岁以下）。承担刑事责任又可以分为完全承担刑事责任（十六周岁至十八周岁）和相对承担刑事责任（十四周岁至十六周岁）。不仅如此，《刑法》还作了年龄不满十八周岁的人犯罪应当给予从轻处罚的规定，也就是十四周岁至十八周岁的人如果犯了罪，应当从轻处罚，这些都体现了对未成年人的保护。由此进一步结合《刑法》第二十九条关于共同犯罪的规定确定能够成为共同犯罪中被教唆对象的年龄段。

首先，十六周岁至十八周岁的人，具有完全刑事责任能力，能够满足共同犯罪的要求成为被教唆人而与教唆者构成共同犯罪。法律出于保护未成年人的目的，给予教唆十六周岁至十八周岁的未成年人犯罪的教唆者从重处罚，适用《刑法》第二十九条的规定。

其次，十四周岁至十六周岁的人，具有相对刑事责任能力。《刑法》明确规定对于这个年龄段的人只能够承担八种犯罪的刑事责任，因而教唆者教唆该年龄段的人实施八种犯罪行为的时候他们能构成共同犯罪，可以适用《刑法》第二十九条的规定给予教唆者从重处罚。

从文意上面来讲，不满十八周岁当然包含有十四周岁及以下的人，但从刑法体系的规定具有一致性来看，此处不满十四周岁的人不能成为《刑法》第二十九条所规定的被教唆者，也就不能给予"教唆者"以共同犯罪中教唆犯身份，对其适用从重处罚的规定。作为不满十四周岁的完全不具有刑事责任能力的人，是不可能与"教唆者"构成共同犯罪的。显然对于实践当中的"教唆"不满十四周岁的人不能认定为共同犯罪，从而不能适用该条规定。

（三）教唆未成年人犯罪的量刑

《刑法》第二十九条规定："教唆他人犯罪的，应当按照他在共同犯罪中所起的作用处罚。教唆不满十八周岁的人犯罪的，应当从重处罚。如果被教唆的人没有犯被教唆的罪，对于教唆犯，可以从轻或者减轻处罚。"

教唆犯"在共同犯罪中所起的作用"是指教唆犯罪的人教唆的方法、手段、程度，对完成共同犯罪所起的作用，即在实行所教唆的犯罪中所起的作用。教唆犯教唆的方法、手段及程度不同，对完成所教唆的犯罪所起的作用不同，其行为的危害程度也不同，因此，规定教唆犯"应当按照他在共同犯罪中所起的作用处罚"。教唆犯在共同犯罪中起主要作用的，按主犯处罚；起次要作用的，按从犯处罚。

分析被教唆的人没有犯被教唆的罪的各种情形，不难发现从教唆行为开始实施到教唆犯的目的达到（既遂）之前会出现如下五种情形：（1）教唆行为已开始实施但教唆信息（或内容）还未传达到被教唆的人；（2）被教唆的人拒绝教唆犯的教唆；（3）被教唆的人接受教唆，但还未为犯罪做准备（未进入犯罪预备阶段）；（4）被教唆的人接受教唆，但后来改变犯意或者因误解教唆犯的意思实施了其他犯罪，并且所实施的罪不能包容被教唆的罪；（5）被教唆的人接受教唆，已开始为犯罪做准备或已着手实行犯罪。如前所述，最后这种情形，即被教唆人已开始实施为教唆犯所教唆的罪做准备的行为之后，就表明其已与教唆犯构成共同犯罪，即便是仅构成预备犯、未遂犯或中止犯，也仍然属于被教唆的人犯了被教唆的罪的情形。除此之外的前四种情形，则都属于被教唆的人没有犯被教唆的罪。

五、关联法律法规

《中华人民共和国刑法》（2023年修正）

第二十九条　教唆他人犯罪的，应当按照他在共同犯罪中所起的作用处罚。教唆不满十八周岁的人犯罪的，应当从重处罚。

如果被教唆的人没有犯被教唆的罪，对于教唆犯，可以从轻或者减轻处罚。

未成年人刑事犯罪法律适用

第 10 条

审理具有恋爱关系的未成年人之间的性侵案件，在对被告人量刑时，应当与成年人性侵幼女相区别

一、聚焦司法案件裁判观点

■ 争议焦点

年满十六周岁的未成年人与幼女在正常交往过程中自愿发生性关系案件，是否一律定为强奸罪？此类案件罪与非罪的界限如何把握？对此类案件的行为人在适用缓刑时应当考虑哪些因素？对被害人造成怀孕、流产等情况时如何进行裁判？

■ 裁判观点

1. 已满十四周岁不满十六周岁的人偶尔与幼女发生性行为，情节轻微、未造成严重后果的，不认为是犯罪。

2. 行为人犯罪情节较轻，有悔罪表现，没有再犯罪危险，宣告缓刑对所居住社区没有重大不良影响，依法可以对其宣告缓刑。

3. 犯罪行为人在犯罪时不满十八周岁，系未成年人，依法应当从轻或者减轻处罚。

二、司法案例样本对比

样本案例一
江西省××县人民检察院诉刘某某强奸案

- 法院

江西省××县人民法院

- **诉讼主体**

公诉机关：江西省××县人民检察院

被告人：刘某某

- **基本案情**

被告人刘某某与被害人赖某某（1997年5月10日出生）系江西省某中学初三年级同学，自2010年上半年认识后成为男女朋友。2011年2月至4月4日期间，刘某某在明知赖某某不满十四周岁的情况下，仍多次与其发生性关系，之后被赖某某的父母发现报案。

- **案件争点**

对刘某某的行为如何定性？

- **裁判要旨**

法院认为，刘某某明知赖某某不满十四周岁仍与其发生性关系，其行为已构成强奸罪，公诉机关指控的犯罪事实清楚，证据充分，指控的罪名成立。刘某某在犯罪时不满十八周岁，系未成年人，依法应当从轻或者减轻处罚；且刘某某在归案后如实供述罪行，认罪态度好，可以从轻处罚。刘某某犯罪情节较轻，有悔罪表现，没有再犯罪危险，宣告缓刑对所居住社区没有重大不良影响，依法可以对其宣告缓刑。

样本案例二

云南省××县人民检察院诉马某某强奸案

- **法院**

云南省××市中级人民法院

- **诉讼主体**

公诉机关：云南省××县人民检察院

被告人：马某某

• 基本案情

被告人马某某（2001年3月14日生）与被害人浦某某（2006年8月24日生）系男女朋友关系，马某某知道浦某某在某中学上初一年级，年龄在十三岁左右。2019年6月10日凌晨0时30分许，被告人马某某与浦某某发生性关系。次日16时30分许，被告人马某某再次与浦某某发生性关系。

• 案件争点

对被告人马某某的行为如何定性？

• 裁判要旨

一审法院认为，被告人马某某构成强奸罪。二审法院审理查明的事实与一审判决认定的事实一致。二审法院认为，上诉人马某某明知被害人是幼女而与之发生性关系，侵害了幼女的身心健康，其行为已构成强奸罪。一审法院根据查明的事实和马某某认罪态度等情节给予其刑事处罚符合法律规定。马某某上诉提出其实际年龄比身份证年龄小六个月；其与受害人系男女朋友间发生性关系，无主观恶意；一审对时间的认定有误，故请求二审法院撤销原判给其处罚的上诉意见，但没有提交相关证据证实，二审法院不予采纳。其辩护人提出的上诉人不知道被害人的真实年龄，且有自首情节，被害人自愿和上诉人发生性关系的辩护意见，与查明的事实不符，二审法院不予采纳。最终二审法院裁定驳回上诉，维持原判。

样本案例三

河北省××市××区人民检察院诉刘某某强奸案

• 法院

河北省××市中级人民法院

• 诉讼主体

公诉机关：河北省××市××区人民检察院
被告人：刘某某

• 基本案情

2016年11月下旬，被告人刘某某（2000年11月10日生）与被害人张某某（2003年5月1日生）通过网上聊天认识，随后两人见面并以男女朋友相称。自2016年11月底至12月中旬，被告人刘某某在明知被害人张某某未满十四周岁的情况下，多次将张某某带回自己家中过夜，两人先后共发生性关系六次。

• 案件争点

对被告人刘某某的行为如何定性？

• 裁判要旨

一审法院认为，被告人刘某某与不满十四周岁的幼女发生性关系，其行为已构成强奸罪。公诉机关指控事实清楚，证据确实、充分，罪名成立。被告人刘某某奸淫幼女，且二次以上，依法从重处罚。被告人刘某某犯罪时未满十八周岁，可依法从轻处罚。被告人刘某某自愿认罪，可酌情从轻处罚。

二审法院查明的事实与一审一致，二审法院认为，被告人刘某某多次与不满十四周岁的幼女发生性关系，其行为已构成强奸罪。原判认定事实清楚，证据确实、充分，适用法律正确，量刑适当，审判程序合法，附带民事部分处理并无不当，裁定驳回上诉，维持原判。

三、司法案例类案甄别

（一）事实对比

样本案例一刘某某强奸案，被告人刘某某与被害人赖某某系初三年级同学，自2010年上半年认识后成为男女朋友。2011年2月至4月4日期间，刘某某在明知赖某某不满十四周岁的情况下，仍多次与其发生性关系，之后被赖某某的父母发现报案。

样本案例二马某某强奸案，被告人马某某与被害人浦某某系男女朋友关系，马某某知道浦某某在某中学上初一年级，年龄在十三岁左右。2019年6月10日凌晨0时30分许，被告人马某某与浦某某发生性关系。次日16时30分许，被告人马某某再次与浦某某发生性关系。

样本案例三刘某某强奸案，2016年11月下旬，被告人刘某某与被害人张某某通过网上聊天认识，随后两人见面并以男女朋友相称。自2016年11月底至12月中旬，被告人刘某某在明知被害人张某某未满十四周岁的情况下，多次将张某某带回自己家中过夜，两人先后共发生性关系六次。

从认定事实情况看，在样本案例一、二、三中，法院查明事实均围绕被害人是否为未成年人、被害人是否在十四周岁以内、行为人是否为未成年人及行为人与被害人之间是否有恋爱关系展开。从被害人的年龄看，样本案例一被害人赖某某系不满十四周岁的未成年人，样本案例二被害人浦某某年龄在十三岁左右，样本三被害人张某某未满十四周岁；从被告人的年龄看，样本案例一的被告人刘某某在犯罪时不满十八周岁，样本案例二的被告人马某某在犯罪时已满十八周岁，样本案例三的被告人刘某某在犯罪时未满十八周岁；从被告人与被害人的关系看，三个样本案件均有恋爱关系。从法律事实看，三个样本案例均有相似的事实。

（二）适用法律对比

样本案例一刘某某强奸案，一审法院认为，刘某某明知赖某某不满十四周岁仍与其发生性关系，其行为已构成强奸罪，公诉机关指控的犯罪事实清楚，证据确实、充分，指控的罪名成立。刘某某在犯罪时不满十八周岁，系未成年人，依法应当从轻或者减轻处罚。且刘某某在归案后如实供述罪行，认罪态度好，可以从轻处罚。刘某某犯罪情节较轻，有悔罪表现，没有再犯罪危险，宣告缓刑对所居住社区没有重大不良影响，依法可以对其宣告缓刑。

样本案例二马某某强奸案，二审法院认为，上诉人马某某明知被害人是幼女而与之发生性关系，侵害了幼女的身心健康，其行为已构成强奸罪。一审法院根据查明的事实和马某某认罪态度等情节给予其刑事处罚符合法律规定。一审判决认定事实清楚，证据确实、充分，适用法律正确，上诉人的上诉理由没有法律和事实依据。据此，二审法院驳回上诉，维持原判。

样本案例三刘某某强奸案，二审法院认为，上诉人刘某某多次与不满十四周岁的幼女发生性关系，其行为已构成强奸罪。原判认定事实清楚，证据确实、充分，适用法律正确，量刑适当，审判程序合法，附带民事部分处理并无不当。上诉人刘某某的上诉理由不能成立。据此，二审法院驳回上诉，维持原判。

从法律适用角度看，样本案例一法院适用《刑法》第二百三十六条第一款、第二款，第十七条第三款，第六十七条第三款，第七十二条第一款，第七十三条第二款、第三款之规定；样本案例二法院适用《中华人民共和国刑事诉讼法》第二百三十六条第一款第一项法律规定；样本案例三法院适用《中华人民共和国刑事诉讼法》第二百二十五条第一款第一项、第二百三十三条的规定,三个样本案例适用法律规定基本一致。

(三)适用法律程序对比

从适用法律程序情况看,按照《最高人民法院关于人民法院案件案号的若干规定》要求,样本案例一为一审案件,样本案例二、三均为二审刑事案件。从程序类别看,三个样本案例均适用刑事诉讼程序;从程序层级看,样本案例一为一审诉讼程序,样本案例二、三均适用二审诉讼程序。样本案例二、三裁判在适用法律程序上高度一致。

(四)类案大数据报告

时间截至2022年11月16日,案例来源为Alpha案例库,案件数量为1 396件,数据采集时间为2022年11月16日,本次检索共获取关于认定有恋爱关系的未成年人犯罪的裁判文书1 396篇。

从案件程序分类统计可以看到未成年人犯罪当前的审理程序分布状况,其中一审案件有1 120件,二审案件有248件,再审案件有13件,其他案件有5件,死刑复核案件有3件,并能够推算出一审上诉率约为22.14%。

如图10-1所示,对二审裁判结果进行可视化分析可以看到,当前条件下维持原判的有184件,占比为74.19%;改判的有51件,占比为20.56%;其他为13件,占比为5.24%。

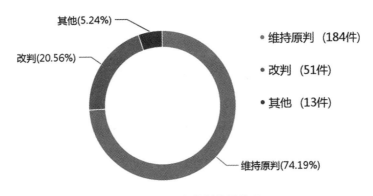

图10-1 二审裁判结果情况

如图10-2所示,对再审裁判结果进行可视化分析可以看到,当前条件下改判的有7件,占比为53.85%;其他为3件,占比为23.08%;维持原判的有2件,占比为15.38%。

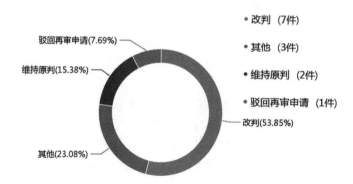

图 10-2　再审裁判结果情况

如图 10-3 所示，对主刑适用情况进行可视化可以看到，当前条件下包含有期徒刑的案件有 928 件，包含拘役的案件有 48 件，包含死刑的案件有 46 件。

图 10-3　主刑适用情况

如图 10-4 所示，对附加刑适用情况进行可视化可以看到，当前条件下包含罚金的案件有 459 件，包含剥夺政治权利的案件有 126 件，包含没收财产的案件有 57 件。

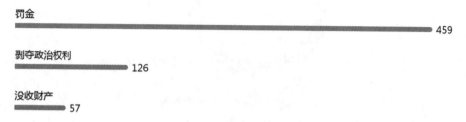

图 10-4　附加刑适用情况

四、类案裁判规则的解析确立

(一)对未成年人与幼女正常交往过程中自愿发生性关系的,在确定罪与非罪的界限时应当把握的原则和要素

《中华人民共和国未成年人保护法》第三条第一款规定:"国家保障未成年人的生存权、发展权、受保护权、参与权等权利。"从《刑法》第二百三十六条关于性犯罪的规定分析,对儿童的特殊、优先保护体现在,构成强奸罪,一般要求以暴力、胁迫或者其他手段对妇女进行奸淫,而奸淫不满十四周岁的幼女的,不论是否采取强制手段,即不论幼女是否自愿,均以强奸论,并从重处罚。由此可见,在我国,十四周岁是法律认可的幼女可以作出同意发生性行为决定的法定年龄界限。行为人与不满十四周岁的幼女发生性关系,即使幼女同意,也应当认定其同意无效,行为人的行为仍然构成强奸罪。由此带来的一个问题是,作为被害人的幼女与可能成为刑事被告人的未成年人,身心发育均未成熟,认知能力均不高,均属于法律应予特殊保护的对象。对于已满十四周岁的未成年人与幼女自愿发生性关系,是否均应按照《刑法》第二百三十六条第二款的规定以强奸罪论处,的确有深入探讨的必要。

《最高人民法院1955年以来奸淫幼女案件检查总结》中曾明确指出:"对奸淫幼女的未成年犯,应从轻或减轻处理,情节轻微的可以免予刑事处分;对年幼无知的男童,不应追究刑事责任,但应责令他的家长或者监护人加以管教。"该份文件在总结部分地区法院办理此类案件的经验时进一步指出:"至于个别幼女虽未满十四周岁,但身心发育早熟,确系自愿与人发生性行为的,法院对被告人酌情从轻或减轻处理,如果男方年龄也很轻,双方确系在恋爱中自愿发生性行为的,则不追究刑事责任。上述经验我们认为是适当的,各地法院可以根据具体情况参酌运用。"

2006年《最高人民法院关于审理未成年人刑事案件具体应用法律若干问题的解释》第六条明确规定:"已满十四周岁不满十六周岁的人偶尔与幼女发生性行为,情节轻微、未造成严重后果的,不认为是犯罪。"2013年《最高人民法院、最高人民检察院、公安部、司法部关于依法惩治性侵害未成年人犯罪的意见》(以下简称《性侵意见》)第二十七条再次重申了上述原则。由此可见,司法机关在处理青少年之间自愿发生性关系问题上,一直坚持适度介入、慎重干预的刑事政策。

在适用《性侵意见》第二十七条的相关规定,对未成年人与幼女在正常交往过程中自愿发生性关系,在确定罪与非罪的界限时,应当注意把握以下三点。

其一,行为人一般应当处于已满十四周岁不满十六周岁的年龄阶段。之所以限定行为人为已满十四周岁不满十六周岁,而不是已满十六周岁不满十八周岁,主要是基于特别保护不满十四周岁幼女身心健康的立场,对与之自愿发生性关系不以犯罪论处的范围应当严格把握,不能放得过宽。而已满十四周岁不满十六周岁系《刑法》确定的相对负刑事责任年龄界限,故对不以犯罪论处的主体范围掌握在此年龄段较为妥当。当然,考虑司法实际情况的复杂性,并非已满十六周岁的未成年人与幼女发生性关系的,就一律以强奸罪论处。如行为人不满十六周岁时与已满十三周岁不满十四周岁的幼女在恋爱交往中自愿发生性关系,至行为人刚满十六周岁时,二人仍然保持两性关系,后因幼女父母报案而案发。如果综合全案考察,我们认为,不宜机械地以十六周岁为界限,对十六周岁前的行为不以犯罪论处,而对刚满十六周岁以后实施的行为即以强奸罪论处。但对于已满十六周岁的未成年人实施类似行为的案件认定不构成强奸罪时,相对于不满十六周岁的未成年人,在把握上应当更为严格。

其二,行为人应当是与年龄相当的幼女在正常交往、恋爱过程中基于幼女自愿而与之发生性关系。对于行为人使用暴力、胁迫或者诱骗等手段奸淫幼女的,即使其不满十六周岁,对其也不宜排除在刑事处罚范围之外。对于不满十六周岁的未成年人与幼女之间的年龄究竟相差几岁才能认定为双方年龄相当,各国规定不一。有的国家明确规定为三周岁,而有的国家则规定为四周岁或者五周岁。我国相关司法文件对此没有明确规定,主要由司法机关根据具体案件情况把握。鉴于在我国对此种不以强奸罪论处的男方年龄限定为已满十四周岁不满十六周岁,而幼女的年龄界限是十四周岁,十周岁以下在民法上属于无行为能力人,加上《性侵意见》强调了对十二周岁以下幼女更要特殊保护的精神,笔者认为,此处适当的年龄差距限定在四周岁左右较为合理。举例而言,已满十四周岁的男方与不满十周岁的幼女发生性关系,或者已满十五周岁不满十六周岁的男方与不满十二周岁且双方年龄差距在四周岁以上的幼女发生性关系,即使男方辩称系与幼女正常恋爱交往,一般也不宜适用《性侵意见》第二十七条的规定,对男方不以犯罪论处。值得强调的是,《性侵意见》规定对不满十二周岁的幼女实施性侵害的,应当一律认定行为人明知被害人系幼女,主要是为了解决主观明知的认定问题,并不是指所有行为人与不满十二周岁的幼女发生性关系,都应当以强奸罪论处。对已满十四周岁不满十六周岁的行为人与不满十二周岁的幼女在正常交往过程中自愿发生性关系,如果双方年龄差距不大,行为情节轻微的,也可以不以强奸论处。这一认定原则体现了对未成年人实行双向保护的政策精神。

其三,综合考察未成年人与幼女发生性关系"情节轻微、未造成严重后果"的认定问题。《性侵意见》的相关表述虽是"偶尔"发生性关系,但主要是为了与此前司法解释的规定保持一致,实践中并不能简单以次数论。也就是说,发生性关系的次数是判断行为情节是否轻微的其中一项因素,但并非决定性因素,决定性因素是行为人是否与年龄相当的幼女在正常交往、恋爱过程中是否基于幼女自愿而与之发生性关系,如果是,一般可以认定为情节轻微。

值得注意的是,对于不满十六周岁的行为人在与幼女正常交往恋爱过程中基于幼女自愿与其发生性关系致幼女怀孕引产、流产,单就后果来看,不能说不严重,但是否一律认为行为人的行为不属于"情节轻微、不以犯罪论处",不宜一概而论。类似案件,如果双方确实存在正常恋爱交往关系,年龄差距也不大,如差距小于一周岁或者二周岁,司法机关在判断对行为人是否以强奸罪论处时,要特别慎重。对于双方成年亲属自行协商,被害人及其法定代理人不要求追究行为人刑事责任的,司法机关没有必要主动干预,启动司法程序。样本案例一中,被告人刘某某与被害人赖某某均系初中同学,二人早恋,刘某某已满十六周岁,明知赖某某不满十四周岁,仍多次与其发生了性关系,后因赖某某父母发现报案而案发。相较于强行奸淫幼女,刘某某所实施的行为虽不属十分严重,但从对幼女特殊保护的更高原则立场考虑,其已不属《最高人民法院关于审理未成年人刑事案件具体应用法律若干问题的解释》和《性侵意见》中对未成年行为人可不以强奸犯罪论处的情形。法院依法认定刘某某构成强奸罪,对刑事政策的把握是准确的。

(二)对奸淫幼女案件适用缓刑应当考虑哪些因素

强奸、猥亵未成年人犯罪社会危害性大,《性侵意见》第二条明确规定:"对于性侵害未成年人犯罪,应当依法从严惩治。"该条明确了办理此类案件应当坚持的总体政策基调。为了体现对强奸未成年人犯罪的依法严惩,并有效预防犯罪,《性侵意见》第二十八条进一步规定:"对于强奸未成年人的成年犯罪分子判处刑罚时,一般不适用缓刑。"因此,对于奸淫幼女案件是否适用缓刑,应当把握如下两点。

其一,成年犯罪分子强奸幼女,包括强行与幼女发生性关系和基于幼女自愿与幼女发生性关系,一般情况下不适用缓刑,特殊情形例外。如存在主动中止强奸行为,地位、作用明显较小的从犯等具有法定从轻、减轻处罚情节,判处拘役、三年以下有期徒刑,同时符合《刑法》规定的"犯罪情节较轻;有悔罪表现;没有再犯的危险;宣告缓刑对所居住的社区没有重大不良影响"等缓刑适用条件的，在总体从严把握的前提下，对被告人也可以适用缓刑，以体现罪责刑相适应。

其二，关于未成年犯罪分子奸淫幼女案件是否适用缓刑，《最高人民法院关于审理未成年人刑事案件具体应用法律若干问题的解释》《关于贯彻宽严相济刑事政策的若干意见》等一系列文件均规定了对未成年犯罪要坚持"教育为主，惩罚为辅"的原则和"教育、感化、挽救"的方针。而奸淫幼女、猥亵儿童等性侵害儿童犯罪，属于《刑法》规定的法定从重处罚情形，甚至有的还需要加重处罚。因此，这里就存在从宽与从严情节并存在如何把握量刑尺度的问题。对未成年人奸淫幼女案件，鉴于未成年人身心发育不成熟、易冲动、好奇心强、易受外界不良影响，同时也相对易教育、改造等特点，从严的幅度要明显有别于成年被告人，能够从宽处罚的要依法从宽。因此，奸淫幼女情节较轻，符合缓刑适用条件的，可以依法适用缓刑。

在判断是否属于情节较轻时，要综合考虑是否使用暴力、胁迫等强制手段或者利诱、欺骗等不正当手段，对幼女身心健康是否造成严重伤害，案发后是否取得被害人及其亲属真诚谅解等因素。对于未成年人与年龄相当的幼女在正常交往恋爱过程中，因懵懂无知，一时冲动，自愿发生性关系，没有对幼女身心造成严重伤害的，如果构成强奸罪，确属情节较轻，有悔罪表现，没有再犯罪危险，宣告缓刑对所居住社区没有重大不良影响的，一般可以宣告缓刑。样本案例一中，被告人刘某某与被害人赖某某系同学，二人自2010年上半年即成为男女朋友，2011年2月至4月间多次自愿发生性关系，刘某某时年刚满十六周岁（2个月），赖某某已满十三周岁（差3个月满十四周岁），二人均属懵懂少年。刘某某所犯强奸罪情节较轻，且认罪态度好，有悔罪表现，没有再犯罪危险，宣告缓刑对所居住社区没有重大不良影响，故法院依法认定其构成强奸罪，同时宣告缓刑，较好把握了对未成年被告人和未成年被害人进行双向保护的刑事政策。

五、关联法律法规

（一）《中华人民共和国刑法》（2023年修正）

第二百三十六条　以暴力、胁迫或者其他手段强奸妇女的，处三年以上十年以下有期徒刑。

奸淫不满十四周岁的幼女的，以强奸论，从重处罚。

强奸妇女、奸淫幼女,有下列情形之一的,处十年以上有期徒刑、无期徒刑或者死刑:(一)强奸妇女、奸淫幼女情节恶劣的;(二)强奸妇女、奸淫幼女多人的;(三)在公共场所当众强奸妇女的;(四)二人以上轮奸的;(五)致使被害人重伤、死亡或者造成其他严重后果的。

(二)《最高人民法院1955年以来奸淫幼女案件检查总结》(1957年4月30日最高人民法院审判委员会第26次会议通过)

对奸淫幼女的未成年犯,应从轻或减轻处理,情节轻微的可以免予刑事处分;对年幼无知的男童,不应追究刑事责任,但应责令他的家长或者监护人加以管教。

……至于个别幼女虽未满十四周岁,但身心发育早熟,确系自愿与人发生性行为的,法院对被告人酌情从轻或减轻处理,如果男方年龄也很轻,双方确系在恋爱中自愿发生性行为的,则不追究刑事责任。上述经验我们认为是适当的,各地法院可以根据具体情况参酌运用。

(三)《最高人民法院关于审理未成年人刑事案件具体应用法律若干问题的解释》(2006年1月23日施行,法释〔2006〕1号)

第六条 已满十四周岁不满十六周岁的人偶尔与幼女发生性行为,情节轻微、未造成严重后果的,不认为是犯罪。

未成年人刑事犯罪法律适用
第 11 条

行为人使用暴力、胁迫或者其他手段强奸、猥亵幼女的，应当从重处罚

未成年犯罪类案甄别与裁判规则确立

一、聚焦司法案件裁判观点

■ 争议焦点

针对未成年人实施强奸、猥亵犯罪的，应当从重处罚。暴力、胁迫或者其他手段决定着行为的性质，也决定着法院对行为人的量刑。如何判断被害人是在被强制的情形下遭受侵害？行为人是否具备加重处罚的情节？如何进行裁判，才会更好地保护好未成年人？

■ 裁判观点

1. 对未成年人负有特殊照护职责的人员，使用暴力、胁迫或者其他手段强奸、猥亵幼女的，应当从重处罚。
2. 被告人未对被害人赔礼道歉、未能取得谅解，对被告人不适用缓刑。
3. 从行为人的年龄、职业及其他身份情况综合考察行为人与被害人之间是否具有恋爱关系。

二、司法案例样本对比

样本案例一

贵州省××市××区人民检察院诉万某1强奸案

• 法院

贵州省××市××区人民法院

• 诉讼主体

公诉机关：贵州省××市××区人民检察院

被告人：万某1

• **基本案情**

被告人万某1与蒲某某同居后生下一女万某2（生于2000年9月12日），蒲某某于2015年已经改嫁。万某2出生一周岁后一直与爷爷、奶奶共同生活，被告人万某1完全未尽到父亲的责任。被害人万某2与某村村民袁某某谈恋爱后，于2016年10月住进了袁某某家并与袁某某同居。2017年8月22日，被告人万某1来到袁某某家帮其干活。2017年8月23日中午12时许，被告人万某1趁袁某某家中无人之机，破坏了袁某某的卧室门扣。2017年8月25日凌晨，被告人万某1趁袁某某外出务工之机，悄悄推门进入袁某某的卧室，将睡在床上的万某2双手捆绑，并不顾万某2的反抗而将其强奸。

• **案件争点**

被告人万某1的行为如何定性及量刑？

• **裁判要旨**

法院认为，被告人万某1违背妇女意志，强行与他人发生性关系，其行为触犯了《刑法》第二百三十六条关于"以暴力、胁迫或者其他手段强奸妇女的，处三年以上十年以下有期徒刑"之规定，已构成强奸罪。公诉机关指控被告人万某1犯罪的事实和罪名成立，法院予以确认。被害人万某2系未成年人，根据最高人民法院、最高人民检察院、公安部、司法部《关于依法惩治性侵害未成年人犯罪的意见》[①]第二条"对于性侵害未成年人犯罪，应当依法从严惩治"的规定，应对被告人万某1从重处罚。被告人万某1系被害人万某2的亲生父亲，对其实施强奸，根据最高人民法院、最高人民检察院、公安部、司法部《关于依法惩治性侵害未成年人犯罪的意见》第二十五条第一、二项"针对未成年人实施强奸、猥亵犯罪的，应当从重处罚，具有下列情形之一的，更要依法从严惩处：（1）对未成年人负有特殊职责的人员、与未成年人有共同家庭生活关系的人员、国家工作人员或者冒充国家工作人员，实施强奸、猥亵犯罪的；（2）进入未成年人住所、学生集体宿舍实施强奸、猥亵犯罪的"之规定，应对被告人万某1从严惩处。被告人万某1到案后能如实供述自己的罪行，系坦白，且认罪认罚，根据《中华人民共和国刑法》

[①] 已被2023年最高人民法院、最高人民检察院、公安部、司法部《关于办理性侵害未成年人刑事案件的意见》废止，本书下同。

第六十七条第三款之规定,可以从轻处罚。为依法惩治性侵未成年人犯罪,保护未成年人合法权益,结合被告人万某1的犯罪事实、情节、认罪态度及社会危害性等,依照《中华人民共和国刑法》第二百三十六条第一款、第六十七条第三款之规定以及《关于依法惩治性侵害未成年人犯罪的意见》第二条,第二十五条第一、二项之规定,判决被告人万某1犯强奸罪,判处有期徒刑六年。

样本案例二
福建省××县人民检察院诉刘某某强奸案

- **法院**

福建省××县人民法院

- **诉讼主体**

公诉机关:福建省××县人民检察院

被告人:刘某某

- **基本案情**

2016年8月7日晚上11时许,被告人刘某某约何某某(2002年2月17日出生)一起喝酒,至次日凌晨,被告人刘某某酒后强行将何某某带至某旅馆房间,强行与何某某发生两次性关系。何某某在被刘某某强奸过程中,有咬刘某某的舌头。何某某被强奸后及时报警,刘某某在何某某带人来敲房门时,使用床单从三楼窗户脱逃。2016年8月10日,被告人刘某某到××县公安局刑侦大队投案。经××县公安局物证鉴定室鉴定:刘某某舌体左侧前1/3处见0.3cm×0.3cm黏膜破损,损伤程度未构成轻微伤。

- **案件争点**

被告人刘某某的行为如何定性及量刑?

- **裁判要旨**

法院认为,被告人刘某某违背妇女意志,使用暴力手段强行与妇女发生性关系,其行为已构成强奸罪。公诉机关指控的罪名成立。被告人刘某某系强奸未成年人,应当从重处罚。案发后,被告人刘某某能够主动投案,并如实供述自己的罪行,是自首,可以从轻处罚。关于辩护人提出本案不属于强奸未成年人从重处罚的七种情形之一且犯罪情节较轻的意见,经查,被害人何某某系未成年人,年龄尚小,性防卫能力较弱,以致被告人易于犯罪得逞。根据最高人民法院、最高人民检察院、公安部、司法部《关于依法惩治性侵害未成年人犯罪的意见》第二条规定:"对于性侵害未成年人犯罪,应当依法从严惩治。"根据该《意见》第二十五条规定,针对未成年人实施强奸、猥亵犯罪的,应当从重处罚,具有对未成年人负有特殊职责的人员、进入未成年人住所等七种情形之一的,更要依法从严惩处。因此,辩护人的该辩护意见,缺乏事实和法律依据,法院不予采纳。被告人的辩护人提出对被告人适用缓刑的意见,与被告人的犯罪性质、情节不相适应,且被告人未对被害人赔礼道歉,未能取得谅解,该辩护意见,法院不予采纳。公诉机关提出对刘某某的量刑意见,鉴于被告人当庭认罪,符合自首法定从轻情节,量刑上法院予以适当调整。据此,法院依照《中华人民共和国刑法》第二百三十六条第一款和第六十七条第一款之规定,判决被告人刘某某犯强奸罪,判处有期徒刑四年六个月。

样本案例三

上海市××区人民检察院诉朱某某强奸、强制猥亵案

- **法院**

上海市××区人民法院

- **诉讼主体**

公诉机关:上海市××区人民检察院
被告人:朱某某

- **基本案情**

2015年2月9日、2月22日下午,被告人朱某某先后两次擅自进入被害人茅某某(女,1998年12月4日生)卧室内,对其实施猥亵。2015年2月26日下午2时许,被告人朱某某再次擅自进入被害人茅某某卧室内,强行与其发生性关系。

- **案件争点**

被告人朱某某的行为是否构成强奸罪和强制猥亵罪?

- **裁判要旨**

法院认为,被告人朱某某以平时和被害人有电话、短信交流为由,辩称两人系恋爱关系,而被害人茅某某对此明确否认,同时,从公安调取朱某某的手机通讯记录显示,朱某某主动发短信给被害人居多,无通话记录,而被害人茅某某仅几次回复,均未涉及恋爱内容,显然是朱某某一厢情愿,这与被告人自己的供述不吻合;从相关户籍资料等证明,被害人年龄仅十六周岁,系在校读高中的未成年人,而被告人四十周岁且无业,无论从年龄的差距还是身份差异看,所谓的恋爱关系都不符合常理。综上,被告人提出两人系恋爱关系的辩解,理由不成立,法院不予采纳。

被告人及辩护人提出没有实施暴力或胁迫手段,被害人系自愿的,没有违背被害人的意志。被害人的陈述、证人的证言、相关物证和书证及鉴定结论等证据能相互印证,形成一条完整的证据链,证实被害人每次都有反抗、呼救,第三次还有两腿夹紧行为不让被告人侵害,被告人对此也作过供认。作为十六岁的未成年被害人与四十岁的成年被告人在体力上根本无法抗衡,另考虑未成年被害人身心发育尚未成熟,处于孤立无援的境地时,被迫就范发生性关系,完全符合情理;从被害人两次被猥亵后,虽未及时告知家人,但其割腕行为充分说明被害人遭受侵害后内心的痛苦,而第三次后被害人因害怕会被无休止侵犯,选择及时主动告知家人报案,完全符合未成年人的心理变化过程。另从司法DNA鉴定结论证实被害人阴道内和内裤上均有被告人的精子,虽然被告人当庭予以否认,但这是科学权威性的鉴定结论,被告人和辩护人无证据予以推翻。综上,被告人朱某某的行为已违背被害人的意志,符合强奸罪、强制猥亵罪的主、客观法定条件,故被告人朱某某和辩护人的意见,与事实和法律相悖,法院不予采纳。为维护社会秩序,保护妇女和未成年人的人身合法权益不受侵犯,法院依照《中华人民共和国刑法》第二百三十六条第一款、第二百三十七条第一款、第六十九条、第五十五条、第五十六条之规定,判决被告人朱某某犯强奸罪,判处有期徒刑五年六个月,剥夺政治权利一年,犯强制猥亵罪,判处有期徒刑二年六个月。决定执行有期徒刑七年,剥夺政治权利一年。

三、司法案例类案甄别

（一）事实对比

样本案例一万某1强奸案，被告人万某1与蒲某某同居后生下一女万某2，蒲某某于2015年已经改嫁。万某2出生一周岁后一直与爷爷、奶奶共同生活，被告人万某1完全未尽到父亲的责任。被害人万某2与某村村民袁某某谈恋爱后，于2016年10月住进了袁某某家并与袁某某同居。2017年8月22日，被告人万某1来到袁某某家帮其干活。2017年8月23日中午12时许，被告人万某1趁袁某某家中无人之机，破坏了袁某某的卧室门扣。2017年8月25日凌晨，被告人万某1趁袁某某外出务工之机，悄悄推门进入袁某某的卧室，将万某2双手捆绑，并不顾万某2反抗而将其强奸。

样本案例二刘某某强奸案，2016年8月7日晚上11时许，被告人刘某某约何某某一起喝酒，至次日凌晨，被告人刘某某酒后强行将何某某带至某旅馆，强行与何某某发生两次性关系。何某某在被刘某某强奸过程中，有咬刘某某的舌头。何某某被强奸后及时报警，刘某某在何某某带人来敲门时，使用床单从三楼窗户脱逃。2016年8月10日，被告人刘某某到××县公安局刑侦大队投案。经××县公安局物证鉴定室鉴定：刘某某舌体左侧前1/3处见0.3cm×0.3cm黏膜破损，损伤程度未构成轻微伤。

样本案例三朱某某强奸、强制猥亵案，2015年2月9日、2月22日下午，被告人朱某某先后两次擅自进入被害人茅某某卧室内，对其实施猥亵。2015年2月26日下午2时许，被告人朱某某再次擅自进入被害人茅某某卧室内，强行与其发生性关系。

从认定事实情况看，在样本案例一、二、三中，法院查明事实均围绕行为人是否使用暴力、胁迫及其他手段强行与被害人发生性关系及被害人是否为未成年人展开。从行为人采取的手段看，样本案例一行为人将睡在床上的被害人双手捆绑，并不顾其反抗而将其强奸；样本案例二行为人酒后强行将被害人何某某带至某地与被害人发生性关系；样本案例三行为人擅自进入被害人茅某某卧室内，对其实施猥亵并在猥亵行为终止后又在另一时间与其发生性关系。三名被告人均采取了强制手段。从被害人情况看，样本案例一被害人万某2是行为人万某1的亲生女儿且系未成年人；样本案例二被害人何某某系未成年人；样本案例三被害人茅某某是未成年人。三位被害人均遭受暴力、胁迫或其他手段的强制。从法律事实看,三个样本案例均有相似的事实。

(二) 适用法律对比

样本案例一法院适用《刑法》第六十七条第三款、第二百三十六条第一款之规定以及《关于依法惩治性侵害未成年人犯罪的意见》第二条,第二十五条第一、二项之规定;样本案例二法院适用《刑法》第六十七条第一款、第二百三十六条第一款之规定;样本案例三法院适用《刑法》第五十五条、第五十六条、第六十九条、第二百三十六条第一款、第二百三十七条第一款之规定,三个样本适用《刑法》第二百三十六条第一款时高度一致。

(三) 适用法律程序对比

从适用法律程序情况看,按照《最高人民法院关于人民法院案件案号的若干规定》要求,样本案例一、二、三均为一审刑事案件。从程序类别看,三个样本均适用刑事诉讼程序;从程序层级看,三个样本均适用一审诉讼程序。三个样本案例在适用法律程序上高度一致。

(四) 类案大数据报告

时间截至 2022 年 11 月 16 日,案例来源为 Alpha 案例库,案件数量为 738 件,数据采集时间为 2022 年 11 月 16 日,本次检索共获取关于认定强奸幼女的裁判文书 738 篇。

从案件程序分类统计可以看到未成年人犯罪当前的审理程序分布状况,其中一审案件有 423 件,二审案件有 107 件,再审案件有 13 件,执行案件有 183 件,并能够推算出一审上诉率约为 25.3%。

如图 11-1 所示,对二审裁判结果进行可视化分析可以看到,当前条件下维持原判的有 86 件,占比为 80.37%;改判的有 14 件,占比为 13.08%;其他为 5 件,占比为 4.67%。

如图 11-2 所示,对再审裁判结果进行可视化分析可以看到,当前条件下其他为 8 件,占比为 61.54%;改判的有 4 件,占比为 30.77%;驳回再审申请的有 1 件,占比为 7.69%。

如图 11-3 所示,对主刑适用情况进行可视化可以看到,当前条件下包含有期徒刑的案件有 376 件,包含拘役的案件有 20 件,包含死刑的案件有 9 件。

如图 11-4 所示,对附加刑适用情况进行可视化可以看到,当前条件下件包含罚金的案件有 92 件,包含剥夺政治权利的案件有 50 件,包含没收财产的案件有 1 件。

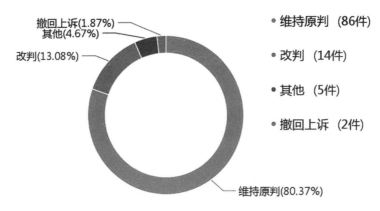

图 11-1 二审裁判结果情况

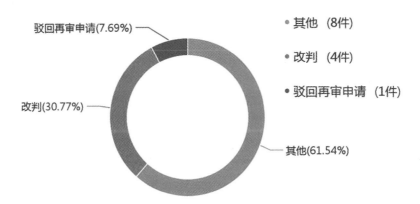

图 11-2 再审裁判结果情况

有期徒刑 376
拘役 20
死刑 9
无期徒刑 7

图 11-3 主刑适用情况

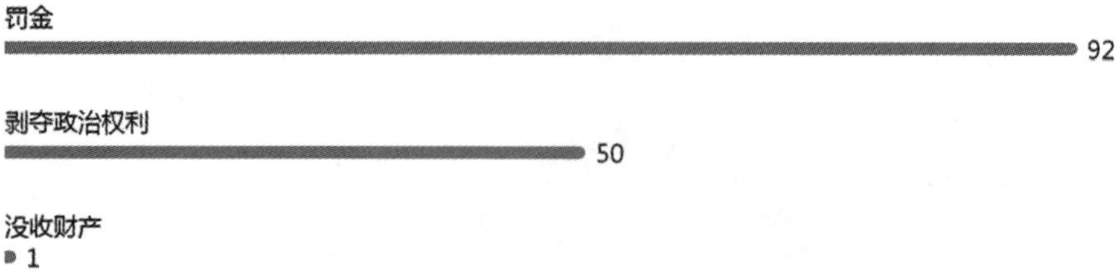

```
罚金                                                              92
剥夺政治权利                                      50
没收财产
  1
```

图 11-4　附加刑适用情况

四、类案裁判规则的解析确立

（一）关于强奸罪

根据《刑法》第二百三十六条的规定，强奸罪是指违背妇女意志，使用暴力、胁迫或者其他手段，强行与妇女发生性关系的行为，或者故意与不满十四周岁的幼女发生性关系的行为。

本罪侵犯的客体是妇女性的不可侵犯的权利（又称贞操权），即妇女按照自己的意志决定正当性行为的权利。犯罪对象是女性。

本罪的主体是特殊主体，即年满十四周岁具有刑事责任能力的男子，但在共同犯罪情况下，妇女教唆或者帮助男子强奸其他妇女的，以强奸罪的共犯论处。

本罪在主观方面表现为故意，并且具有奸淫的目的。奸淫的目的是指犯罪分子意图与被害妇女发生性关系的行为。如果犯罪分子不具有奸淫目的，而是以性交以外的行为满足性欲的，则不能构成强奸妇女罪，如抠摸、搂抱的猥亵行为，构成犯罪的，则以强制猥亵罪论处。

（二）针对未成年人实施强奸、猥亵犯罪应当从重处罚

最高人民法院、最高人民检察院、公安部、司法部《关于依法惩治性侵害未成年人犯罪的意见》第二十五条规定：

"针对未成年人实施强奸、猥亵犯罪的，应当从重处罚，具有下列情形之一的，更要依法从严惩处：

（1）对未成年人负有特殊职责的人员、与未成年人有共同家庭生活关系的人员、国家工作人员或者冒充国家工作人员，实施强奸、猥亵犯罪的；

（2）进入未成年人住所、学生集体宿舍实施强奸、猥亵犯罪的；

（3）采取暴力、胁迫、麻醉等强制手段实施奸淫幼女、猥亵儿童犯罪的；

（4）对不满十二周岁的儿童、农村留守儿童、严重残疾或者精神智力发育迟滞的未成年人，实施强奸、猥亵犯罪的；

（5）猥亵多名未成年人，或者多次实施强奸、猥亵犯罪的；

（6）造成未成年被害人轻伤、怀孕、感染性病等后果的；

（7）有强奸、猥亵犯罪前科劣迹的。"

（三）关于强奸幼女的既遂标准

1957年《最高人民法院1955年以来奸淫幼女案件检查总结》中指出："京、津两市法院在审判实践中区别奸淫幼女与猥亵幼女，是将犯罪者主观上的犯罪意思和客观上的犯罪行为结合起来考察的。犯罪者意图同幼女性交，并且对幼女实施了性交行为，就是已遂的奸淫幼女罪。如果犯罪者意图用生殖器对幼女的外阴部进行接触，并且有了实际接触的，也按已遂的奸淫幼女论罪，但认为比实施了性交行为情节较轻。至于犯罪者意图猥亵，而对幼女实施性交行为以外的满足性欲的行为（如抠、摸、舔幼女阴部，令幼女摸、含、舔自己的生殖器等），则按猥亵幼女论罪。我们认为上述区别是适当的，可供论定罪名时参考；但在研究量刑轻重时，必须根据案件的具体情节和实际危害程度，实事求是地加以解决。"

五、关联法律法规

《中华人民共和国刑法》（2023年修正）

第二百三十六条　以暴力、胁迫或者其他手段强奸妇女的，处三年以上十年以下有期徒刑。

奸淫不满十四周岁的幼女的，以强奸论，从重处罚。

强奸妇女、奸淫幼女，有下列情形之一的，处十年以上有期徒刑、无期徒刑或者死刑：

（一）强奸妇女、奸淫幼女情节恶劣的；

（二）强奸妇女、奸淫幼女多人的；

（三）在公共场所当众强奸妇女、奸淫幼女的；

（四）二人以上轮奸的；

（五）奸淫不满十周岁的幼女或者造成幼女伤害的；

（六）致使被害人重伤、死亡或者造成其他严重后果的。

第二百三十六条之一　对已满十四周岁不满十六周岁的未成年女性负有监护、收养、看护、教育、医疗等特殊职责的人员，与该未成年女性发生性关系的，处三年以下有期徒刑；情节恶劣的，处三年以上十年以下有期徒刑。

有前款行为，同时又构成本法第二百三十六条规定之罪的，依照处罚较重的规定定罪处罚。

第二百三十七条　以暴力、胁迫或者其他方法强制猥亵他人或者侮辱妇女的，处五年以下有期徒刑或者拘役。

聚众或者在公共场所当众犯前款罪的，或者有其他恶劣情节的，处五年以上有期徒刑。

猥亵儿童的，处五年以下有期徒刑；有下列情形之一的，处五年以上有期徒刑：

（一）猥亵儿童多人或者多次的；

（二）聚众猥亵儿童的，或者在公共场所当众猥亵儿童，情节恶劣的；

（三）造成儿童伤害或者其他严重后果的；

（四）猥亵手段恶劣或者有其他恶劣情节的。

未成年人刑事犯罪法律适用

第 12 条

在奸淫幼女案件中,除非有确凿的证据,一般可以推定行为人明知对方系幼女

未成年犯罪类案甄别与裁判规则确立

一、聚焦司法案件裁判观点

■ 争议焦点

行为人采取非强制手段，故意与不满十二周岁的幼女发生性关系的行为，应认定为强奸罪。但其与十二周岁以上十四周岁以下的幼女发生性关系的行为，是否应一律认定为强奸罪？如何判断被害人受到性侵害时是幼女？如何判断行为人应当知道被害人是幼女？

■ 裁判观点

1. 在没有充分的证据否定被害人的户籍信息记载的年龄时，以户籍信息认定被害人是否为幼女。

2. 在行为人见过被害人的身份证、户口本且被害人是十二周岁以上十四周岁以下的幼女时，认定行为人应当知道被害人是幼女。

3. 在被害人身体发育状况一般，并非较为成熟，一般人通过社会经验会意识到其可能系幼女时，认定行为人应当知道被害人是幼女。

4. 在被害人声称自己已经超过十四周岁，而其他证据证实被害人是幼女的情况下，认定被害人为幼女。

二、司法案例样本对比

样本案例一

天津市××县人民检察院诉刘某某强奸案

- 法院

天津市××中级人民法院

- **诉讼主体**

公诉机关：天津市××县人民检察院

被告人：刘某某

- **基本案情**

2013年8月上旬，被告人刘某某多次到天津市某饭店吃饭，与女服务员姜某某（2000年3月29日出生）相识。8月中旬，刘某某带姜某某至旅馆内，强行与姜某某发生性关系。此后至10月17日，刘某某与姜某某又先后在多家旅馆多次发生性关系，并致姜某某怀孕后堕胎。10月24日，姜某某报案。10月28日，公安机关将刘某某抓获归案。

- **案件争点**

刘某某辩称其不知被害人未年满十四周岁；其与被害人是恋爱关系，并没有强迫对方发生性关系；已得到被害人谅解，并且其未满十八周岁。本案法院应当如何处理？

- **裁判要旨**

一审法院依据《刑法》第十七条和第二百三十六条第二款之规定，判决被告人刘某某犯强奸罪，判处有期徒刑六年。宣判后，刘某某提出上诉。

刘某某的辩护人提出辩护意见：被害人亲属的证言证明，户口本上登记的被害人年龄并非实际年龄，所以不能以被害人亲属的口述年龄为准，不能认定被害人为幼女；被害人姜某某陈述第一次与刘某某发生性关系是被强迫的，但刘某某供述六次性关系都是被害人自愿的，且双方第一次发生性关系是一起去的宾馆，所以不能认定为强迫；被害人一直对刘某某说自己是十六七岁。综上，刘某某不明知被害人为幼女，不存在强奸的主观故意，根据我国刑法中主客观相统一的原则，应当认定刘某无罪。

二审法院对刘某某提出的一审量刑过重的上诉理由予以采纳，判决刘某某犯强奸罪，判处有期徒刑四年。理由如下。

1. 关于被害人是否为幼女。根据《最高人民法院关于适用〈中华人民共和国刑事诉讼法〉的解释》① 第一百零四条的规定，对证据的真实性，应当综合

---

① 此处引用的司法解释系最高人民法院于2012年发布，已被2021年《最高人民法院关于适用〈中华人民共和国刑事诉讼法〉的解释》废止。

全案证据进行审查。对证据的证明力,应当根据具体情况,从证据与待证事实的关联程度、证据之间的联系等方面进行审查判断。证据之间具有内在联系,共同指向同一待证事实,不存在无法排除的矛盾和无法解释的疑问的,才能作为定案的根据。本案中,据姜某某的户籍信息记载,其出生于2000年3月29日;其父亲的证言证明,其实际出生日期是2000年农历三月二十五日,属龙;其母亲的证言证明,其是2000年3月29日出生的,农历生日是三月二十五日,属龙。姜某某出生在农村的卫生所,我国农村户籍登记制度相对并不完善,可能存在按农历出生日期登记、报户口时报错、户籍登记人员工作失误、家长虚报年龄等问题,所以户籍登记的信息跟被害人亲属陈述的出生日期并不能完全吻合,这情有可原。上述证人证言一致证明姜某某于2000年农历三月的一天出生,结合姜某某受到刘某某性侵害的时间是在2013年8月中旬至10月17日之间的事实,应认定刘某某犯罪时姜某某实际年龄未满十四周岁。据此,可以认定被害人姜某某受到性侵时系幼女。

2. 关于刘某某在犯罪过程中是否明知被害人系幼女。本案中,关于刘某某是否明知姜某某未年满十四周岁的问题,存在两种不同意见。

一种意见认为刘某某明知姜某某系幼女的证据不足,理由如下。

首先,被害人姜某某2013年8月5日至9月在某饭店当服务员,之后又到另一家餐馆当过一个多月的服务员,其间与刘某某相识。从被害人在饭店做服务员的职业所决定的生活作息规律来看,刘某某仅凭在饭店与姜某某的接触,不能推断出姜某某系幼女。

其次,根据证人张某某、陈某某、东某某的证人证言,姜某某一直向他们说自己已年满十四周岁,姜某某本人也曾述称,打工时向别人说自己已满十六岁。由此可以推断姜某某一直在向周围的人宣称自己已年满十四周岁,这进一步加大了刘某某认识到被害人可能系幼女的难度。

最后,姜某某两次在公安机关所做陈述表明,其向刘某某说过自己已经十六周岁,并且还向刘某某表示户口上登记的出生日期是错误的。这一细节与刘某某的供述一致。

另一种意见认为,综合本案的证据,可以认定刘某某性侵姜某某时明知对方系幼女。本文认同第二种意见,理由如下。

其一,姜某某曾经陈述,刘某某看到过其户口本复印件上是十三周岁,其也曾告诉过刘某某其户口本上登记的年龄信息是错误的。刘某某也曾经供述姜某某说过她已十六周岁,也说过她户口本上是十三周岁,她还说户口本上的年龄是错的等。被害人陈述和被告人供述在这一点上细节基本一致,能够相互印证,可以证明刘某某确实看过姜某某的户籍信息。本案跟其他一般案件相比的特殊之处就在于姜某某一直在饭店打工,而不是在学校学习。如果被害人系小学生或者初中生,并且被告人明知这一点,基本可以判断被告人明知对方可能系幼女。本案中,姜某某恰恰不是学生。从一般人的经验推断来看,不会相信一个不满十四周岁的孩子没有接受义务教育,在饭店从事服务员工作,同时也不会相信饭店老板会冒着违法风险,雇用一个幼女作为服务员。所以,刘某某辩称自己不明知对方系幼女似乎有一定道理。但是,本案的关键事实是刘某某事前已经看过姜某某的户口本复印件,所以就刘某某的主观心态来看,其肯定知道刘某某可能不满十四周岁。

其二,本案中,需要参考双方发生性关系时姜某某的身体发育状况。

案发后,侦查机关没有及时固定姜某某身体发育情况的证据。但是,侦查机关在组织刘某某和姜某某开房的旅店老板马某某对两人进行辨认时,对姜某某进行了照相,相片上反映的姜某某此时的身体发育情况可以作为认定其年龄的参考。从照片来看,姜某某身体发育一般,并非较为成熟,一般人通过社会经验会意识到其可能系幼女。需要说明的是,姜某某的照片只是辨认笔录证据的一部分,不能单独作为认定刘某某明知姜某某系幼女的证据。

样本案例二
湖北省××县人民检察院诉何某某强奸案

• **法院**

湖北省××县人民法院

• **诉讼主体**

公诉机关:湖北省××县人民检察院
被告人:何某某

• **基本案情**

2012年2月中旬,何某某通过网络登录其堂妹的QQ号,结识被害人徐某某(女,1998年4月5日出生)。何某某分别于同年3月3日、4日在家中、宾馆与徐某某发生性关系。同月5日,何某某在明知徐某某不满十四周岁后,仍与徐某某再次发生性关系。

• **案件争点**

何某某及其辩护人提出,何某某与被害人徐某某发生三次性关系均得到了被害人的同意,在第三次发生性关系后才知道被害人不满十四周岁。奸淫幼女案件中如何判断行为人应当知道被害人系幼女?

• **裁判要旨**

一审法院认为,被告人何某某明知被害人系幼女,仍与其发生性关系,其行为构成强奸罪。公诉机关指控的罪名成立。但公诉机关指控何某某第一、二次与被害人发生性关系时已明知被害人系幼女的证据不足,对该部分指控事实不予认定。何某某当庭自愿认罪,可以酌情从轻处罚。依照《刑法》第二百三十六条第一款、第二款之规定,认定被告人何某某犯强奸罪,判处有期徒刑三年。

二审中控辩双方均未提出新的证据,检察机关抗诉认为,一审被告人何某某与被害人发生三次性关系时,均系明知被害人不满十四周岁的证据不足,故二审法院不予采纳。原判根据本案的事实情节,适用法律正确,定罪量刑并无不当。检察机关的抗诉理由不能成立。据此,二审法院裁定驳回抗诉,维持原判。

样本案例三

四川省××县人民检察院诉黄某某强奸案

• **法院**

四川省××县人民法院

• **诉讼主体**

公诉机关:四川省××县人民检察院

被告人:黄某某

• **基本案情**

2020年8月,被告人黄某某与向某某(2008年9月21日生)确立恋爱关系。2020年8月至2020年9月5日期间,被告人先后四次与向某某在黄某某的家中发生性行为。

- 案件争点

被告人辩称事先不知道被害人的年龄，法院如何处理？

- 裁判要旨

法院认为，根据最高人民法院、最高人民检察院、公安部、司法部《关于依法惩治性侵害未成年人犯罪的意见》第十九条第一款规定，知道或者应当知道对方是不满十四周岁的幼女，而实施奸淫等性侵害行为的，应当认定行为人明知对方是幼女。本案被告人黄某某明知对方是幼女，仍与其发生性关系，其行为已触犯《刑法》第二百三十六条第二款的规定，应当以强奸罪追究其刑事责任，对其判处三年以上十年以下有期徒刑的刑罚。公诉机关指控被告人黄某某犯强奸罪，罪名成立，法院予以支持。关于被告人提出的不知道被害人年龄的辩解意见，经查，本案被害人及证人杨某某均证实，被害人曾明确告知被告人其是小学六年级学生，未满十二周岁，且此与被告人在公安机关的供述一致，被告人就此提出的此项辩解，无事实根据，法院不予采纳。

被告人黄某某针对未成年人实施强奸犯罪，应当从重处罚，法院决定对其从重处罚；被告人到案后，虽当庭辩解不知被害人的年龄，但不影响其如实供述主要的犯罪事实，依法可认定为坦白，且自愿认罪认罚，法院依法决定对其从轻处罚、从宽处理。其辩护人提出被告人具有坦白、认罪认罚、事发过程无暴力行为、被告人平时表现良好，依法可从轻处罚、从宽处理的辩护意见，与查明事实相符，符合法律规定，法院予以采纳。综上所述，法院依照《刑法》第六十七条及第二百三十六条第二款、第三款的规定，判决如下：被告人黄某某犯强奸罪，判处有期徒刑六年三个月。

三、司法案例类案甄别

（一）事实对比

样本案例一刘某某强奸案，2013年8月上旬，被告人刘某某多次到天津市某饭店吃饭，与女服务员姜某某相识。8月中旬，刘某某带姜某某至旅馆内，强行与姜某某发生性关系。此后至10月17日间，刘某某与姜某某又先后在多家旅馆多次发生性关系，并致姜某某怀孕后堕胎。10月24日，姜某某报案。10月28日，公安机关将刘某某抓获归案。

样本案例二何某某强奸案，2012年2月中旬，何某某通过网络登录其堂妹的QQ号，结识被害人徐某某。何某某分别于同年3月3日、4日在家中、宾馆与徐某某发生性关系。同月5日，何某某在明知徐某某不满十四周岁后，仍与徐某某再次发生性关系。

样本案例三黄某某强奸案，2020年8月，被告人黄某某与向某某确立恋爱关系。2020年8月至2020年9月5日期间，被告人先后四次与向某某在黄某某的家中发生性行为。

从认定事实情况看，在样本案例一、二、三中，法院查明事实均围绕被害人是否为未成年人及行为人是否明知被害人是未成年人展开，从被害人是否为未成年人看，样本案例一被害人姜某某户籍信息记载其在案发时为十三周岁，样本案例二被害人徐某某也是十三周岁，样本案例三被害人不满十二周岁，三位被害人均为幼女；从行为人是否明知看，样本案例一行为人刘某某看到过被害人姜某某的户口本复印件，上面是十三周岁且姜某某身体发育一般，并非较为成熟，一般人通过社会经验会意识到其可能系幼女；样本案例二何某某与被害人在第三次发生性关系后才知道被害人不满十四周岁；样本案例三黄某某与被害人认识后，被害人明确告知了自己的真实年龄为不满十二周岁，且被害人为小学生。从法律事实看，三个样本案例均有相似的事实。

（二）适用法律对比

样本案例一刘某某强奸案，一审法院认为，被告人刘某某犯强奸罪，判处有期徒刑六年。二审法院审理后，对刘某某提出的一审量刑过重的上诉理由予以采纳，遂判决刘某某犯强奸罪，判处其有期徒刑四年。

样本案例二何某某强奸案，一审法院认为，被告人何某某明知被害人系幼女，仍与其发生性关系，其行为构成强奸罪。何某某当庭自愿认罪，可以酌情从轻处罚。依照《中华人民共和国刑法》第二百三十六条第一款、第二款之规定，一审法院以被告人何某某犯强奸罪，判处有期徒刑三年。二审法院认为，原判根据本案的事实情节，适用法律正确，定罪量刑并无不当。据此裁定驳回抗诉，维持原判。

样本案例三黄某某强奸案，法院认为，本案被告人黄某某明知对方是幼女，仍与其发生性关系，其行为已触犯《刑法》第二百三十六条第二款的规定，应当以强奸罪追究其刑事责任，对其判处三年以上十年以下有期徒刑的刑罚。被告人黄某某针对未成年人实施强奸犯罪，应当从重处罚，法院决定对其从重处罚；被告人到案后，虽当庭辩解不知被害人的年龄，但不影响其如实供述主要的犯罪事实，依法可认定为坦白，且自愿认罪认罚，法院依法决定对其从轻处罚、从宽处理。其辩护人提出被告人具有坦白、认罪认罚、事发过程无暴力行为、被告人平时表现良好，依法可从轻处罚、从宽处理的辩护意见，与查明事实相符，符合法律规定，法院予以采纳。综上所述，法院依照《刑法》第二百三十六条第二款、第六十七条第三款的规定，判决被告人黄某某犯强奸罪，判处有期徒刑六年三个月。

从法律适用角度看，样本案例一、三法院适用《刑法》第十七条、第二百三十六条第二款之规定；样本案例二法院适用《刑法》第二百三十六条第一款、第二款之规定。

（三）适用法律程序对比

按照《关于人民法院案件案号的若干规定》要求，样本案例一、二均为二审刑事案件，样本案例三为一审刑事案件。从程序类别看，三个样本均适用刑事诉讼程序；从程序层级看，样本案例一、二适用二审刑事诉讼程序，样本案例三适用一审刑事诉讼程序。

（四）类案大数据报告

时间截至2022年11月16日，案例来源为Alpha案例库，案件数量为318件，数据采集时间为2022年11月16日，本次检索共获取关于认定推定行为人明知对方为幼女的裁判文书318篇。

从案件程序分类统计可以看到未成年人犯罪当前的审理程序分布状况，其中一审案件有208件，二审案件有97件，再审案件有9件，执行案件有1件。

如图12-1所示，对二审裁判结果进行可视化分析可以看到，当前条件下维持原判的有63件，占比为64.95%；改判的有30件，占比为30.93%；其他为4件，占比为4.12%。

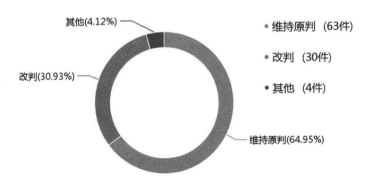

图12-1 二审裁判结果情况

如图12-2所示，对再审裁判结果进行可视化分析可以看到，当前条件下维持原判的有4件，占比为44.45%；其他为3件，占比为33.33%；发回重审的有1件，占比为11.11%。

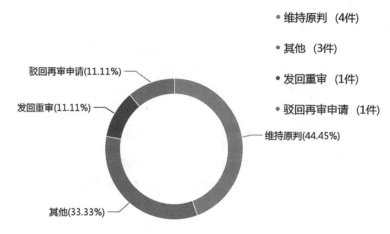

图12-2 再审裁判结果情况

如图12-3所示，对主刑适用情况进行可视化可以看到，当前条件下包含有期徒刑的案件有110件，包含拘役的案件有4件，包含死刑的案件有3件。

图12-3 主刑适用情况

如图12-4所示，对附加刑适用情况进行可视化可以看到，当前条件下件包含罚金的案件有46件，包含剥夺政治权利的案件有10件，包含没收财产的案件有5件。

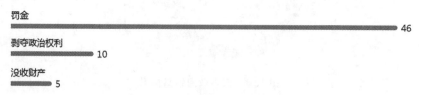

图12-4 附加刑适用情况

四、类案裁判规则的解析确立

根据我国《刑法》第二百三十六条的规定,强奸罪分两种类型,即以暴力、胁迫或者其他手段强奸妇女和奸淫不满十四周岁的幼女。后一种情形构成强奸罪,不要求采取强制手段实施。对于使用强制手段的,无论是否明知被害人系幼女,都应当以强奸论。对于采取非强制手段与幼女发生性关系构成强奸罪,是否以行为人明知被害人系幼女为构成犯罪的必要要件,以及如何认定明知,司法实践和理论中一直存在较大争议。例如样本案例二何某某强奸案中,被告人何某某称与幼女被害人徐某某双方出于自愿发生性关系,审理过程中,检察机关与法院对何某某与徐某某三次发生性关系时是否均明知徐某某不满十四周岁存在不同认识。该问题严重影响到犯罪事实的认定以及对何某某的量刑,故有必要分析讨论。

(一)采取非强制手段与幼女发生性关系构成强奸罪,要求行为人明知被害人是不满十四周岁的幼女

有观点认为,《刑法》第二百三十六条第二款仅规定,"奸淫不满十四周岁的幼女的,以强奸论",并未要求行为人应当明知对方系幼女。笔者认为,对此不能局限于《刑法》分则条文的字面规定作简单文义理解,而应当结合《刑法》总则关于犯罪故意的规定进行分析。

首先,《刑法》第十四条规定,犯罪故意是指"明知自己的行为会发生危害社会的结果,并且希望或者放任这种结果发生"的主观心理态度。犯罪故意是认识因素与意志因素的统一。在《刑法》分则中,针对故意犯罪,有些条款明文规定"明知",如窝藏、包庇罪;而大部分条文未明文规定"明知",如猥亵儿童罪、引诱幼女卖淫罪、拐骗儿童罪等。分则条文明文规定了"明知",主要是为了特别突出和强调,而不是分则没有明文规定"明知"的,构成犯罪就不要求具备"明知"。强奸罪系故意犯罪,因此,《刑法》总则关于故意犯罪"明知"的规定也必然适用于强奸罪。

其次,关于"明知"的内容,应当结合《刑法》分则罪名的具体罪状来判断。普通强奸罪中,行为人认识到自己的行为是违背妇女意志的,即符合主观要件,不需要特别清楚对方年龄;强行与幼女发生性关系构成强奸罪,自然也不要求明知被害人系幼女。出于对幼女的特殊保护,即使幼女自愿与其发生性关系,也可能构成强奸罪,而此种情况下要构成强奸罪,"不满十四周岁的幼

女"这一客观要件就成为行为人必须认识的主观内容。如果行为人确系与幼女自愿发生性关系，且行为人确实根本不可能知道对方系幼女，那么行为人主观上就缺乏可谴责性，即不具备犯罪故意所要求的"明知自己的行为会发生危害社会的结果，并且希望或者放任这种结果发生"的主观心理态度，从主客观相统一原则出发，对行为人不应以强奸罪论处。

基于上述分析，对于采取非强制手段与幼女发生性关系的，明知被害人系幼女是构成强奸罪的主观构成特征。最高人民法院、最高人民检察院、公安部、司法部2013年联合下发的《关于依法惩治性侵害未成年人犯罪的意见》第十九条"知道或者应当知道对方是不满十四周岁的幼女，而实施奸淫等性侵害行为的，应当认定行为人'明知'对方是幼女"的规定，再次肯定了明知被害人是幼女系构成该类强奸罪的主观要件。

（二）与不满十二周岁的被害人发生性关系的，一律认定行为人应当知道对方是幼女

根据相关司法解释和刑法理论通说，"明知"分为"知道"和"应当知道"。"知道"是指行为人确然知道，对于这一主观心态，直接通过在案证据予以证实即可，无须参考一般人的意识能力。而是否"应当知道"，须参考一般人的意识能力，通过各种情状一般人均会确然知道，从而认定行为人应当知道。

通常而言，认定行为人是否应当知道被害人系不满十四周岁的幼女，应当考虑行为人和一般人的认知能力水平，结合行为人作案时存在的各种客观情况，进行综合分析判断。《关于依法惩治性侵害未成年人犯罪的意见》第十九条第二款规定，对不满十二周岁的被害人实施奸淫等性侵害行为的，应当认定行为人明知对方是幼女。可以认为该司法解释性文件根据被害人不满十二周岁这一基础事实创设了一种"推定明知"。究其原因，主要是十二周岁以下幼女基本处在接受小学或者幼儿园教育阶段以及家庭看护中，社会关系简单，外在幼女特征相对较为明显；即使极个别幼女身体发育早于同龄人，但一般人从其言谈举止、生活作息规律等其他方面通常也能够判断出其可能是幼女，而且从对幼女进行特殊保护的立场考虑，也不应存在争议。故推定该情形中行为人知道被害人可能属于不满十四周岁的幼女，是合乎经验常识的，也不违背《刑法》总则对犯罪故意的一般界定。也就是说，凡是对实际不满十二周岁的被害人实施奸淫等性侵害行为的，无论行为人提出何种辩解理由，均应当认定行为人应当知道对方是幼女。

（三）在被害人已满十二周岁不满十四周岁的案件中，对行为人辩解不明知被害人是幼女的例外情况应当从严把握

根据《关于依法惩治性侵害未成年人犯罪的意见》第十九条第三款的规定，对实际年龄已满十二周岁不满十四周岁的被害人，如果从其身体发育状况、言谈举止、衣着特征、生活作息规律等观察，该被害人可能是幼女，而实施奸淫等性侵害行为的，也应当认定行为人明知对方是幼女。笔者认为，从司法解释性文件的条款设置及文字表述来看，该款属于对"明知"认定相对确定的规范指引，对已满十二周岁不满十四周岁的幼女实施奸淫等性侵害行为，若无极其特殊的例外情况，一般都应当认定行为人明知被害人是幼女，具体可以从以下三个方面把握：一是必须确有证据或者合理依据证明行为人根本不可能知道被害人是幼女；二是行为人已经足够谨慎行事，仍然对幼女年龄产生了误认，即使其他一般人处在行为人的场合，也难以避免这种错误判断；三是客观上被害人身体发育状况、言谈举止、衣着特征、生活作息规律等特征明显更像已满十四周岁。例如，与发育较早、貌似成人、虚报年龄的已满十二周岁不满十四周岁的幼女在谈恋爱和正常交往过程中，双方自愿发生了性行为，确有证据证实行为人不可能知道对方是幼女的，才可以采纳其不明知的辩解。相反，如果行为人采取引诱、欺骗等方式，或者根本不考虑被害人是否为幼女，而甘冒风险对被害人进行奸淫等性侵害行为的，一般都应当认定行为人明知被害人是幼女，以实现对幼女的特殊保护，堵塞惩治犯罪的漏洞。

（四）关于强奸罪、奸淫幼女罪的处刑规定

强奸罪，是指违背妇女的意志，以暴力、胁迫或者其他手段强行与妇女发生性关系的行为。本罪的犯罪主体一般是男子，教唆、帮助男子强奸妇女的女子，也可以成为强奸罪的共犯。本罪在客观方面表现为违背妇女意志强行与妇女发生性关系的行为。这种行为具有以下两个特征。（1）必须是违背了妇女的真实意愿。判断与妇女发生性关系是否违背妇女的意志，要结合性关系发生的时间、周围环境、妇女的性格、体质等各种因素进行综合分析，不能将妇女抗拒作为违背其意愿的唯一要件。对于有的被害妇女由于害怕等原因而不敢反抗、失去反抗能力的，也应认定是违背了妇女的真实意愿。同无责任能力的妇女（如呆傻妇女或精神病患者）发生性关系的，由于这些妇女无法正常表达自己的真实意愿，无论其是否"同意"，均构成强奸妇女罪。（2）行为人必须以暴力、胁迫或者其他手段，强行与妇女发生性关系。这里所说的"暴力"手段，是指犯罪分子直接对被害妇女施以殴打等危害妇女人身安全和人身自由，使妇女不能抗拒的手段。"胁迫"手段，是指犯罪分子对被害妇女施以威胁、恫吓，进行

精神上的强制,以迫使妇女就范,不敢抗拒的手段。如以杀害被害人、加害被害人的亲属相威胁的;以揭发被害人的隐私相威胁的;利用职权、教养关系、从属关系及妇女孤立无援的环境相胁迫的,等等。"其他"手段,是指犯罪分子使用暴力、胁迫以外的使被害妇女不知抗拒、无法抗拒的手段。如假冒为妇女治病而进行奸淫的;利用妇女患病、熟睡之机进行奸淫的;将妇女灌醉、麻醉后进行奸淫的,等等。《刑法》第二百三十六条第一款对强奸罪及犯强奸罪不属于情节严重的应如何处罚作了规定。依照本款规定,对于犯强奸罪不属于情节严重的,处三年以上十年以下有期徒刑。

关于奸淫幼女罪及其处罚。奸淫幼女罪,是指与不满十四周岁的幼女发生性关系的行为。构成本罪应具有以下几个要件:(1)被害人必须是不满十四周岁的幼女。(2)必须具有奸淫幼女的行为。不论行为采用什么手段,也不论幼女是否同意,只要与幼女发生了性行为,就构成本罪。依照《刑法》第二百三十六条第二款的规定,奸淫不满十四周岁的幼女的,以强奸论,从重处罚。

关于犯强奸罪、奸淫幼女罪情节严重的处罚。强奸妇女、奸淫幼女情节严重的,共有如下六项情形,即:(一)强奸妇女、奸淫幼女情节恶劣的;(二)强奸妇女、奸淫幼女多人的;(三)在公共场所当众强奸妇女、奸淫幼女的;(四)二人以上轮奸的,这里所说的"轮奸",是指两个以上的男子在同一犯罪活动中,以暴力、胁迫或者其他手段对同一妇女或幼女进行强奸或者奸淫的行为;(五)奸淫不满十周岁的幼女或者造成幼女伤害的;(六)致使被害人重伤、死亡或者造成其他严重后果的,这里所说的"致使被害人重伤、死亡",是指因强奸妇女、奸淫幼女导致被害人性器官严重损伤,或者造成其他严重伤害,甚至死亡的。犯强奸罪、奸淫幼女罪,只要具有上述所列六种情形之一的,就属于情节严重,依法应当予以严惩,依照《刑法》第二百三十六条第三款规定,属于上述情况的,处十年以上有期徒刑、无期徒刑或者死刑。

五、关联法律法规

(一)《中华人民共和国刑法》(2023年修正)

第二百三十六条 以暴力、胁迫或者其他手段强奸妇女的,处三年以上十年以下有期徒刑。

奸淫不满十四周岁的幼女的,以强奸论,从重处罚。

强奸妇女、奸淫幼女,有下列情形之一的,处十年以上有期徒刑、无期徒刑或者死刑:(一)强奸妇女、奸淫幼女情节恶劣的;(二)强奸妇女、奸淫幼女多人的;(三)在公共场所当众强奸妇女、奸淫幼女的;(四)二人以上轮奸的;(五)奸淫不满十周岁的幼女或者造成幼女伤害的;(六)致使被害人重伤、死亡或者造成其他严重后果的。

(二)最高人民法院、最高人民检察院、公安部、司法部《关于依法惩治性侵害未成年人犯罪的意见》

该意见共三十四条,通篇体现"最高限度保护""最低限度容忍"的指导思想,着重从依法严惩性侵害犯罪、加大对未成年被害人的保护力度两个主要方面做了规定,主要包括以下十一个方面的内容。

1. 依法及时发现和制止性侵害罪行。

该意见第九条规定,对未成年人负有监护、教育、训练、救助、看护、医疗等特殊职责的人员(以下简称"负有特殊职责的人员")以及其他公民和单位,发现未成年人受到性侵害的,有权利也有义务向公安机关、人民检察院、人民法院报案或者举报。该意见第十条第二款规定,公安机关发现可能有未成年人被性侵害或者接报相关线索的,无论案件是否属于本单位管辖,都应当及时采取制止违法犯罪行为、保护被害人、保护现场等紧急措施,必要时,应当通报有关部门对被害人予以临时安置、救助。这样规定的目的是,使性侵未成年人的罪行在第一时间内能够被发现和制止,避免给未成年被害人造成更大的伤害。

对于监护人性侵害未成年人的,该意见第三十三条规定,其他具有监护资格的人员、民政部门等有关单位和组织向人民法院提出申请,要求撤销监护人资格,另行指定监护人的,人民法院依法予以支持。这样规定的目的是避免未成年被害人因后顾之忧而选择一味容忍,以致受到更大的伤害。

2. 严厉惩处性侵害幼女行为。

幼女身心、智力等方面尚未发育成熟,自我防护意识和能力低,易受犯罪侵害,且一旦遭受性侵害,会给其一生幸福蒙上阴影,危害后果十分严重。对幼女进行特殊保护是世界各国的基本共识。以强奸罪为例,根据我国《刑法》规定和司法实践,奸淫不满十四周岁的幼女构成强奸罪,不要求采取强制手段实施,对于使用暴力、胁迫或者任何其他强制手段与不满十四周岁的幼女发生性关系的,无论是否明知被害人为幼女,都要以强奸罪论处,从重处罚。实践中,有些犯罪嫌疑人、被告人未使用暴力、胁迫或者其他强制手段与幼女发生性关系,而以各种理由辩解是与幼女正常交往,不明知被害人是幼女,给审查认定案件事实造成一定困难。该意见第十九条第一款规定,知道或者应当知道对方是不满十四周岁的幼女，而实施奸淫等性侵害行为的，应当认定行为人明知对方是幼女。

该意见制定过程中，各方普遍反映，应当对不满十二周岁的幼女予以绝对保护，而且该年龄段的被害人通常外在幼女特征也较为明显。该意见第十九条第二款进一步规定，对于不满十二周岁的被害人实施奸淫等性侵害行为的，应当认定行为人明知对方是幼女。为了加大对已满十二周岁不满十四周岁幼女的保护力度，同时考虑该年龄段幼女的身心发育特点，该意见第十九条第三款规定，对于已满十二周岁不满十四周岁的被害人，从其身体发育状况、言谈举止、衣着特征、生活作息规律等观察可能是幼女，而实施奸淫等性侵害行为的，应当认定行为人明知对方是幼女。上述规定既是我国一贯重视幼女保护刑事政策的传承和延伸，也契合了当今各国强化幼女权益保护的世界潮流。

3. 严惩校园性侵等犯罪行为。

针对近年来频繁发生的校园性侵等犯罪行为，该意见第二十一条第一款明确规定，对幼女负有特殊职责的人员与幼女发生性关系的，以强奸罪论处。

社会生活中，一些人以金钱财物为诱饵或者交换条件，对幼女进行奸淫，该意见指出不能以是否给付幼女金钱财物作为区分嫖宿幼女罪与强奸罪的界限。该意见第二十条明确规定，以金钱财物等方式引诱幼女与自己发生性关系的；知道或者应当知道幼女被他人强迫卖淫而仍与其发生性关系的，均以强奸罪论处。

我国《刑法》对不满十四周岁的幼女确立了特殊保护原则，实践中，已满十四周岁的未成年少女虽然比幼女的认知、判断能力有所增强，但其身心发育尚未完全成熟，在日常生活、学习和物质条件方面对监护人、教师等负有特殊职责的人员，存在一定的服从、依赖关系，容易在非自愿状态下受到性侵害。该意见第二十一条第二款明确规定，对已满十四周岁的未成年女性负有特殊职责的人员，利用其优势地位或者被害人孤立无援的境地，迫使未成年被害人就范，而与其发生性关系的，以强奸罪定罪处罚。

4. 加重处罚在教室等场所当众猥亵等行为。

我国《刑法》规定，猥亵儿童的，在五年以下有期徒刑或者拘役的量刑幅度内从重处罚，聚众或者在公共场所当众实施的，在五年以上有期徒刑的量刑幅度内从重处罚。奸淫幼女，在不具有《刑法》规定的法定加重情节的情况下，以强奸罪在三年以上十年以下有期徒刑的量刑幅度内从重处罚。个别教师借职务之便，以辅导功课等名义，在教室内其他学生在场的情况下，利用讲台、课桌遮挡，对年幼学童进行猥亵，罪行令人发指。对此，是否要求在场人员实际看到猥亵行为才能认定为"在公共场所当众猥亵"，实践中存在一定争议。考虑校园、教室的涉众性和供多数人使用的功能特征以及此类犯罪的严重社会危害性，该意见第二十三条明确规定，在校园、游泳馆、儿童游乐场等公共场所对未成年人实施强奸、猥亵犯罪，只要有其他多人在场，不论在场人员是否实际看到，均可以依照《刑法》第二百三十六条第三款、第二百三十七条的规定，认定为在公共场所当众强奸妇女，强制猥亵、侮辱妇女，猥亵儿童。这些行为属于加重处罚情节，构成猥亵犯罪的，处五年以上有期徒刑；构成强奸罪的，在十年以上有期徒刑的量刑幅度内处罚。

5. 对强奸、猥亵犯罪的七种情节从重处罚。

我国《刑法》第二百三十六条、第二百三十七条明确规定，奸淫幼女，猥亵儿童的，从重处罚，对于强奸已满十四周岁未成年女性的，人民法院在审判实践中一般也酌定从重处罚。该意见第二十五条从犯罪主体、犯罪地点、犯罪手段、犯罪对象、犯罪后果、行为人的一贯表现等方面，对从重处罚情节作了具体规定，体现依法严惩的刑事政策。这七种从重处罚情节是：（1）对未成年人负有特殊职责的人员、与未成年人有共同家庭生活关系的人员、国家工作人员或者冒充国家工作人员，实施强奸、猥亵犯罪的；（2）进入未成年人住所、学生集体宿舍实施强奸、猥亵犯罪的；（3）采取暴力、胁迫、麻醉等强制手段奸淫幼女、猥亵儿童犯罪的；（4）对不满十二周岁的儿童、农村留守儿童、严重残疾或者精神智力发育迟滞的未成年人，实施强奸、猥亵犯罪的；（5）猥亵多名未成年人，或者多次实施强奸、猥亵犯罪的；（6）造成未成年被害人轻伤、怀孕、感染性病等后果的；（7）有强奸、猥亵犯罪前科劣迹的。

6. 严惩组织、强迫未成年人卖淫等犯罪。

针对组织、强迫、引诱、容留、介绍未成年女性卖淫等犯罪，该意见第二十六条要求从重处罚。也就是说，只要被组织、强迫、引诱、容留、介绍的对象中包括未成年人的，都要从重处罚。强迫幼女卖淫的，则要按照《刑法》第三百五十八条的规定，对行为人以强迫卖淫罪，判处十年以上有期徒刑或者无期徒刑，并处罚金或者没收财产；情节特别严重的，判处无期徒刑，直至判处死刑，并处没收财产。引诱幼女卖淫的，根据《刑法》第三百五十九条第二款的规定，判处五年以上有期徒刑，并处罚金。

7. 从严控制缓刑适用。

该意见第二十八条第一款要求，对于强奸未成年人的成年犯罪分子判处刑罚时，一般不适用缓刑。该意见第二十八条第三款规定，对于判处刑罚同时宣告缓刑的，可以根据犯罪情况，同时宣告禁止令，禁止犯罪分子在缓刑考验期内从事与未成年人有关的工作、活动，禁止其进入中小学校区、幼儿园园区及其他未成年人集中的场所，确因本人就学、居住等原因，经执行机关批准的除外。这些规定既体现了对此类犯罪总体上依法严惩的指导思想,也有助于加强对性侵害犯罪分子的特殊预防。

8. 强化对未成年被害人隐私权利的保护。

该意见第五条明确要求,办理性侵害未成年人犯罪案件,对于涉及未成年被害人、未成年犯罪嫌疑人和未成年被告人的身份信息及可能推断出其身份信息的资料和涉及性侵害细节等内容,审判人员、检察人员、侦查人员、律师及其他诉讼参与人应当予以保密。对外公开的诉讼文书,不得披露未成年被害人的身份信息及可能推断出其身份信息的其他资料,对性侵害的事实注意以适当的方式叙述。该意见第十三条还要求,办案人员到未成年被害人及其亲属、未成年证人所在学校、单位、居住地调查取证的,应当避免驾驶警车、穿着制服或者采取其他可能暴露被害人身份、影响被害人名誉、隐私的方式。笔者也希望新闻媒体在对性侵害案件进行报道时,注意切实保护好未成年被害人、未成年犯罪嫌疑人和未成年被告人的隐私。

9. 切实避免对未成年被害人造成"二次伤害"。

该意见第十四条第一款特别强调,询问未成年被害人,审判人员、检察人员、侦查人员和律师应当坚持不伤害原则,选择未成年人住所或者其他让未成年人心理上感到安全的场所进行,并通知其法定代理人到场。该意见第十四条第二款规定,询问未成年被害人,应当考虑其身心特点,采取和缓的方式进行。对与性侵害犯罪有关的事实应当进行全面询问,以一次询问为原则,尽可能避免反复询问。

为了充分保障未成年被害人及其法定代理人在性侵害案件中的诉讼参与权利,该意见强化了司法机关对案件处理进展的告知义务及帮助未成年被害人申请法律援助的义务,特别是该意见第十七条明确了未成年被害人的法定代理人可以陪同或者代表未成年被害人参加法庭审理,陈述意见,法定代理人是性侵害犯罪被告人的除外。这就是说,法定代理人可以在被害人不愿或者因其他原因不能出庭时,代表被害人出庭陈述意见,从而保障未成年被害人的意愿在司法审判中得到充分的尊重和表达。

10. 为未成年被害人构建三重保护网络。

一是明确了被告人应当承担的民事赔偿责任范围。该意见第三十一条规定,对于未成年人因被性侵害而造成的人身损害,为进行康复治疗所支付的医疗费、护理费、交通费、误工费等合理费用,未成年被害人及其法定代理人、近亲属提出赔偿请求的,人民法院应依法予以支持。其中,康复治疗费用包括进行身体和精神诊治所支出的费用。性侵害未成年人犯罪,对被害人最大的伤害往往是精神和心理上的伤害,被害人到医院进行精神康复治疗所支付的医疗费,不同于精神抚慰金，该部分医疗费用有证据证实并向被告人提出赔偿请求的，人民法院应依法予以支持。

二是明确了相关机构的赔偿责任。考虑到有些性侵害案件发生在校园或者幼儿辅导培训机构，为了保障被害人损失得到有效弥补，该意见第三十二条规定，未成年人在幼儿园、学校或者其他教育机构学习、生活期间被性侵害而造成人身损害，被害人及其法定代理人、近亲属据此向人民法院起诉要求上述单位承担赔偿责任的，人民法院依法予以支持。通过对上述单位民事赔偿责任的归责，也可以在一定程度上督促相关单位对未成年人履行好教育、管理职责，预防、减少性侵害行为的发生。

三是明确了对未成年被害人优先予以司法救助。该意见第三十四条要求对未成年被害人因性侵害犯罪而造成人身损害，不能及时获得有效赔偿，生活困难的，各级人民法院、人民检察院、公安关可会同有关部门，优先考虑予以司法救助，进一步体现了对未成年被害人的特殊经济救助。笔者倡议有关未成年人保护组织、未成年人福利慈善机构，积极参与相关救助保护工作，以实现与司法救助的有效衔接。

11. 依法保护未成年犯罪嫌疑人、未成年被告人权益。

鉴于部分性侵害犯罪的低龄化特点，该意见第四条规定，对于未成年人实施性侵害未成年人犯罪的，应当坚持双向保护原则，在依法保护未成年被害人的合法权益时，也要依法保护未成年犯罪嫌疑人、未成年被告人的合法权益。该意见第二十七条规定，已满十四周岁不满十六周岁的人偶尔与幼女发生性关系，情节轻微、未造成严重后果的，不认为是犯罪。

未成年人刑事犯罪法律适用

第 13 条

在性侵未成年人犯罪案件的证据审查中,应当运用逻辑和经验规则对全案证据进行综合审查判断,在被害人陈述的事实基础上,要注重通过间接证据的印证和补强,准确认定事实

一、聚焦司法案件裁判观点

■ **争议焦点**

在性侵未成年人犯罪案件中如何准确认定事实？

■ **裁判观点**

性侵未成年人犯罪案件本身具有隐蔽性、证人少、物证少、言词证据矛盾等特征，导致司法实践中对此类案件的事实真相难以辨明。被害人陈述稳定自然，对于细节的描述符合其记忆、年龄和生活阅历的认知程度，被告人辩解没有证据支持，结合生活经验对全案证据进行审查能够形成完整证明体系的，可以认定案件事实。但在被告人作无罪供述的情况下，口供虽是证明被告人犯罪最直接最核心的证据，但也并非无口供就不能定案。在此类被告人拒绝认罪的案件中，可以运用逻辑和经验规则对全案证据进行综合审查判断，在被害人陈述的事实基础上，通过间接证据的印证和补强，准确认定案件事实。

二、司法案例样本对比

样本案例一
江苏省××市人民检察院诉王某某强奸案

- **法院**

江苏省××市中级人民法院

- **诉讼主体**

公诉机关：江苏省××市人民检察院

被告人：王某某

• **基本案情**

2017年6月11日上午，被告人王某某在某机械厂更衣室内，采用强脱裤子等手段，对薛某某（女，2001年4月生）实施了奸淫。

一审法院认为，被告人王某某采用暴力手段强奸妇女，其行为已构成强奸罪。被告人王某某强奸未满十八周岁的少女、有前科，酌情从重处罚；被告人王某某对被害人进行了补偿并取得被害人的谅解，酌情从轻处罚。依照《刑法》第二百三十六条第一款之规定，以强奸罪判处被告人王某某有期徒刑三年二个月。

上诉人王某某辩解，其只摸了被害人的阴部，没有强奸被害人，其行为构成强制猥亵罪而非强奸罪，请求二审法院予以改判。

上诉人王某某的辩护人提出，被害人系二级精神残疾患者，作证能力有限，其陈述的真实性存疑；被害人体内未检出上诉人王某某的DNA，被害人"处女膜"亦完好，现有证据只能证实上诉人的行为构成强制猥亵罪或者强奸罪未遂；被害人身材高大，上诉人缺乏认识被害人系未成年人的可能性，不能将被害人系未成年人作为从重处罚情节。请求二审法院予以改判。

二审法院经审理查明的事实和证据与一审法院判决认定的一致。

• **案件争点**

一审判决认定事实和适用法律是否正确？定罪是否准确？量刑是否适当？审判程序是否合法？

• **裁判要旨**

关于上诉人王某某辩护人提出的，被害人系二级精神残疾患者，作证能力有限，其陈述的真实性存疑的意见，经查，被害人虽系未成年人，且有二级精神残疾，但案发时其已经满十六周岁，具有正确表达自己认识的行为能力，且其病症对语言表达能力没有影响，被害人可以对其记忆中的事情进行正常的表达，正常情况下亦有性防卫意识。另外，本案没有证据或线索反映被害人作虚假陈述，现有在案证据亦未发现与其陈述相矛盾的证据，故被害人的陈述可以作为定案依据。综上，对该上诉理由，二审法院不予采纳。

关于上诉人王某某及其辩护人提出，王某某的行为应构成强制猥亵罪的意见，经查，本案中上诉人王某某使用暴力手段奸淫被害人的犯罪事实，不仅有被害人薛某某的陈述予以证明，且被害人内裤内侧亦检出上诉人的精液，足以认定上诉人王某某对被害人实施了奸淫行为。而上诉人王某某辩解的作案手段，不合常理，不予采信。故对该上诉理由及辩护意见，二审法院不予采纳。

关于上诉人王某某的辩护人提出，即便构成强奸罪，犯罪形态也是未遂的意见。经查，第一，本案发现及时，被害人薛某某的陈述及通话记录，证人证言等证据，亦能够证明本案的案发情况无异常；第二，被害人虽系未成年人，且有二级精神残疾，但不影响其正确表达自己认识的能力；第三，被害人陈述称可以证明本案已构成强奸既遂；第四，被害人回家后立即洗澡，未检出上诉人的DNA亦属正常，被害人陈述存在合理性，可以采信。综上，该辩护意见缺乏事实和法律依据，二审法院不予采纳。

关于上诉人王某某辩护人提出上诉人王某某缺乏认识被害人系未成年人的可能性，不能将被害人系未成年人作为从重处罚情节的意见。经查，《出生医学证明》、户籍信息等均证明案发时被害人薛某某只有十六周岁，系未成年人；被害人薛某某的陈述证明在聊天过程中告知过上诉人王某某自己只有十六周岁，证人蒋某也根据被害人的外貌及言谈举止判断出被害人是未成年人，因此上诉人王某某具有认识到被害人系未成年人的可能性。综上，一审判决将被害人系未成年人作为加重处罚情节并无不当。故该辩护意见不能成立，二审法院不予采纳。

二审法院认为，上诉人王某某采用暴力手段强行与被害人发生性关系，其行为已构成强奸罪。上诉人王某某强奸未成年人，且有前科，酌情从重处罚；上诉人王某某对被害人进行了补偿并取得被害人的谅解，酌情从轻处罚。一审判决认定事实和适用法律正确，定罪准确，量刑适当，审判程序合法。驳回上诉，维持原判。

样本案例二

贵州省××市人民检察院诉张某某强奸案

- **法院**

贵州省××市中级人民法院

- **诉讼主体**

公诉机关：贵州省××市人民检察院

被告人：张某某

- **基本案情**

贵州省××市中级人民法院经审理查明：2007年7月至2011年6月期间，被告人张某某利用其担任某小学教师的便利条件，采取金钱利诱的手段，先后在该小学后山等处5次骗取该校女学生雷某1、谢某某、雷某2、雷某3与之发生性关系，被告人张某某在每次得逞后均给予各被害人少量金钱。

公诉机关为支持对上述犯罪事实的指控，提供的证据有：户籍证明、妇检证明、到案经过、受案登记表、扣押/发还物品清单、QQ聊天记录、住宿情况、学籍档案，相关证人的证言，被害人雷某3、雷某2、雷某1、谢某某等人陈述，搜查笔录、辨认笔录等证据材料。

公诉机关认为，被告人张某某身为人民教师，明知被害人为不满十四周岁的幼女，却采取金钱利诱的手段，骗取被害人与其发生性关系，奸淫幼女多人、多次，应当以强奸罪追究其刑事责任。

被告人张某某辩称指控不属实，是诬告陷害。其辩护人认为本案事实不清、证据不足，请求宣告被告人张某某无罪。

- **案件争点**

被告人的行为是否构成强奸罪？

- **裁判要旨**

贵州省××市中级人民法院经审理认为，被告人张某某利用其教师的特殊身份，采取金钱利诱的手段，骗取该校4名不满十四周岁的女学生与之发生性关系，其行为已构成强奸罪。公诉机关指控的罪名成立，予以确认。被告人张某某奸淫不满十四周岁的幼女，且4名被害人均为农村留守儿童，故其犯罪情节恶劣，应从严惩处。据此，依照《刑法》第二百三十六条第二款，第三款第一项、第二项，第五十七条第一款的规定，判决被告人张某某犯强奸罪，判处无期徒刑，剥夺政治权利终身。

一审宣判后，被告人张某某不服，向贵州省高级人民法院提出上诉。

其辩护人提出如下辩护意见："一审认定事实不清、证据不足；一审采信的被害人陈述、证人证言存在矛盾之处，不能排除合理怀疑；被告人张某某无罪。"二审检察员认为：本案证据来源合法，被害人陈述内容存在差异是因为相隔时间久远，张某某的行为构成强奸罪；一审审判程序合法，量刑适当，建议二审法院予以维持。

本案中，虽然被告人自始至终拒绝认罪，但根据在案的其他证据材料，合议庭在坚持主观确信与客观真实相统一、证据的数量与质量相结合,根据逻辑和经验规则,妥善地利用被害人出庭对质的机会,对全案证据进行综合审查判断,在被害人陈述的犯罪事实基础上,通过间接证据的印证和补强,查清了案件事实,并将被告人绳之以法。

首先,本案的案件来源和侦破情况是否真实、自然?本案的破获,系被害人雷某2在与其继母陆某某洗澡聊天过程中告知陆某某,在读小学期间因被告人张某某拿钱给她用,曾与被告人发生多次性关系,同时被告人还与雷某3、雷某1、谢某某发生过性关系。后陆某某将此事告知了雷某2的父亲雷某甲,雷某甲与雷某2的叔叔雷某乙找到雷某3问及此事,雷某3也陈述了相同的事实。雷某甲、雷某乙以及被害人雷某2、雷某3遂于2013年4月15日到公安机关报案。报案后,雷某1、雷某2、雷某3、谢某某先后在公安机关陈述张某某用金钱引诱其发生性关系的事实。

虽本案被害人报案时距案发已时隔数年,考虑到4名被害人当时年龄尚小,担心家里人知晓此事后会遭到父母的打骂,故未在案发第一时间告发被告人,也合乎情理。几年后,雷某2在与继母的聊天中谈及此事,才使得本案告破。由此看来,案件侦破比较自然。

其次,本案的事实真伪如何辨明?本案中,因被告人一直坚持作无罪辩护,现有在卷材料中能够证明被告人有罪的唯一直接证据,即为被害人的陈述,故对被害人陈述的真实性进行审查判断是本案的重中之重。本案的被害人共有4人,分别来自三户人家。案发时,尽管尚未成年,但都已经上学,最大的十二周岁,最小的也有九周岁,已经具备正常的感知、记忆和表达能力。

被害人作证时都已成年,无论是生理上还是精神上都已经具有完整的辨别是非和正确表达的能力,能够知晓作伪证、诬陷他人的严重性和法律后果。被害人冒着影响名誉和前途的风险,向公安机关揭发被告人的犯罪事实,而且多次陈述的内容前后一致。虽案发至今已有一定的时间,记忆上会有偏差,对案件的细微琐碎之处陈述难免有些出入,实属正常,但在主要犯罪事实方面并无显著矛盾。尤其是在每一桩犯罪事实发生的时间、地点、发生性关系的先后顺序、事后各被害人所得钱财数额等细节上,4名被害人陈述都能相互吻合,其真实可靠程度较高。

对于被告人的供述与辩解,尤其是二审庭审中,其称与本案被害人家属均有矛盾,系受人陷害,没有强奸本案4名被害人的犯罪事实,本案合议庭成员经过全案审查,通过二审开庭传唤本案4名被害人出庭作证的方式进一步增强了在案证据的说服力。4名被害人在不顾自身名誉受影响的情况下,依然愿意出庭作证,指证被告人。在法庭上,雷某3陈述2011年与雷某2在被告人家二楼和其一起发生过性关系；雷某2陈述和被告人曾在某地开房，和雷某3、雷某1一起与被告人发生过性关系；雷某1陈述与雷某2一起与被告人在自己家中发生过一次性关系，和谢某某一起与被告人在学校后山等地发生过性关系；谢某某陈述与雷某1在学校后山等地与被告人发生过性关系。4名被害人出庭作证，一方面加强了其先前陈述的可靠性，另一方面削弱了被告人无罪辩解的真实性。此外，经公安机关调查所证，张家确因琐事与本案被害人雷某2、雷某1的叔叔雷某乙等人发生过矛盾，但没有证据证实本案4名被害人因家人与被告人之间有矛盾而陷害张某某。本案中被害人共有4位，并非都是雷家人；且有证人证言证实被告人与谢家并无矛盾。故此，没有理由相信4名被害人均会以牺牲自己的清誉、影响现有家庭生活的稳定和谐而去诋毁一个未对其实施过犯罪行为的无辜教师，这明显违背常理。

最后，被告人的供述与辩解本身存在与在案证据相互矛盾而被告人又不能作出合理解释的地方。如，被告人否认被害人曾在其教师宿舍停留，却有在校的其他学生看见被害人经常往其宿舍跑。又如据被害人雷某2陈述，被告人曾带其到某地开过房，但被告人一直声称未曾在此地区的旅馆住宿过，而公安机关提供的国内旅馆住宿登记证实被告人在该地区旅社有过登记住宿，并于次日退房。证人谢某乙、何某某等人的证言也间接证实了被告人利用金钱引诱，先后在某旅社、被告人儿子经营的养殖场与被害人发生性关系的事实。被告人的供述也证实确在该时间段用摩托车搭载过雷某2，并遇上该村村民。

除此之外，综合全案的其他证据，能够不同程度地印证被害人所陈述的被告人的罪行：

（1）证人祁某某证实与何某某、雷某乙聊天时，大家谈到张某某与雷某2谈恋爱，雷某2、雷某3经常到张某某的宿舍。这在一定程度上能证明被告人与被害人雷某2的关系非同一般。

（2）谢某丙证实其与雷某2关系好，雷某2告诉自己，张某某经常喊她去发生性关系，然后拿钱给雷某2用，从几十到几百不等。张某某和雷某1、雷某2在雷某1家中一起先后发生性关系。张某某曾在一次栽树时，以金钱为引诱，要求自己、雷某2、谢某乙和他发生性关系。

（3）谢某乙证实经常看到雷某2去张某某宿舍待很长时间才出来，在自己读五年级的时候，张某某曾发信息给自己，以金钱引诱和他睡觉。张某某曾在一次栽树时，以金钱引诱要求自己、雷某2、谢某丙和他睡觉。

证人谢某丙和谢某乙的证言从另一个方面反映了被告人平时存在不检点的地方，否则作为人民教师，为什么会不止一次地向学生发出如此内容的信息？该证人证言有利于法官加强内心的确信。

(4) 何某某、雷某 3 证实雷某 2 曾说过张某某带她到某地玩,给了她 50 元钱。读五年级的时候,曾问过雷某 2 钱的来源,雷某 2 说是张某某所给。

(5) 雷某丁的证言证实 2011 年农历十月中旬的一晚,看见自己牛圈门口有人,走近看见张某某用手抱住雷某 2。

上述几位证人证言所证虽多来源于被害人,理论上属传来证据,但是在本案侦破之前所形成,且几位证人与本案被告人皆无利害关系,其可信度较高,能够与在案的其他证据所证实的部分犯罪事实相互印证,进一步加强了法官的内心确信。

(6) 公安机关搜查笔录及照片、扣押/发还物品、文件清单证实:在张某某住宅墙壁一装照片袋子内发现谢某某照片一张,书桌上发现碟片五张、手机四部。从张某某的教师宿舍床头夹层发现碟片一张,壮阳药瓶一个,内有壮阳药一颗。虽然这些物证并不能证明被告人实施了犯罪,但在综合本案所有证据之后,有利于进一步加强法官的内心确信。

综上,尽管本案被告人一直否认犯罪事实,但合议庭在对在案的各个证据逐一审查判断属实后,发现全案证据与案件事实间并无矛盾,在案证据共同指向了同一待证事实,即被告人与 4 名被害人之间多次发生了性行为。各证据间能够相互印证,形成一个协调一致的证据体系及闭合的证明锁链,锁定被告人作案,而且整个案件事实的发展过程也合乎逻辑和经验。故此,一审法院认定被告人采取金钱利诱的手段,先后与雷某 1 及谢某某一起发生两次性关系、与雷某 2 及雷某 1 一起发生一次性关系、与雷某 3 及雷某 2 一起发生一次性关系、与雷某 2 单独发生多次性关系,并事后给予各被害人少量金钱的事实是清楚的。鉴于本案案发时 4 名被害人均不满十四周岁,根据《刑法》第二百三十六条的相关规定,一审法院以强奸罪判处被告人张某某无期徒刑是正确的。

样本案例三

陕西省××市××人民检察院诉王某某猥亵儿童案

- **法院**

陕西省××中级人民法院

- **诉讼主体**

公诉机关:陕西省××市人民检察院

被告人：王某某

• **基本案情**

一审法院认定，2019年8月14日18时许，被告人王某某持13号车厢001号下铺车票，乘列车由上海前往西安。当晚，被告人王某某趁该次列车13号车厢002号中铺的女童钟某某熟睡之机，对被害人进行猥亵。

一审法院认定上述事实的证据有：（1）受案登记表、报案材料、归案情况说明；（2）被害人钟某某户口本复印件；（3）西安交大二附院门诊病历记录；（4）辨认笔录；（5）证人唐某某的证言；（6）证人周某某的证言；（7）证人李某某的证言；（8）证人魏某某的证言；（9）证人赵某某的证言；（10）被害人钟某某的陈述；另有被告人王某某户籍证明、提取笔录、提取物证登记表、扣押决定书、扣押清单等证据在案佐证。

一审法院据此认为，被告人王某某在公众场合当众猥亵不满十二周岁的儿童，其行为已触犯了《刑法》第二百三十七条之规定，构成猥亵儿童罪。公诉机关指控被告人王某某犯猥亵儿童罪的事实及罪名成立，一审法院予以支持。被告人王某某猥亵儿童，予以从重处罚。关于被告人王某某辩称其没有对被害人实施猥亵行为，其辩护人提出对被告人王某某猥亵情节认定系单证的辩护意见。经查，被害人钟某某在遭遇侵害时年满七周岁，其陈述合乎情理、逻辑，对细节的描述符合其认知和表达能力，且有证人证言、辨认笔录等证据相互印证。故对被告人的辩解意见及其辩护人的辩护意见不予采纳。对于辩护人提出被告人王某某不属于在公众场所当众猥亵的辩护意见，经查，根据最高人民法院、最高人民检察院、公安部、司法部《关于依法惩治性侵害未成年人犯罪的意见》第二十三条的规定，在校园等公众场合对未成年人实施猥亵犯罪的，只要有其他多人在场，不论在场人员是否实际看到，均认定为在公众场所当众猥亵儿童，被告人王某某在火车车厢内有多名乘客的情况下，对被害人进行猥亵，故该辩护意见于法无据，不予支持。综合被告人王某某犯罪的事实、性质、情节及社会危害程度，为保护公民人身权利，惩罚犯罪，依照《刑法》第二百三十七条之规定，以猥亵儿童罪判处被告人王某某有期徒刑六年。被告人不服，提起上诉。

• **案件争点**

一审判决认定事实和适用法律是否正确？定罪是否准确？量刑是否适当？审判程序是否合法？

• **裁判要旨**

经审理查明，一审法院认定上诉人王某某猥亵儿童的事实清楚，证据确实、充分，二审法院予以确认。

对上诉人王某某及其辩护人所提意见，二审法院综合评判如下：

1. 关于王某某提出一审判决书在认定其具体犯罪情节存在错误、证据不足的意见及本案案卷证据中也没有物证证据能够证明其对被害人实施猥亵行为的意见。二审法院认为，本案中被害人陈述稳定自然，对于细节的描述符合正常记忆认知和表达能力，上诉人辩解没有证据支持。故该上诉理由不能成立，二审法院不予采纳。

2. 关于王某某提出本案众多证人的言辞证据均属于传来证据，只能说明其存在一定的犯罪可能性的意见。二审法院认为，证人证言虽然是传来证据，但被害人家长与上诉人之前不存在矛盾，且是在犯罪发生之后即得知有关情况，符合案发实际，因此证明力较强。综合全案证据看，足以排除合理怀疑，能够认定上诉人猥亵儿童的犯罪事实。故该上诉理由不能成立，二审法院不予采纳。

3. 关于王某某提出其之前因猥亵妇女被行政处罚的证据，不能证明其在案发当日的具体犯罪情况的意见。因一审判决书并未采用该证据，故该上诉理由不能成立，二审法院不予采纳。

综上，一审判决认定事实清楚，证据确实、充分，定罪及适用法律正确，量刑适当，审判程序合法，应予维持。二审法院裁定驳回上诉人王某某的上诉，维持原判，以猥亵儿童罪判处被告人王某某有期徒刑六年。

三、司法案例类案甄别

（一）事实对比

样本案例一王某某强奸案，2017年6月11日上午，被告人王某某在某机械厂更衣室内，采用强脱裤子等手段，对薛某某实施了奸淫。

样本案例二张某某强奸案，2007年7月至2011年6月期间，被告人张某某利用其担任某小学教师的便利条件，采取金钱利诱的手段，先后在该小学后山等处5次骗取该校女学生雷某1、谢某某、雷某2、雷某3与之发生性关系，被告人张某某在每次得逞后均给予各被害人少量金钱。

样本案例三王某某猥亵儿童案，2019年8月14日18时许，被告人王某某持13号车厢001号下铺车票，乘列车由上海前往西安。当晚，被告人王某某趁该次列车13号车厢002号中铺的女童钟某某熟睡之机，对被害人进行猥亵。

从认定事实情况看，在样本案例一、二、三中，证据审查均在被害人陈述的事实基础上,通过间接证据的印证和补强,准确认定事实。样本案例一被害人虽系未成年人,且有二级精神残疾,但其案发时已经满十六周岁,具有正确表达自己认识的行为能力,没有证据或线索反映被害人作虚假陈述,现有在案证据亦未发现与其陈述相矛盾的证据,故被害人的陈述可以作为定案依据;样本案例二各证据间能够相互印证,形成一个协调一致的证据体系及闭合的证明锁链,锁定被告人作案,而且整个案件事实的发展过程也合乎逻辑和经验;样本案例三被害人钟某某在遭遇侵害时年满七周岁,其陈述合乎情理、逻辑,对细节的描述符合其认知和表达能力,且有证人证言、辨认笔录等证据相互印证。

(二)适用法律对比

样本案例一一审法院认为,被告人王某某采用暴力手段强奸妇女,其行为已构成强奸罪。被告人王某某强奸未满十八周岁的少女、有前科,酌情从重处罚;被告人王某某对被害人进行了补偿并取得被害人谅解,酌情从轻处罚。依照《刑法》第二百三十六条第一款之规定,以强奸罪判处被告人王某某有期徒刑三年二个月。二审法院认为,上诉人王某某采用暴力手段强行与被害人发生性关系,其行为已构成强奸罪。上诉人王某某强奸未成年人,且有前科,酌情从重处罚;上诉人王某某对被害人进行了补偿并取得被害人谅解,酌情从轻处罚。一审判决认定事实和适用法律正确,定罪准确,量刑适当,审判程序合法。驳回上诉,维持原判。

样本案例二张某某强奸案,法院经审理认为,被告人张某某利用其教师的特殊身份,采取金钱利诱的手段,骗取该校4名不满十四周岁的女学生与之发生性关系,其行为已构成强奸罪。公诉机关指控的罪名成立,予以确认。被告人张某某奸淫不满十四周岁的幼女,且4名被害人均为农村留守儿童,故其犯罪情节恶劣,应从严惩处。据此,依照《刑法》第二百三十六条第二款,第三款第一项、第二项,第五十七条第一款的规定,判决被告人张某某犯强奸罪,判处无期徒刑,剥夺政治权利终身。二审合议庭在对在案的各个证据逐一审查判断后,发现全案证据与案件事实间并无矛盾,在案证据共同指向了同一待证事实,即被告人与4名被害人之间多次发生了性行为。各证据间能够相互印证,形成一个协调一致的证据体系及闭合的证明锁链,锁定被告人作案,而且整个案件事实的发展过程也合乎逻辑和经验,一审法院认定的事实清楚。鉴于本案案发时4名被害人均不满十四周岁,根据《刑法》第二百三十六条的相关规定,一审法院以强奸罪判处被告人张某某无期徒刑是正确的。

样本案例三王某某猥亵儿童案,一审法院认为,被告人王某某在公众场合当众猥亵不满十二周岁的儿童,其行为已触犯了《刑法》第二百三十七条之规定，构成猥亵儿童罪。公诉机关指控被告人王某某犯猥亵儿童罪的事实及罪名成立，一审法院予以支持。被告人王某某猥亵儿童，予以从重处罚。综合被告人王某某犯罪的事实、性质、情节及社会危害程度，为保护公民人身权利，惩罚犯罪，依照《刑法》第二百三十七条之规定，以猥亵儿童罪判处被告人王某某有期徒刑六年。二审法院认为，一审判决认定事实清楚，证据确实、充分，定罪及适用法律正确，量刑适当，审判程序合法，应予维持。二审法院裁定驳回上诉人王某某上诉，维持原判。

（三）适用法律程序对比

从适用法律程序情况看，按照《最高人民法院关于人民法院案件案号的若干规定》要求，样本案例一、二、三适用的均为刑事二审程序。

（四）类案大数据报告

时间截至2022年11月16日，案例来源为Alpha案例库，案件数量为261件，数据采集时间为2022年11月16日，本次检索共获取关于认定性侵未成年人犯罪的裁判文书211篇。

从案件程序分类统计可以看到性侵未成年人犯罪当前的审理程序分布状况，一审案件有163件，二审案件有61件，再审案件有9件，执行案件有28件。

如图13-1所示，对二审裁判结果进行可视化分析可以看到，当前条件下维持原判的有43件，占比为70.49%；改判的有13件，占比为21.31%；其他为5件，占比为8.2%。

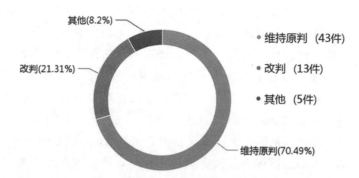

图13-1 二审裁判结果情况

如图13-2所示，对再审裁判结果进行可视化分析可以看到，当前条件下其他的有4件，占比为44.45%；维持原判的有3件，占比为33.33%；撤回再审申请的有1件，占比为11.11%；改判的有1件，占比11.11%。

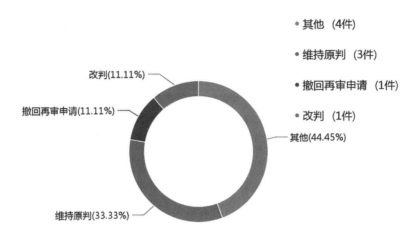

图 13-2 再审裁判结果情况

如图 13-3 所示，对主刑适用情况进行可视化可以看到，当前条件下包含有期徒刑的案件有 165 件，包含无期徒刑的案件有 2 件，包含死刑的案件有 2 件。其中包含缓刑的案件有 3 件，没有免予刑事处罚的案件。

图 13-3 主刑适用情况

如图 13-4 所示，对附加刑适用情况进行可视化可以看到，当前条件下包含剥夺政治权利的案件有 15 件，包含罚金的案件有 6 件，包含驱逐出境的案件有 2 件。

图 13-4 附加刑适用情况

四、类案裁判规则的解析确立

证据是刑事案件的基础和生命,没有证据或证据未达到确实、充分的标准,就无从认定案件事实、准确适用法律,进而无法惩罚犯罪,保障人权。性侵未成年人刑事案件本身具有隐私性、证据不易收集、被害人陈述难以核实等特点,导致此类案件呈现出言词证据多但易反复、客观证据少、物证书证少等特殊性。根据无罪推定的刑事诉讼原则,检察机关承担证明被告人有罪的举证、责任,即向法院提起公诉、指控被告人犯罪。在办理性侵未成年人刑事案件过程中,检察机关应以科学的办案方法为指导,综合审查判断全案证据,结合逻辑规则和生活经验,查明案件事实真相,依法打击犯罪。

重点审查分析未成年被害人陈述的真实性。检察机关在审查起诉此类案件过程中,经常遇到犯罪嫌疑人不认罪或者犯罪嫌疑人先认罪后翻供的情况,此时应当以被害人的陈述为中心来展开证据审查。被害人年纪比较轻,社会阅历比较少,思想比较单纯,因而其陈述具有很高的可采性。对未成年被害人陈述,重点审查分析被害人是什么时间、基于什么原因报案,是否存在影响被害人如实陈述的其他因素;对被害人行为合理性的问题,检察人员通过对被害人的生活环境、家庭情况等进行社会调查,辅助判断其性观念和行为习惯;关于未成年被害人陈述细节上有夸张、矛盾的问题,司法人员不应追求毫无疑点,而应在对证据全面审查的基础上,通过证据的相互印证,达到内心确信。

特殊身份证人证言的采信原则。对于特殊身份的证人证言,尽管其与案件处理存在利害关系,但不能天然地选择不采信。检察人员应对该类证人与犯罪嫌疑人之间平日关系的亲疏情况进行一定的社会调查,据此加强或减弱对证言的确信。一方面看证言内容与被害人的说法是否相吻合,尤其在主要情节上是否一致;另一方面,看其与犯罪嫌疑人之间的关系,如果犯罪嫌疑人提出被害人家属存在诬告陷害的情况,就需要审查双方之间到底有没有矛盾,矛盾是否达到让其可能去诬告陷害的程度。如果双方之间不存在其他矛盾,被害人亲属一般不会轻易拿此类可能有损孩子名誉的事情冒险。

犯罪嫌疑人口供的审查。在性侵未成年人案件中,犯罪嫌疑人的供述经常前后矛盾,应重点讯问其翻供的理由,对于没有正常合理的翻供理由的,应通过观看同步录音录像审查其之前有罪供述的真实性,同时结合在案的其他证据进行综合审查判断。

加强间接证据的运用。2013年施行的《最高人民法院关于适用〈中华人民共和国刑事诉讼法〉的解释》[①]第一百零五条首次以司法解释的形式明确了经验规则在刑事诉讼证明标准中的地位,在没有直接证据的情况下,允许司法人员运用间接证据结合逻辑和经验进行推理。有些性侵案件中,未成年被害人的表述能力有限,加之犯罪嫌疑人零口供,侦查机关应当扩大间接证据的收集范围,以间接证据为切入点组织指控证据链。通过收集案发现场相关信息、双方交往情况、证据的来源、双方品格调查等间接证据来判断作案动机、作案的可能性、行为的性质、供述的真实性等。

五、关联法律法规

（一）《中华人民共和国刑法》（2023年修正）

第二百三十六条 以暴力、胁迫或者其他手段强奸妇女的,处三年以上十年以下有期徒刑。

奸淫不满十四周岁的幼女的,以强奸论,从重处罚。

强奸妇女、奸淫幼女,有下列情形之一的,处十年以上有期徒刑、无期徒刑或者死刑：（一）强奸妇女、奸淫幼女情节恶劣的；（二）强奸妇女、奸淫幼女多人的；（三）在公共场所当众强奸妇女、奸淫幼女的；（四）二人以上轮奸的；（五）奸淫不满十周岁的幼女或者造成幼女伤害的；（六）致使被害人重伤、死亡或者造成其他严重后果的。

（二）《最高人民法院关于适用〈中华人民共和国刑事诉讼法〉的解释》（2021年3月1日施行）

第一百四十条 没有直接证据,但间接证据同时符合下列条件的,可以认定被告人有罪：（一）证据已经查证属实；（二）证据之间相互印证,不存在无法排除的矛盾和无法解释的疑问；（三）全案证据形成完整的证据链；（四）根据证据认定案件事实足以排除合理怀疑,结论具有唯一性；（五）运用证据进行的推理符合逻辑和经验。

---

① 已被2021年施行的《最高人民法院关于适用〈中华人民共和国刑事诉讼法〉的解释》废止,本书下同。

未成年人刑事犯罪法律适用

第 14 条

未成年人与成年人共同犯罪,因其犯罪行为造成经济损失的,由于未成年人没有经济能力,依法应当由未成年人的监护人及成年同案犯承担连带责任。未成年被告人有个人财产的,应当由本人承担民事赔偿责任

一、聚焦司法案件裁判观点

■ **争议焦点**

未成年被告人如何承担民事赔偿责任?

■ **裁判观点**

未成年人与成年人共同犯罪,因其犯罪行为给被害人造成经济损失的,如果涉案未成年人被告没有经济能力,应当由未成年人的监护人及成年同案犯依法承担连带责任。未成年被告人有个人财产的,应当由本人承担民事赔偿责任。

二、司法案例样本对比

样本案例一

海南省××市××区人民检察院诉王某某寻衅滋事案

- **法院**

海南省××市××区人民法院

- **诉讼主体**

公诉机关:海南省××市××区人民检察院

被告人:王某某

- **基本案情**

2018年7月11日凌晨3时许,被告人王某某与代某某(另案处理)在海南省某酒吧跳舞时，代某某与被害人颜某某因相互发生碰撞产生矛盾，代某某将颜某某踢下 DJ 台，颜某某及其朋友邓某某与代某某开始相互激烈扭打，造成现场秩序混乱。之后，酒吧保安将代某某、颜某某等人控制，并向派出所报案。民警到场后将代某某和邓某某带回派出所进行调查。凌晨 4 时许，被告人王某某伙同刘某某（另案处理）等多人在酒吧门口，被告人王某某持刀砍向颜某某，但被人拦下。颜某某随即逃跑，刘某某等人继续追至酒吧对面一条小巷里将颜某某砍伤。经鉴定，颜某某左肩背、背腰部及左上肢体部刀砍伤，造成左肩峰骨折等，其损伤程度为轻伤一级。

被害人颜某某受伤后于 2018 年 7 月 11 日至 2018 年 8 月 14 日住院治疗 35 天，医疗费 51 517.25 元。经司法鉴定中心鉴定，后续治疗费 12 000 元，评定误工 365 日，护理 150 日，营养 90 日，护理人数原则上 1 人。被害人颜某某所受经济损失为：医疗费 51 517.25 元，后续治疗费 12 000 元，营养费 4 500 元，交通费 1 000 元，住院伙食补助费 3 400 元，护理费 30 858 元，鉴定费 1 400 元，误工费 33 349 元，上述各项共计 138 024.25 元。

另查明，海南省××市××区人民法院于 2019 年 8 月 14 日作出刑事附带民事判决，限同案犯刘某某在判决生效之日起一个月内赔偿附带民事诉讼原告人颜某某医疗费、后续治疗费、护理费、误工费、营养费、交通费、住院伙食补助费、鉴定费共计 138 024.25 元。

- 案件争点

被告人王某某的行为如何定性及附带民事责任应当如何分配？

- 裁判要旨

法院认为，被告人王某某在公共场所结伙持刀随意殴打他人，致一人轻伤一级，情节恶劣，其行为已构成寻衅滋事罪，应予惩处。公诉机关指控被告人王某某犯寻衅滋事罪，事实清楚，证据确实、充分，罪名成立，应予支持。被告人王某某犯罪时未满十八周岁，依法应当从轻处罚；案发后，被告人王某某主动向公安机关投案，并如实供述其罪行，属自首，依法可以从轻处罚；被告人王某某使用管制刀具作案，对其可酌情从重处罚。辩护人的相关辩护意见予以采纳。

关于附带民事责任部分，被告人王某某及其同案犯刘某某的寻衅滋事行为给被害人颜某某造成共计 138 024.25 元的经济损失，对于该经济损失，应由被告人王某某及同案犯刘某某承担连带赔偿责任。鉴于被告人王某某案发时系未成年人，没有经济能力，因其犯罪行为所造成的经济损失，依法应当由其监护人承担赔偿责任，故对于颜某某的经济损失应由其监护人及同案犯刘某某依法承担连带责任。

样本案例二
海南省××市××区人民检察院诉吴某某故意伤害案

- **法院**

海南省××市××区人民法院

- **诉讼主体**

公诉机关：海南省××市××区人民检察院
被告人：吴某某

- **基本案情**

2018年10月20日凌晨1时许，被告人吴某某在海南省某KTV包厢内工作时，被害人王某某因开玩笑撒尿在其身上，吴某某十分生气，便发信息给其男友邓某某，让邓某某报复王某某。同日清晨5时30分许，邓某某纠集"阿毛"等人到KTV包厢门口，经吴某某指认，邓某某、"阿毛"等人进入该包厢后用小斧头将王某某砍伤。经公安司法鉴定中心鉴定，王某某所受损伤为重伤二级；经司法鉴定中心鉴定，王某某结肠肝曲系膜破裂修补术后，评定为十级伤残。

附带民事诉讼原告人王某某受伤后，入院共计治疗11天，经鉴定，王某某的后续治疗费为3 000元左右，误工期为90日左右，护理期为60日左右，营养期为60日左右，护理人数为1人。王某某所受经济损失为：医疗费36 470.24元，护理费7 200元，交通费酌定1 000元，鉴定费2 900元，住院伙食补助费1 100元，营养费酌定3 000元，后续治疗费3 000元，共计54 670.24元。

- **案件争点**

被告人吴某某的行为如何定性及附带民事责任如何承担与分配？

- **裁判要旨**

法院认为，被告人吴某某伙同他人持凶器故意伤害他人身体，并致一人重伤，造成十级伤残，其行为已构成故意伤害罪。公诉机关指控被告人吴某某犯故意伤害罪，事实清楚，证据确实、充分，罪名成立，应予支持。被告人吴某某犯罪时未满十八周岁，依法应当减轻处罚；被告人吴某某归案后，如实供述其罪行，依法可从轻处罚；本案被害人对案件的发生具有一定的过错，对被告人可酌情从轻处罚。被告人的故意伤害行为造成附带民事原告人王某某的经济损失应予赔偿，赔偿总额为 54 670.24 元。附带民事原告人王某某主张的残疾赔偿金、精神损害抚慰金不属于刑事附带民事诉讼的赔偿范围，法院不予支持。被害人对案件的发生具有一定的过错，应承担 30% 的责任，被告人应承担 70% 的赔偿责任，即 38 269.168 元。鉴于被告人案发时系未成年人，没有经济能力，因其犯罪行为所造成的经济损失，依法应当由其监护人承担赔偿责任。

样本案例三

贵州省××市人民检察院诉陈某某故意杀人案

- **法院**

贵州省××市中级人民法院

- **诉讼主体**

公诉机关：贵州省××市人民检察院
被告人：陈某某

- **基本案情**

2014 年 9 月 23 日凌晨，被告人陈某某等人酒后与他人发生口角，陈某某到宿舍拿上刀具准备和对方打架，未寻找到对方后准备前往某街打麻将。凌晨 4 时许，被告人陈某某、饶某某、陈某 1（另案处理）、"癫头"等人途经某路口时，陈某某因看不惯脱手骑踏板车经过的张某 1，便辱骂张某 1。张某 1 被骂后将此事告知被害人张某 3（殁年十九岁）及被告人陈某 2、陈某 3（另案处理）等人，并邀约张某 3、陈某 2、陈某 3 等人去教训对方。张某 3、陈某 2 各持一个啤酒瓶，由张某 1 骑踏板车载张某 3、陈某 2、陈某 3 等人找到饶某某、陈某 1、"癫头"等人后，陈某 2 用啤酒瓶打陈某 1，张某 3 用啤酒瓶打饶某某，饶某某见状叫喊已进麻将馆的陈某某前来帮忙，陈某某出来后见陈某 1 被陈某 2 打，便拿出随身携带的刀具刺了陈某 2 的胸部三刀，见饶某某被张某 3 打，又持刀具刺了张某3几刀后二人扭打到路边的巷子里，陈某某将张某3扭倒并骑在张某3身上对张某3一阵乱刺，张某3与陈某某抢刀，陈某2等人见状为张某3求饶，陈某某持刀逃离现场。张某1从地上捡起啤酒瓶碎片去砸饶某某，饶某某扔手机砸向张某1面部，并将张某1追跑。张某3颈部、腰部、腋部、肩部、臂部等处被陈某某刺十二刀后经抢救无效死亡。陈某某在与张某3抢刀时左腰部、左拇指被刺伤。经公安司法鉴定中心鉴定：张某3系左腋前线第四肋创口致左肺破裂、心包破裂、肺静脉破裂大失血死亡；陈某2系锐器刺伤左胸部致肺叶裂伤，损伤程度评定为重伤二级；陈某某系锐器刺伤肾挫裂伤，损伤程度评定为轻伤二级。

• 案件争点

本案被告人的行为如何定性及赔偿责任如何承担？

• 裁判要旨

法院认为，被告人陈某某在聚众斗殴中，持刀具非法剥夺他人生命，致一人死亡一人重伤，其行为构成故意杀人罪。被告人陈某某主观恶性大，犯罪手段残忍，后果严重，应依法惩处。但鉴于本案系被告人张某1、陈某2及被害人张某3等人先殴打陈某某一方的饶某某等人引发斗殴，亦存在过错，案发时陈某某刚满十八周岁，斗殴中也受轻伤，对其依法判处死刑可不立即执行。被告人张某1纠集多人持械斗殴，起组织作用，其行为构成聚众斗殴罪，系主犯。案发时被告人张某1未满十八周岁，依法应从轻处罚。被告人饶某某、陈某2持械积极参加斗殴，其行为构成聚众斗殴罪，在共同犯罪中起次要作用，系从犯，依法应从轻、减轻处罚。被告人饶某某曾因故意犯罪被判处有期徒刑，刑罚执行完毕后五年内再犯应当判处有期徒刑以上刑罚之罪，系累犯，依法应从重处罚。

被告人陈某2亲属自愿赔偿被害人亲属20 000元，法院予以确认。被告人陈某2在互殴中被刺成重伤，且积极赔偿被害人亲属，认罪、悔罪态度好，可酌情从轻处罚。被告人饶某某、张某1、陈某2到案后均能如实供述其罪行，依法可从轻处罚。公诉机关指控的事实及罪名成立，法院予以确认。各被告人及辩护人的相关辩护意见，予以采纳。被告人的犯罪行为给附带民事诉讼原告人张某2造成的直接经济损失依法应予赔偿，对附带民事诉讼原告人张某2主张的精神抚慰金、死亡赔偿金因不属于刑事附带民事赔偿范围，不予支持。案发时被告人张某1已满十六周岁未满十八周岁，但其以自己的劳动收入为主要生活来源，视为完全民事行为能力人，由其自行承担民事赔偿责任。

三、司法案例类案甄别

（一）事实对比

样本案例一王某某寻衅滋事案，2018年7月11日凌晨3时许，被告人王某某与代某某在海南省某酒吧跳舞时，代某某与被害人颜某某因相互发生碰撞产生矛盾，代某某将颜某某踢下DJ台，颜某某及其朋友邓某某与代某某开始相互激烈扭打，造成现场秩序混乱。之后，酒吧保安将代某某、颜某某等人控制，并向派出所报案。民警到场后将代某某和邓某某带回派出所进行调查。凌晨4时许，被告人王某某伙同刘某某等多人在酒吧门口处，持刀欲找颜某某等人进行报复。在酒吧门口，被告人王某某持刀砍向颜某某，但被人拦下。颜某某随即逃跑，刘某某等人继续去追，追至酒吧对面一条小巷里将颜某某砍伤。经鉴定，颜某某左肩背、背腰部及左上肢体部刀砍伤，造成左肩峰骨折等，其损伤程度为轻伤一级。

样本案例二吴某某故意伤害案，2018年10月20日凌晨1时许，被告人吴某某在海南省某KTV包厢内工作时，被害人王某某因开玩笑撒尿在其身上，吴某某十分生气，便发信息给其男友邓某某，让邓某某报复王某某。同日5时30分许，邓某某纠集"阿毛"等人到KTV包厢门口，经吴某某指认，邓某某、"阿毛"等人进入该包厢后用小斧头将王某某砍伤。经公安司法鉴定中心鉴定，王某某所受损伤为重伤二级；经司法鉴定中心鉴定，王某某结肠肝曲系膜破裂修补术后，评定为十级伤残。

样本案例三陈某某故意杀人案，被告人陈某某等人酒后与他人发生口角，遂持刀具准备和对方打架，找寻未果的情况下因看不惯脱手骑踏板车经过的被告人张某1，便辱骂张某1。张某1被骂后邀约张某3、陈某2、陈某3等人去教训对方。张某3、陈某2各持一个啤酒瓶，由张某1骑踏板车载张某3、陈某2、陈某3等人找到饶某某、陈某1、"癫头"等人后，陈某2用啤酒瓶打陈某1，张某3用啤酒瓶打饶某某，饶某某见状叫喊已进麻将馆的陈某某前来帮忙，陈某某出来后见陈某1被陈某2打，便拿出随身携带的刀具刺了陈某2的胸部三刀，见饶某某被张某3打，又持刀具刺了张某3几刀后二人扭打到路边的巷子里，陈某某将张某3扭倒并骑在张某3身上对张某3一阵乱刺，张某3与陈某某抢刀，陈某2等人见状为张某3求饶，陈某某持刀逃离现场。张某1从地上捡起啤酒瓶碎片去砸饶某某，饶某某扔手机砸向张某1面部，并将张某1追跑。张某3颈部、腰部、腋部、肩部、臂部等处被陈某某刺十二刀后经抢救无效死亡。陈某某在与张某3抢刀时左腰部、左拇指被刺伤。经公安司法鉴定中心鉴定：张某3系左腋前线第四肋创口致左肺破裂、心包破裂、肺静脉破裂大失血死亡；陈某2系锐器刺伤左胸部致肺叶裂伤，损伤程度评定为重伤二级；陈某某系锐器刺伤肾挫裂伤，损伤程度评定为轻伤二级。案发时陈某某刚满十八周岁。

从认定事实情况看，样本案例一、二、三均围绕被告人行为定性、犯罪年龄及附带民事责任承担与分配等内容展开。

样本案例一被告人王某某在公共场所结伙持刀随意殴打他人，致一人轻伤一级，情节恶劣，其行为已构成寻衅滋事罪，犯罪时未满十八周岁，没有经济能力，因其犯罪行为所造成的经济损失，依法应当由其监护人承担赔偿责任，故对于颜某某的经济损失应由其监护人及同案犯依法承担连带责任。

样本案例二被告人吴某某伙同他人持凶器故意伤害他人身体健康，并致一人重伤，造成十级伤残，其行为已构成故意伤害罪，犯罪时未满十八周岁。被害人对案件的发生具有一定的过错，应承担30％的责任，被告人应承担70％的赔偿责任。鉴于被告人案发时系未成年人，没有经济能力，因其犯罪行为所造成的经济损失，依法应当由其监护人承担赔偿责任。样本案例三被告人陈某某在聚众斗殴中，持刀具非法剥夺他人生命，致一人死亡一人重伤，其行为构成故意杀人罪。案发时陈某某刚满十八周岁，斗殴中也受轻伤，对其依法判处死刑可不立即执行。被告人的犯罪行为给附带民事诉讼原告人张某2造成的直接经济损失依法应予赔偿，对附带民事诉讼原告人张某2主张的精神抚慰金、死亡赔偿金因不属于刑事附带民事赔偿范围，不予支持。

（二）适用法律对比

样本案例一王某某寻衅滋事案，法院认为，被告人王某某在公共场所结伙持刀随意殴打他人，致一人轻伤一级，情节恶劣，其行为已构成寻衅滋事罪，应予惩处。公诉机关指控被告人王某某犯寻衅滋事罪，事实清楚，证据确实、充分，罪名成立，应予支持。被告人王某某犯罪时未满十八周岁，依法应当从轻处罚；案发后，被告人王某某自动向公安机关投案，并如实供述其罪行，属自首，依法可以从轻处罚；被告人王某某使用管制刀具作案，对其酌情从重处罚。辩护人的相关辩护意见予以采纳。关于附带民事部分，被告人王某某及其同案犯的寻衅滋事行为给被害人颜某某造成共计138 024.25元的经济损失，对于该经济损失，应由被告人王某某及同案犯承担连带赔偿责任。鉴于被告人王某某案发时系未成年人，没有经济能力，因其犯罪行为所造成的经济损失，依法应当由其监护人承担赔偿责任,故对于颜某某的经济损失应由其监护人及同案犯依法承担连带责任。

样本案例二吴某某故意伤害案,法院认为,被告人吴某某伙同他人持凶器故意伤害他人身体健康,并致一人重伤,造成十级伤残,其行为已构成故意伤害罪。公诉机关指控被告人吴某某犯故意伤害罪,事实清楚,证据确实、充分,罪名成立,应予支持。被告人吴某某犯罪时未满十八周岁,依法应当减轻处罚;被告人吴某某归案后,如实供述其罪行,依法可从轻处罚;本案被害人对案件的发生具有一定的过错,对被告人可酌情从轻处罚。被告人的故意伤害行为造成附带民事原告人王某某的经济损失应予赔偿,赔偿总额为 54 670.24 元。附带民事原告人王某某主张的残疾赔偿金、精神损害抚慰金不属于刑事附带民事诉讼的赔偿范围,法院不予支持。被害人对案件的发生具有一定的过错,应承担 30%的责任,被告人应承担 70%的赔偿责任,即 38 269.168 元。鉴于被告人案发时系未成年人,没有经济能力,因其犯罪行为所造成的经济损失,依法应当由其监护人承担赔偿责任。

样本案例三陈某某故意杀人案,法院认为,被告人陈某某在聚众斗殴中,持刀具非法剥夺他人生命,致一人死亡一人重伤,其行为构成故意杀人罪。被告人陈某某主观恶性大,犯罪手段残忍,后果严重,应依法惩处。但鉴于本案系被告人张某 1、陈某 2、被害人张某 3 等人先殴打陈某某一方的饶某某等人引发斗殴,亦存在过错,案发时陈某某刚满十八周岁,斗殴中也受轻伤,对其依法判处死刑可不立即执行。被告人的犯罪行为给附带民事诉讼原告人张某 2 造成的直接经济损失依法应予赔偿,对附带民事诉讼原告人张某 2 主张的精神抚慰金、死亡赔偿金因不属于刑事附带民事赔偿范围,不予支持。

(三)适用法律程序对比

从适用法律程序情况看,按照《最高人民法院关于人民法院案件案号的若干规定》要求和案件审理机关,样本案例一、二适用的均为刑事一审程序,样本案例三适用的为刑事二审程序。

(四)类案大数据报告

时间截至 2022 年 11 月 16 日,案例来源为 Alpha 案例库,案件数量为 4 036,数据采集时间为 2022 年 11 月 16 日,本次检索共获取关于认定未成年人与成年人共同犯罪的裁判文书 4 036 篇。

从案件程序分类统计可以看到,一审案件有 3 277 件,二审案件有 697 件,再审案件有 55 件,执行案件有 4 件,并能够推算出一审上诉率约为 21.27%。

如图 14-1 所示，对二审裁判结果进行可视化分析可以看到，当前条件下维持原判的有 439 件，占比为 62.98%；改判的有 236 件，占比为 33.86%；其他为 20 件，占比为 2.87%。

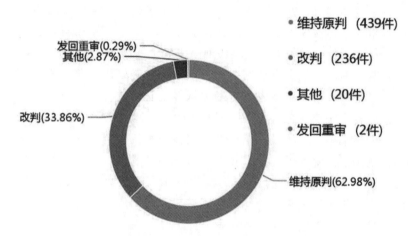

图 14-1　二审裁判结果情况

如图 14-2 所示，对再审裁判结果进行可视化分析可以看到，当前条件下改判的有 32 件，占比为 58.18%；维持原判的有 12 件，占比为 21.82%；其他为 11 件，占比为 20%。

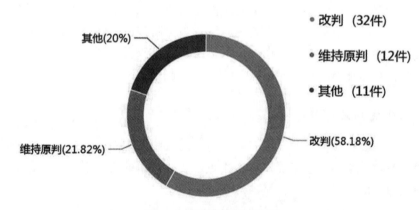

图 14-2　再审裁判结果情况

如图 14-3 所示，对主刑适用情况进行可视化可以看到，当前条件下包含有期徒刑的案件有 3 321 件，包含拘役的案件有 277 件，包含无期徒刑的案件有 202 件。

如图 14-4 所示，对附加刑适用情况进行可视化可以看到，当前条件下件包含罚金的案件有 633 件，包含剥夺政治权利的案件有 458 件，包含没收财产的案件有 82 件。

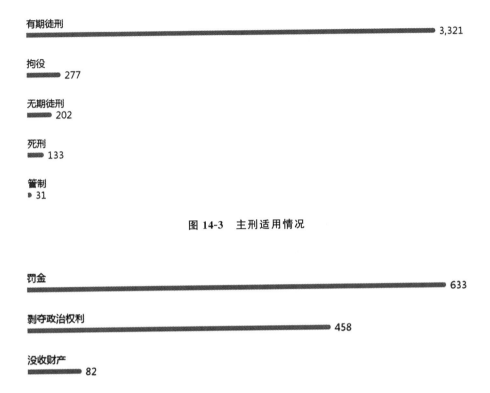

图 14-3　主刑适用情况

图 14-4　附加刑适用情况

四、类案裁判规则的解析确立

未成年人与成年人共同犯罪中，因其犯罪行为给被害人造成经济损失的，如果涉案被告未成年人没有经济能力，依法应当由未成年人的监护人及成年同案犯承担连带责任。未成年被告人有个人财产的，应当由本人承担民事赔偿责任。

精神抚慰金、死亡赔偿金因不属于刑事附带民事赔偿范围，不予支持。

案发时被告人已满十六周岁未满十八周岁，但其以自己的劳动收入为主要生活来源，视为完全民事行为能力人，由其自行承担民事赔偿责任。

五、关联法律法规

(一)《中华人民共和国刑事诉讼法》(2018年修正)

第一百零一条第一款 被害人由于被告人的犯罪行为而遭受物质损失的,在刑事诉讼过程中,有权提起附带民事诉讼。被害人死亡或者丧失行为能力的,被害人的法定代理人、近亲属有权提起附带民事诉讼。

(二)《最高人民法院关于适用〈中华人民共和国刑事诉讼法〉的解释》(2021年3月1日施行)

第一百八十条第一款 附带民事诉讼中依法负有赔偿责任的人包括:(一)刑事被告人以及未被追究刑事责任的其他共同侵害人;(二)刑事被告人的监护人……

第一百九十二条第一款、第二款 对附带民事诉讼作出判决,应当根据犯罪行为造成的物质损失,结合案件具体情况,确定被告人应当赔偿的数额。

犯罪行为造成被害人人身损害的,应当赔偿医疗费、护理费、交通费等为治疗和康复支付的合理费用,以及因误工减少的收入。造成被害人残疾的,还应当赔偿残疾生活辅助具费等费用;造成被害人死亡的,还应当赔偿丧葬费等费用。

未成年人刑事犯罪法律适用

第 15 条

附带民事诉讼案件中,原告已从同案人以及保险公司处获得足额赔偿,再要求未成年被告人及其监护人赔偿经济损失的诉讼请求,法院不予支持

一、聚焦司法案件裁判观点

■ 争议焦点

刑事附带民事诉讼案件中,原告已获得足额赔偿的,再要求未成年被告人及其监护人赔偿经济损失的诉讼请求,法院能否支持?

■ 裁判观点

刑事附带民事诉讼案件中,附带民事诉讼原告人在赔偿程序中,已从同案人以及保险公司处获得足额赔偿的,再要求未成年被告人及其监护人赔偿经济损失的诉讼请求,法院不予支持。

二、司法案例样本对比

样本案例一

海南省××市××区人民检察院诉汪某某故意伤害案

- 法院

海南省××市××区人民法院

- 诉讼主体

公诉机关:海南省××市××区人民检察院
被告人:汪某某

- 基本案情

2018年10月6日凌晨2时许,被告人汪某某和"小仔"、李某某、余某某

（二人均另案处理）驾驶电动车到海南省某超市，在余某某和汪某某进入超市买烟的过程中，在超市外等候的李某某、"小仔"与被害人王某某等人发生口角，随后引发肢体冲突，余某某、汪某某发现朋友李某某、"小仔"与他人发生冲突后，立即上前帮忙，汪某某手持扫把追打被害人王某某等人，"小仔"从自己驾驶的电动车内拿出一把弹簧刀及一把管刀，并将弹簧刀递给余某某，余某某、"小仔"拿刀吓跑王某某等人。随后余某某独自驾驶一辆电动车，汪某某驾驶电动车载着"小仔"、李某某，继续追赶对方至某中学大门西侧100米处时，"小仔"、李某某持刀将被害人王某某捅伤倒地，随后四人便逃离现场。经鉴定，被害人王某某的损伤为失血性休克、创伤性血气胸、全身多处开放性损伤、右肾包膜下出血，其中以肺破裂、创伤性血气胸为重，评定损伤程度为重伤二级，伤残等级为十级。

附带民事诉讼原告人王某某受伤后，住院治疗6天。王某某所受经济损失为：医疗费29 910.39元、护理费酌定500元、误工费酌定500元、住院伙食补助费酌定250元、营养费酌定500元，共计31 660.39元。在庭审中，附带民事诉讼原告人王某某的诉讼代理人自认在案发后王某某已获得同案人余某某给付的赔偿款30 000元以及保险公司给付的赔偿款10 000元。

• 案件争点

被告人汪某某的行为如何定性及附带民事责任应当如何分配？

• 裁判要旨

被告人汪某某伙同他人持刀故意伤害他人身体健康，致一人重伤二级，造成十级伤残，其行为已构成故意伤害罪。公诉机关指控被告人汪某某犯故意伤害罪，事实清楚，证据确实、充分，罪名成立，应予支持。被告人汪某某曾因犯故意伤害罪被宣告缓刑，在缓刑考验期限内又犯新罪，应当撤销缓刑，将前罪和后罪所判处的刑罚，数罪并罚。被告人汪某某犯罪时未满十八周岁，依法应当减轻处罚；案发后，被告人汪某某主动到公安机关投案，并如实供述罪行，是自首，依法可以对其从轻处罚；被害人系未成年人，可对被告人酌情从重处罚。被告人汪某某及辩护人的相关辩护意见予以采纳。

关于附带民事部分，被告人汪某某与他人实施的故意伤害行为给被害人王某某造成共计31 660.39元的经济损失。原告人王某某主张的残疾赔偿金不属于附带民事诉讼物质损失的赔偿范围，法院不予支持。因附带民事诉讼原告人王某某已从同案人余某某以及保险公司处获得足额赔偿，故附带民事诉讼原告人要求被告人汪某某及其监护人赔偿其各项经济损失共计93 294.39元的诉讼请求，法院不予支持。

样本案例二

陕西省××县人民检察院诉王某 1 等人寻衅滋事案

• 法院

陕西省××县人民法院

• 诉讼主体

公诉机关：陕西省××县人民检察院

被告人：王某 1、王某 2、李某某

• 基本案情

2011 年 12 月 4 日晚 11 时许，被告人王某 1 以范某某曾经殴打他为由，主动勾结并指使被告人王某 2、李某某前去找范某某，被告人王某 1 手持折叠刀、被告人李某某手持砍刀，将正在玩游戏的范某某头部、背部、腿部多处砍伤。经法医鉴定，被害人范某某的损伤程度属轻伤；2012 年 2 月 4 日中午 1 时许，被告人王某 1 伙同乔某 1（在逃）在某商务酒店房间以乔某 2 欺负乔某 3 为由，被告人王某 1 用房间烟灰缸、乔某 1 用拖把对乔某 2 头部、面部进行殴打。经法医鉴定，被害人乔某 2 的损伤程度属轻伤；2011 年 12 月 28 日晚 11 时许，杨某某（已不诉）与其女友等人到某酒店住宿，因住宿价格与酒店工作人员发生争执，杨某某用电话叫来被告人王某 1、王某 2、李某某等人在该酒店大厅闹事，杨某 1 将酒店前台水晶牌、验钞机砸坏，被告人王某 2 将两名工作人员打伤，并与被告人李某某将酒店大厅圣诞老人、展示牌砸坏。经物价部门鉴定，被损毁物品价值共计 2 340 元。经法医鉴定，被害人车某某、马某某的损伤程度均属轻微伤。

• 案件争点

被告人王某 1 等人的行为如何定性及附带民事责任应当如何分配？

• 裁判要旨

被告人王某 1、王某 2、李某某在公共场所起哄闹事，随意殴打他人，任意损毁酒店财物，破坏公共秩序，其行为均构成寻衅滋事罪。公诉机关指控上述三名被告人的犯罪事实和罪名成立。三名辩护人辩解的三被告人行为构成故意伤害罪以及被告人王某1的辩护人辩解的被告人王某1在某酒店的行为不构成犯罪之观点，经查，虽然被告人王某1纠集被告人王某2、李某某持刀戳伤被害人事出有因，但三被告人主观上故意在公共场所殴打他人，扰乱公共场所秩序，而且三被告人去某酒店是在被告人王某1接到同案人杨某某电话后纠集的被告人王某2、李某某，在酒店一楼大厅先是被告人王某1手持甩棍乱抡并大声喊叫，起哄闹事，无事生非，致使同案人杨某某与被告人王某2、李某某将酒店大厅物品损毁，随意殴打酒店工作人员，同时，被告人王某1多次在公共场所起哄闹事，其中在某酒店和某商务酒店随意殴打他人，故被告人王某1、王某2、李某某之行为符合寻衅滋事罪的犯罪构成要件，构成寻衅滋事罪，不构成故意伤害罪，对三名辩护人的辩护观点不予支持。被告人王某1在三次作案中以及被告人李某某在二次作案中具体实施伤害被害人行为、损毁酒店财物，均起了主要作用，并非次要作用；在某酒店被告人王某1等人将该酒店物品损毁后，在逃跑过程中，虽然被追赶的被害人车某某、马某某持棍殴打，但其行为亦表现出用随身携带的匕首故意戳伤被害人，致被害人轻微伤，被告人王某1之行为属故意伤害，并非过失伤害；对被告人王某1不适用《刑法》第二百九十三条第二款，而适用该条第一款的规定处罚，故对辩护人辩解的被告人王某2、李某某在共同作案中属从犯，被害人车某某、马某某属过失伤害以及诉讼代理人认为对被告人王某1适用《刑法》第二百九十三条第二款从重处罚不予支持。对被告人王某1及其法定代理人、辩护人提出的被告人王某1作案时为十七周岁，属未成年人，予以支持。对三名辩护人辩解的被害人范某某有过错予以支持。根据《最高人民法院关于执行〈中华人民共和国刑事诉讼法〉若干问题的解释》第八十六条第二项规定"附带民事诉讼中依法负有赔偿责任的人包括未成年刑事被告人的监护人"，对被害人乔某某负有赔偿责任的人为被告人王某1之父；被害人乔某某提出的要求赔偿其医疗费、误工费、护理费、营养费、住院伙食补助费、鉴定费、交通费，既有法律依据，又有事实根据，予以支持；被害人乔某某提出的要求赔偿其后续治疗费，因无证据，不以支持；根据《最高人民法院关于人民法院是否受理刑事案件被害人提起精神损害赔偿民事诉讼问题的批复》[①]规定的"对于刑事案件被害人由于被告人的犯罪行为而遭受精神损失提起的附带民事诉讼，或者在该刑事案件审结以后，被害人另行提起精神损害民事诉讼的，人民法院不予受理"，对被害人乔某某提出的要求赔偿其精神损失之请求不予支持；《陕西省高级人民法院关于审理刑事附

[①] 已因内容被2013年施行的《最高人民法院关于适用〈中华人民共和国刑事诉讼法〉的解释》修改而被2015年施行的《最高人民法院关于废止部分司法解释和司法解释性质文件（第十一批）的决定》废止，本书下同。

带民事诉讼案件的指导意见（试行）》第二十条第一款规定"共同犯罪案件，因部分犯罪嫌疑人在逃，导致在案被告人的地位、作用无法完全确定，可以先判决在案被告人对案件赔偿总额承担赔偿责任。在逃犯罪嫌疑人归案后，再判决其对原判决的民事赔偿部分承担连带赔偿责任"。鉴于被告人王某1、李某某属未成年人，且二被告人到案后如实供述了公安机关尚未掌握的寻衅滋事之同种罪行；被告人王某1、李某某认罪态度较好，又赔偿了被害人范某某、车某某、马某某的医疗费，取得了被害人谅解，加上被害人范某某亦有过错，故对三被告人均从轻处罚。依照《刑法》第二百九十三条第一款第一、四项，第二十五条第一款，第十七条第一、三款，第三十六条第一款和《中华人民共和国侵权责任法》①第十六条、第十五条第六项之规定，判决被告人王某1犯寻衅滋事罪，判处有期徒刑一年十个月；被告人王某2犯寻衅滋事罪，判处有期徒刑一年十个月；被告人李某某犯寻衅滋事罪，判处有期徒刑一年；附带民事诉讼原告人乔某某花去医疗费8 711.64元以及造成的误工费9 000元、护理费150元、营养费30元、住院伙食补助费90元、法医鉴定费500元、交通费274.5元，共计18 756.14元，由被告人王某某之监护人承担。

样本案例三

云南省××市人民检察院诉冯某某等人聚众斗殴案

- **法院**

云南省高级人民法院

- **诉讼主体**

原公诉机关：云南省××市人民检察院
被告人：冯某某等

- **基本案情**

2015年9月11日凌晨零时许，被告人石扎某的表哥石某丙与被告人石某乙、胡某忠、李某飞在某娱乐城门口发生口角，并遭到被告人胡某忠、李某飞

---

① 已被2021年施行的《中华人民共和国民法典》废止，本书下同。

殴打。被告人石扎某得知此事后随即打电话质问石某乙、胡某忠，双方在电话中发生争执。在得知被告人石某乙、胡某忠、李某飞等人在某烧烤店后，被告人石扎某便邀约被告人李某阳等人聚集，后伙同三十余人持长刀和钢管赶赴某烧烤店。同时，被告人石某乙在得知被告人石扎某准备前来的消息后，与被告人胡某忠、李某飞三人驾驶白色比亚迪轿车到某山庄拿回十余把长刀和钢管分发给一起吃烧烤的朋友，以防备对方前来报复。2015年9月11日凌晨2时50分，被告人石扎某、李某阳等一方人员赶到某烧烤店门口，双方发生追打、斗殴，造成石某乙一方二人轻微受伤。被告人石某乙、胡某忠、李某飞等一方人员逃散后，被告人石扎某、李某阳等人又用钢管和长刀将停放在某烧烤店门前的白色比亚迪轿车和五辆摩托车砸坏，经鉴定，受损车辆价值人民币15 080元。

2015年9月11日凌晨6时许，被告人石某乙、胡某忠、李某飞三人被石扎某一方人员追打后，回到石某乙的家中，随即商量对石扎某、李某阳、石某甲等人进行报复，并相继邀约被告人李某康等人，分头召集人手、筹备工具准备斗殴。同日22时许，被告人石某乙一方人员共邀约近百人，乘坐数辆汽车、数十辆摩托车从石某乙家出发聚集。同时，在得知被告人石某乙一方欲组织人员实施报复之后，被告人李某阳、石扎某、石某甲等人随即商量对策，并将事态告知被告人冯某某。2015年9月11日21时许，被告人冯某某、苟某某、石扎某、李某阳、石某甲等人先后至某温酒馆进行商议和聚集，同时相互邀约学校学生、社会青年近百人前来聚集。其间，被告人李某阳、石扎某、石某甲等人准备、分发了斗殴工具。聚集期间，斗殴双方均互探了对方行踪，并通过电话联系，约定了斗殴地点。

2015年9月12日凌晨2时许，被告人李某康、石某乙组织该方人员到某路口旁守候。凌晨4时许，被告人冯某某等人先行到达，被告人石某甲、李某阳、石扎某等人及部分团伙人员驾乘三辆汽车、数十辆摩托车尾随而来。当看到对方车辆到达之后，被告人李某康立即指挥该方人员持械冲上前去打砸对方车辆，被告人苟某某、龙某军驾驶的两辆车相继冲撞人群后离开，其余尾随车辆及人员见状折返。双方撞击、打砸造成被害人李某甲（与本案被告人之一同名）被车冲撞死亡，五人不同程度受伤，坐在现代无牌越野车内的被告人王某甲左眼失明，黑色丰田轿车及现代无牌越野车被砸坏。经鉴定，被毁坏车辆材料及工时费合计63 095元。被害人李某甲死亡原因为：钝器类撞击致脏器破裂失血性休克引起死亡；被告人王某甲损伤构成重伤二级。

• 案件争点

被告人冯某某等人的附带民事责任应当如何分配？

• 裁判要旨

上诉人冯某某、苟某某、石扎某、李某阳、龙某军、石某甲、石某乙、李某康的行为给附带民事诉讼原告人造成了一定的经济损失,应根据法律规定及上诉人的实际赔偿能力予以赔偿。附带民事诉讼原告人上诉要求冯某某、苟某某、石扎某、李某阳、龙某军、石某甲、石某乙、李某康赔偿火化费、丧葬费、死亡赔偿金、被抚养人生活费、精神抚慰金等共计人民币 279 383 元。要求赔偿丧葬费的请求一审已予以支持。要求赔偿死亡赔偿金、精神抚慰金等请求,根据《最高人民法院关于刑事附带民事诉讼范围问题的规定》① 第一、二条的有关规定,不属于因犯罪行为所造成的直接经济损失,不属于刑事附带民事诉讼的受案范围,对该项诉讼请求,二审法院不予支持。一审根据上诉人的实际赔偿能力,对本案民事部分作出的判决并无不当,且上诉人在二审期间亦未提出相关证据支持其诉讼主张,故附带民事诉讼原告人所提增加其他赔偿数额的请求二审法院亦不予支持。一审判决定罪准确,量刑及民事判赔适当。审判程序合法。据此,依照《刑法》第二百九十二条第一款第二项、第三项、第四项,第二百九十二条第二款、第二百三十四条第二款、第二百七十五条、第五十七条第一款,第二十三条、第二十五条第一款、第二十六条第一款、第三款,第二十七条、第二十九条第一款、第六十七条第一款、第六十五条第一款、第七十七条第一款、第六十九条第一款,《最高人民法院关于适用〈中华人民共和国刑事诉讼法〉的解释》第一百五十五条及《中华人民共和国刑事诉讼法》第九十九条、第一百零一条、第二百二十五条第一项和《中华人民共和国民事诉讼法》第一百七十条第一项之规定,裁定驳回上诉,维持原判。

三、司法案例类案甄别

(一)事实对比

样本案例一汪某某故意伤害案,被告人汪某某和"小仔"、李某某、余某某驾驶电动车到某超市,在余某某和汪某某进入超市买烟的过程中,在超市外等候的李某某、"小仔"与被害人王某某等人发生口角随后引发肢体冲突,余某

---

① 已因内容被2013年施行的《最高人民法院关于适用〈中华人民共和国刑事诉讼法〉的解释》修改而被2015年施行的《最高人民法院关于废止部分司法解释和司法解释性质文件(第十一批)的决定》废止,本书下同。

某、汪某某发现朋友李某某、"小仔"与他人发生冲突后,立即上前帮忙,汪某某手持扫把追打被害人王某某等人,"小仔"从自己驾驶的电动车内拿出一把弹簧刀及一把管刀,并将弹簧刀递给余某某,余某某、"小仔"拿刀吓跑王某某等人。随后余某某独自驾驶一辆电动车,汪某某驾驶电动车载着"小仔"、李某某,继续追赶对方至某中学大门处时,"小仔"、李某某持刀将被害人王某某捅伤倒地,随后四人便逃离现场。经鉴定,被害人王某某的损伤为失血性休克、创伤性血气胸、全身多处开放性损伤、右肾包膜下出血,其中以肺破裂,创伤性血气胸为重,评定损伤程度为重伤二级,伤残等级为十级。

样本案例二王某1等人寻衅滋事案,2011年12月4日晚11时许,被告人王某1以范某某曾经殴打他为由,主动勾结并指使被告人王某2、李某某前去找范某某,被告人王某1手持折叠刀、被告人李某某手持砍刀,将正在玩游戏的范某某头部、背部、腿部多处砍伤。经法医鉴定,被害人范某某的损伤程度属轻伤;2012年2月4日中午1时许,被告人王某1伙同乔某1在某商务酒店房间以乔某2欺负乔某3为由,被告人王某1用房间烟灰缸、乔某1用拖把对乔某2头部、面部进行殴打。经法医鉴定,被害人乔某2的损伤程度属轻伤;2011年12月28日晚11时许,杨某某与其女友等人到某酒店住宿,因住宿价格与酒店工作人员发生争执,杨某某用电话叫来被告人王某1、王某2、李某某等人在该酒店大厅闹事,杨某1将酒店前台水晶牌、验钞机砸坏,被告人王某2将两名工作人员打伤,并与被告人李某某将酒店大厅圣诞老人、展示牌砸坏。经物价部门鉴定,被损毁物品价值共计2340元。经法医鉴定,被害人车某某、马某某的损伤程度均属轻微伤。

样本案例三冯某某等人聚众斗殴案,2015年9月11日凌晨零时许,被告人石扎某的表哥石某丙与被告人石某乙、胡某忠、李某飞在某娱乐城门口发生口角,并遭到被告人胡某忠、李某飞殴打。被告人石扎某得知此事后随即打电话质问石某乙、胡某忠,双方在电话中发生争执。在得知被告人石某乙、胡某忠、李某飞等人在某烧烤店后,被告人石扎某便邀约被告人李某阳等人聚集,后伙同三十余人持长刀和钢管赶赴某烧烤店。同时,被告人石某乙在得知人石扎某准备前来的消息后,与被告人胡某忠、李某飞三人驾驶白色比亚迪轿车到某山庄拿回十余把长刀和钢管分发给一起吃烧烤的朋友,以防备对方前来报复。2015年9月11日凌晨2时50分,被告人石扎某、李某阳等一方人员赶到某烧烤店门口,双方发生追打、斗殴,造成石某乙一方二人轻微受伤。被告人石某乙、胡某忠、李某飞等一方人员逃散后,被告人石扎某、李某阳等人又用钢管和长刀将停放在某烧烤店门前的白色比亚迪轿车和五辆摩托车砸烂,经鉴定,受损车辆价值人民币15 080元。2015年9月11日凌晨6时许,被告人石某乙、胡某忠、李某飞三人被石扎某一方人员追打后，回到石某乙的家中，随即商量对石扎某、李某某、石某甲等人进行报复，并分头召集人手、筹备工具准备斗殴。同日22时许，被告人石某乙一方人员共邀约近百人，乘坐数辆汽车、数十辆摩托车从石某乙家出发。同时，在得知被告人石某乙一方欲组织人员实施报复之后，被告人李某阳、石扎某、石某甲等人随即商量对策，并将事态告知被告人冯某某。2015年9月11日21时许，被告人冯某某等二十人先后至某温酒馆进行商议和聚集，同时相互邀约学校学生、社会青年近百人前来聚集。聚集期间，斗殴双方均互探了对方行踪，并通过电话联系，约定了斗殴地点。2015年9月12日凌晨2时许，被告人李某康、石某乙组织该方人员到某路口旁守候。凌晨4时许，被告人冯某某等人先行到达，被告人石某甲等部分团伙人员驾乘三辆汽车、数十辆摩托车尾随而来。当看到对方车辆到达之后，被告人李某康立即指挥该方人员持械冲上前去打砸对方车辆，被告人苟某某、龙某军驾驶的两辆车相继冲撞人群后离开，其余尾随车辆及人员见状折返。双方撞击、打砸造成被害人李某甲被车冲撞死亡，五人不同程度受伤，坐在现代无牌越野车内的被告人王某甲左眼失明，黑色丰田轿车及现代无牌越野车被砸坏。经鉴定，被毁坏车辆材料及工时费合计63 095元。被害人李某甲死亡原因为：钝器类撞击致脏器破裂失血性休克引起死亡；被告人王某甲损伤构成重伤二级。

从认定事实情况看，样本案例一、二、三均围绕刑事附带民事诉讼案件物质损失的赔偿范围展开。样本案例一原告人王某某主张的残疾赔偿金不属于附带民事诉讼物质损失的赔偿范围，法院不予支持。样本案例二被害人乔某某提出要求赔偿其后续治疗费，因无证据，法院不予支持，被害人乔某某提出要求赔偿其精神损失之请求亦不予支持。样本案例三要求赔偿丧葬费的请求一审已予以支持。被害人及其家属要求赔偿死亡赔偿金、精神抚慰金等请求，根据《最高人民法院关于刑事附带民事诉讼范围问题的规定》第一、二条的有关规定，不属于因犯罪行为所造成的直接经济损失，不属于刑事附带民事诉讼的受案范围，对该项诉讼请求，法院不予支持。

（二）适用法律对比

样本案例一关于附带民事部分，被告人汪某某与他人实施的故意伤害行为给被害人王某某造成共计31 660.39元的经济损失。原告人王某某主张的残疾赔偿金不属于附带民事诉讼物质损失的赔偿范围，法院不予支持。因附带民事诉讼原告人王某某已从同案人余某某以及保险公司处获得足额赔偿，故附带民事诉讼原告人要求被告人汪某某及其监护人赔偿其各项经济损失共计93 294.39

元的诉讼请求，法院不予支持。样本案例二根据《最高人民法院关于人民法院是否受理刑事案件被害人提起精神损害赔偿民事诉讼问题的批复》规定的"对于刑事案件被害人由于被告人的犯罪行为而遭受精神损失提起的附带民事诉讼，或者在该刑事案件审结以后，被害人另行提起精神损害民事诉讼的，人民法院不予受理"，法院对被害人乔某某提出的要求赔偿其精神损失之请求不予支持。样本案例三附带民事诉讼原告人李某六等上诉要求冯某某等人赔偿火化费、丧葬费、死亡赔偿金、被抚养人生活费、精神抚慰金等共计人民币 279 383 元。要求赔偿丧葬费的请求一审已予以支持。要求赔偿死亡赔偿金、精神抚慰金等请求，根据《最高人民法院关于刑事附带民事诉讼范围问题的规定》第一、二条的有关规定，不属于因犯罪行为所造成的直接经济损失，不属于刑事附带民事诉讼的受案范围，对该项诉讼请求，二审法院不予支持。一审根据上诉人的实际赔偿能力，对本案民事部分作出的判决并无不当，且上诉人在二审期间亦未提出相关证据支持其诉讼主张，故附带民事诉讼原告人所提增加其他赔偿数额的请求二审法院亦不予支持。一审判决定罪准确，量刑及民事判赔适当，审判程序合法。

从法律适用情况看，样本案例一适用的主要为《中华人民共和国刑事诉讼法》第一百零一条规定，残疾赔偿金不属于物质损失，未列入刑事附带民事诉讼的赔偿范围。样本案例二适用的主要为《最高人民法院关于人民法院是否受理刑事案件被害人提起精神损害赔偿民事诉讼问题的批复》规定的"对于刑事案件被害人由于被告人的犯罪行为而遭受精神损失提起的附带民事诉讼，或者在该刑事案件审结以后，被害人另行提起精神损害民事诉讼的，人民法院不予受理"。样本案例三死亡赔偿金、精神抚慰金等，根据《最高人民法院关于刑事附带民事诉讼范围问题的规定》第一、二条的有关规定，不属于因犯罪行为所造成的直接经济损失，不属于刑事附带民事诉讼的受案范围，对该项诉讼请求，法院不予支持。

（三）适用法律程序对比

从适用法律程序情况看，按照《最高人民法院关于人民法院案件案号的若干规定》要求，样本案例一、二均为刑事一审程序，样本案例三为刑事二审程序。

（四）类案大数据报告

时间截至 2022 年 11 月 16 日，案例来源为 Alpha 案例库，案件数量为 241 件，数据采集时间为 2022 年 11 月 16 日，本次检索共获取关于认定未成年刑事犯罪附带民事诉讼案件的裁判文书 241 篇。

从案件程序分类统计可以看到未成年人犯罪当前的审理程序分布状况,其中一审案件有 197 件,二审案件有 40 件,再审案件有 4 件,并能够推算出一审上诉率约为 20.3%。

如图 15-1 所示,对二审裁判结果进行可视化分析可以看到,当前条件下维持原判的有 21 件,占比为 52.5%;改判的有 19 件,占比为 47.5%。

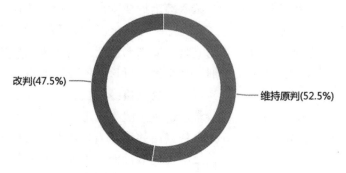

图 15-1 二审裁判结果情况

如图 15-2 所示,对再审裁判结果进行可视化分析可以看到,当前条件下其他的有 2 件,占比为 50%;改判的有 2 件,占比为 50%。

图 15-2 再审裁判结果情况

如图 15-3 所示,对主刑适用情况进行可视化可以看到,当前条件下包含有期徒刑的案件有 198 件,包含拘役的案件有 8 件,包含无期徒刑的案件有 4 件。其中包含缓刑的案件有 94 件,免予刑事处罚的案件有 2 件。

如图 15-4 所示,对附加刑适用情况进行可视化可以看到,当前条件下件包含剥夺政治权利的案件有 12 件,包含罚金的案件有 9 件,包含没收财产的案件有 2 件。

有期徒刑 198
拘役 8
无期徒刑 4
死刑 2

图15-3　主刑适用情况

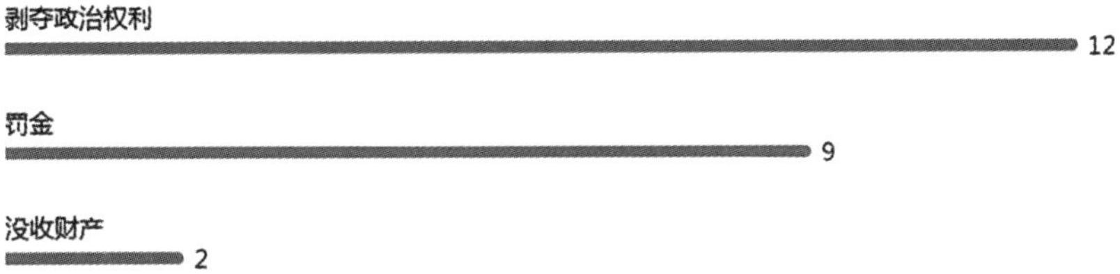

剥夺政治权利 12
罚金 9
没收财产 2

图15-4　附加刑适用情况

四、类案裁判规则的解析确立

残疾赔偿金不属于附带民事诉讼物质损失的赔偿范围。根据《中华人民共和国刑事诉讼法》第一百零一条规定,残疾赔偿金不属于物质损失,未列入刑事附带民事诉讼的赔偿范围。

对于刑事案件被害人由于被告人的犯罪行为而遭受精神损失提起的附带民事诉讼,或者在该刑事案件审结以后,被害人另行提起精神损害民事诉讼的,人民法院不予受理。

附带民事诉讼原告人已从同案人以及保险公司处获得足额赔偿,附带民事诉讼原告人又要求未成年被告人及其监护人赔偿其各项经济损失的,法院不予支持。

五、关联法律法规

(一)《中华人民共和国刑事诉讼法》(2018年修正)

第一百零一条第一款　被害人由于被告人的犯罪行为而遭受物质损失的,

在刑事诉讼过程中，有权提起附带民事诉讼。被害人死亡或者丧失行为能力的，被害人的法定代理人、近亲属有权提起附带民事诉讼。

第一百零三条　人民法院审理附带民事诉讼案件，可以进行调解，或者根据物质损失情况作出判决、裁定。

（二）《最高人民法院关于适用〈中华人民共和国刑事诉讼法〉的解释》

第一百八十条第一款　附带民事诉讼中依法负有赔偿责任的人包括：（一）刑事被告人以及未被追究刑事责任的其他共同侵害人；（二）刑事被告人的监护人……

第一百八十八条　附带民事诉讼当事人对自己提出的主张，有责任提供证据。

第一百九十二条第一款、第二款　对附带民事诉讼作出判决，应当根据犯罪行为造成的物质损失，结合案件具体情况，确定被告人应当赔偿的数额。

犯罪行为造成被害人人身损害的，应当赔偿医疗费、护理费、交通费等为治疗和康复支付的合理费用，以及因误工减少的收入。造成被害人残疾的，还应当赔偿残疾生活辅助具费等费用；造成被害人死亡的，还应当赔偿丧葬费等费用。

未成年人刑事犯罪法律适用

第 16 条

未成年被告人及其监护人对被害人物质损失的赔偿情况，可以作为量刑情节予以考虑，可酌情对其从轻处罚

一、聚焦司法案件裁判观点

■ 争议焦点

未成年被告人及其监护人对被害人进行赔偿的，是否作为量刑情节进行考虑？

■ 裁判观点

在审理未成年人刑事犯罪案件中，未成年被告人的行为对被害人物质造成损失的情况，若未成年人被告人及其监护人积极赔偿被害人的损失，可以作为量刑情节予以考虑，可酌情对其从轻处罚。

二、司法案例样本对比

样本案例一

云南省××市人民检察院诉唐某1等人故意伤害案

• 法院

云南省××市人民法院

• 诉讼主体

公诉机关：云南省××市人民检察院

被告人：唐某1

被告人：甘某某

被告人：王某1

• 基本案情

2018年1月5日凌晨，张某某邀约被害人杨某某、段某某、唐某2（已判刑）和被告人甘某某、王某1、唐某1等人在某酒吧喝酒的过程中，被告人甘某某对杨某某言语不满，凌晨5时许，杨某某与唐某1、甘某某、王某1、唐某2等人喝酒出来至酒吧门口附近，杨某某在向被告人甘某某道歉的过程中双方再次发生口角进而打斗，被告人甘某某、王某1、唐某1与唐某2共同对杨某某进行殴打，导致杨某某头部、面部受伤（右侧枕部薄层硬膜外血肿、少量蛛网膜下腔出血、右侧枕骨线性骨折）。经鉴定，被害人杨某某损伤程度达轻伤一级。被告人甘某某、王某1接到民警电话通知后主动到案接受调查；2019年7月23日11时，民警根据线索在某火车站出站口将被告人唐某1抓获。另查明，被害人杨某某的经济损失已经刑事附带民事判决由唐某2、甘某某、王某1予以赔偿（款已付清）。

• 案件争点

被告人赔偿被害人经济损失的行为如何考量？

• 裁判要旨

法院认为，被告人唐某1、甘某某、王某1无视国家法律，发生纠纷不通过正当渠道解决，故意伤害他人身体，致一人轻伤，其行为已构成故意伤害罪，公诉机关指控三被告人犯故意伤害罪罪名成立。被告人唐某1、甘某某、王某1犯罪时未满十八周岁，依法应当从轻或减轻处罚；被告人甘某某、王某1犯罪后自动投案，如实供述自己的罪行，系自首，依法可以从轻处罚；被告人唐某1到案后如实供述其罪行，系坦白，依法可以从轻处罚；被告人唐某1、甘某某、王某1系初犯，犯罪后自愿认罪认罚，有悔罪表现，其中被告人甘某某、王某1能积极赔偿给被害人造成的经济损失，以及本案的发生被害人也有一定过错，可对三被告人酌情从轻处罚。

样本案例二

云南省××市人民检察院诉孟某某等人抢劫案

• 法院

云南省××市人民法院

- 诉讼主体

公诉机关：云南省××市人民检察院

被告人：孟某某、潘某某、陈某某、刘某某

- 基本案情

2015年8月30日17时，被告人孟某某、潘某某、陈某某、刘某某路过某百货门口时，看见被害人邓某某独自一人拿着一部手机走在人行道上，四人经商量后由被告人陈某某望风，其余三被告人尾随被害人行至某酒楼门口人行道上叫住邓某某，对其进行殴打后抢走其某品牌手机一部，后由陈某某负责销赃，所得赃款人民币1 200元被四人挥霍。经价格认证中心鉴定，被抢手机价值人民币4 500元。案发后，被抢手机已被追回并发还了被害人。同时，被告人孟某某家属已积极赔偿被害人经济损失人民币1 000元，被害人表示对被告人孟某某的行为予以谅解。

- 案件争点

被告人的行为如何定性及附带民事责任应当如何分配？

- 裁判要旨

法院认为，被告人孟某某、潘某某、陈某某、刘某某以非法占有为目的，以暴力方法当场强行抢走被害人手机的行为，触犯了《刑法》第二百六十三条之规定，已构成抢劫罪，依法应予惩处。本案属共同犯罪，同时适用《刑法》第二十五条的规定进行处罚，但各被告人在本案中所起的作用相当，故不宜区分主从。四被告人作案时均未满十八周岁，应适用《刑法》第十七条之规定，对其四人从轻或减轻处罚。被告人刘某某有自首情节，依法可从轻或减轻处罚。被告人孟某某、潘某某、陈某某归案后能如实供述其罪行，可从轻处罚。被告人孟某某积极赔偿了被害人经济损失并取得了被害人的谅解，可酌情从轻处罚。被告人刘某某在缓刑考验期内犯新罪，应适用《刑法》第七十七条之规定，撤销缓刑，实行数罪并罚。

样本案例三

吉林省××市人民检察院诉马某某寻衅滋事案

- **法院**

吉林省××市人民法院

- **诉讼主体**

公诉机关：吉林省××市人民检察院
被告人：马某某

- **基本案情**

2018年11月18日14时许，被告人马某某伙同王某1（未达刑事责任年龄）、孙某某（未达刑事责任年龄）、蔡某某（未达刑事责任年龄）在某浴池附近胡同因看被害人王某2、李某某不顺眼，便无故殴打被害人王某2、李某某，后王某1伙同被告人马某某等人再次对王某2进行殴打。经鉴定，李某某口唇部外伤已构成轻微伤，王某2头面部外伤已构成轻微伤。案发后，被告人马某某对被害人进行了赔偿。

- **案件争点**

被告人赔偿被害人的行为如何评价？

- **裁判要旨**

法院认为，被告人马某某随意殴打他人，情节恶劣，其行为已构成寻衅滋事罪。公诉机关指控被告人马某某犯寻衅滋事罪，事实清楚，证据确实、充分，应予支持。被告人马某某系未成年人，且到案后能够如实供述自己的罪行，依法可从轻处罚。被告人马某某系初犯、偶犯，其积极赔偿被害人经济损失并获得谅解，酌情可从轻处罚，辩护人的辩护意见部分予以采纳。综上所述，根据被告人马某某的犯罪事实、性质、情节及对社会的危害程度，依照《刑法》第二百九十三条第一款、第六十七条第三款、第四十五条、第四十七条、第十七条之规定，判决被告人马某某犯寻衅滋事罪，判处有期徒刑六个月。

三、司法案例类案甄别

（一）事实对比

样本案例一唐某1等人故意伤害案，2018年1月5日凌晨，张某某邀约被害人杨某某、段某某、唐某2和被告人甘某某、王某1、唐某1等人在某酒吧喝酒的过程中，被告人甘某某对杨某某言语不满，凌晨5时许，杨某某与唐某1、甘某某、王某1、唐某2等人喝酒出来至酒吧门口附近，杨某某在向被告人甘某某道歉的过程中双方再次发生口角进而打斗，被告人甘某某、王某1、唐某1与唐某2共同对杨某某进行殴打，导致杨某某头部、面部受伤。经鉴定，被害人杨某某损伤程度达轻伤一级。被告人甘某某、王某1接到民警电话通知后主动到案接受调查；2019年7月23日11时，民警根据线索在某火车站出站口将被告人唐某1抓获。另查明，被害人杨某某的经济损失已经刑事附带民事判决由唐某2、甘某某、王某1予以赔偿。

样本案例二孟某某等人抢劫案，2015年8月30日17时，被告人孟某某、潘某某、陈某某、刘某某路过某百货门口时，看见被害人邓某某独自一人拿着一部手机走在人行道上，四人经商量后由被告人陈某某望风，其余三被告人尾随被害人行至某酒楼门口人行道上叫住邓某某，对其进行殴打后抢走其某品牌手机一部，后由陈某某负责销赃，所得赃款人民币1 200元被四人挥霍。经鉴定，被抢手机价值人民币4 500元。案发后，被抢手机已被追回并发还了被害人。同时，被告人孟某某家属已积极赔偿被害人经济损失人民币1 000元，被害人表示对被告人孟某某的行为予以谅解。

样本案例三马某某寻衅滋事案，2018年11月18日14时许，被告人马某某伙同王某1、孙某某、蔡某某在某浴池附近胡同因看被害人王某2、李某某不顺眼，便无故殴打被害人王某2、李某某，后王某1伙同被告人马某某等人再次殴打王某2。经鉴定，李某某口唇部外伤已构成轻微伤，王某2头面部外伤已构成轻微伤。案发后，被告人马某某对被害人进行了赔偿。

从认定事实情况看，在样本案例一、二、三中，查明事实均围绕被告人的犯罪行为及具有的量刑情节展开，三起样本案例的被告人都对被害人进行了经济赔偿，取得了被害人的谅解。

（二）适用法律对比

样本案例一唐某1等人故意伤害案，法院认为，被告人唐某1、甘某某、王某1无视国家法律，发生纠纷不通过正当渠道解决，故意伤害他人身体，致一人轻伤，其行为已构成故意伤害罪，公诉机关指控三被告人犯故意伤害罪罪名成立。被告人唐某1、甘某某、王某1犯罪时未满十八周岁，依法应当从轻或减轻处罚；被告人甘某某、王某1犯罪后自动投案，如实供述自己的罪行，系自首，依法可以从轻处罚；被告人唐某1到案后如实供述其罪行，系坦白，依法可以从轻处罚；被告人唐某1、甘某某、王某1系初犯，犯罪后自愿认罪认罚，有悔罪表现，其中被告人甘某某、王某1能积极赔偿给被害人造成的经济损失，以及本案的发生被害人也有一定过错，可对三被告人酌情从轻处罚。

样本案例二孟某某等人抢劫案，法院认为，被告人孟某某、潘某某、陈某某、刘某某以非法占有为目的，以暴力方法当场强行抢走被害人手机的行为，触犯了《刑法》第二百六十三条之规定，已构成抢劫罪，依法应予惩处。本案属共同犯罪，同时适用《刑法》第二十五条的规定进行处罚，但各被告人在本案中所起的作用相当，故不宜区分主从。四被告人作案时均未满十八周岁，应适用《刑法》第十七条之规定，对其四人从轻或减轻处罚。被告人刘某某有自首情节，依法可从轻或减轻处罚。被告人孟某某、潘某某、陈某某归案后能如实供述其罪行，可从轻处罚。被告人孟某某积极赔偿了被害人经济损失并取得了被害人的谅解，可酌情从轻处罚。被告人刘某某在缓刑考验期内犯新罪，应适用《刑法》第七十七条之规定，撤销缓刑，实行数罪并罚。

样本案例三马某某寻衅滋事案，法院认为，被告人马某某随意殴打他人，情节恶劣，其行为已构成寻衅滋事罪。公诉机关指控被告人马某某犯寻衅滋事罪，事实清楚，证据确实、充分，应予支持。被告人马某某系未成年人，且到案后能够如实供述自己的罪行，依法可从轻处罚。被告人马某某系初犯、偶犯，其积极赔偿被害人经济损失并获得谅解，酌情可从轻处罚，辩护人的辩护意见部分予以采纳。综上所述，法院根据被告人马某某的犯罪事实、性质、情节及对社会的危害程度，依照《刑法》第二百九十三条第一款、第六十七条第三款、第四十五条、第四十七条、第十七条之规定，判决被告人马某某犯寻衅滋事罪，判处有期徒刑六个月。

从法律适用角度看，样本案例一、二、三均实际适用了《刑法》关于从轻处罚的相关规定。

(三)适用法律程序对比

从适用法律程序情况看,按照《最高人民法院关于人民法院案件案号的若干规定》要求和案件审理机关,样本案例一、二、三均为一审刑事案件,适用法律程序均为一审刑事诉讼程序。

(四)类案大数据报告

时间截至2022年11月16日,案例来源为Alpha案例库,案件数量为2 517件,数据采集时间为2022年11月16日,本次检索共获取关于认定性侵未成年人的证据审查的裁判文书2 517篇。

从案件程序分类统计可以看到未成年人犯罪当前的审理程序分布状况,其中一审案件有1 790件,二审案件有579件,再审案件有63件,执行案件有40件。

如图16-1所示,对二审裁判结果进行可视化分析可以看到,当前条件下维持原判的有462件,占比为79.79%;改判的有92件,占比为15.89%;其他为24件,占比为4.15%。

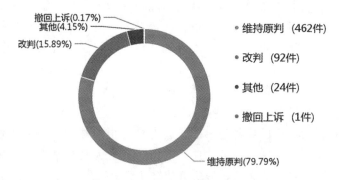

图16-1 二审裁判结果情况

如图16-2所示,对再审裁判结果进行可视化分析可以看到,当前条件下其他为26件,占比为41.27%;维持原判为22件,占比为34.92%;改判为14件,占比为22.22%。

如图16-3所示,对主刑适用情况进行可视化可以看到,当前条件下包含有期徒刑的案件有1 658件,包含拘役的案件有13件,包含死刑的案件有8件。其中包含缓刑的案件有61件,免予刑事处罚的案件有3件。

如图16-4所示,对附加刑适用情况进行可视化可以看到,当前条件下件包含罚金的案件有150件,包含剥夺政治权利的案件有68件。

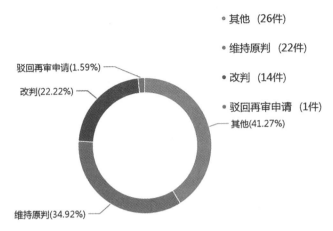

图 16-2 再审裁判结果情况

有期徒刑 1 658

拘役 13

死刑 8

无期徒刑 4

管制 1

图 16-3 主刑适用情况

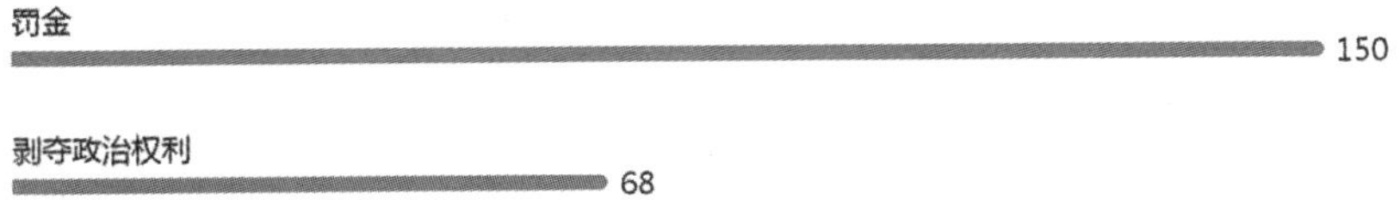

罚金 150

剥夺政治权利 68

图 16-4 附加刑适用情况

四、类案裁判规则的解析确立

被告人积极赔偿了被害人经济损失并取得了被害人的谅解,可以酌情从轻处罚。

在司法实践方面,刑事附带民事诉讼中的和解同样颇受重视。最高人民法院曾于 2006 年 11 月 8 日向各级法院提出要求：刑事案件中附带民事诉讼的调解工作要贯穿于整个案件审理的全过程，使被害人依法获得物质赔偿。有关负责人指出，"刑事自诉案件，法院要尽可能多做劝解工作，促使双方和解"，"被告人认罪悔过，愿意赔偿被害人损失，并取得被害人谅解，从而达成和解协议，对被告人应当免予刑事处罚或从轻判处非监禁刑"，而对其他一些犯罪情节轻微、危害后果不大的侵害公民人身权利的案件，在不违反法律规定，充分保障被害人合法权益的情况下，也可以尝试做一些调解工作。该负责人进而指出，被告人积极主动赔偿被害人损失并取得被害人谅解的，对被告人可以从轻、减轻处罚或免于刑事处罚。《刑法》在新增的第五编"特别程序"中，设置第二章为"当事人和解的公诉案件诉讼程序"，适用于部分"犯罪嫌疑人、被告人真诚悔罪，通过向被害人赔偿损失、赔礼道歉等方式获得被害人谅解，被害人自愿和解"的公诉案件，可以说正是近年来我国有关的司法实践所取得的经验在立法上的反映。

被告人在判决前就刑事附带民事诉讼中的民事部分作出向被害人赔偿损失的举动，可否视为刑事诉讼中法定的量刑情节？现行法未作规定，《最高人民法院关于刑事附带民事诉讼范围问题的规定》第四条、《关于贯彻宽严相济刑事政策的若干意见》第二十三条和《人民法院量刑指导意见（试行）》第九条则认为可以。《中华人民共和国刑事诉讼法》第一百零三条规定："人民法院审理附带民事诉讼案件，可以进行调解，或者根据物质损失情况作出判决、裁定。"这一规定虽未明确将被告人赔偿被害人物质损失列为量刑情节，但如果将被告人的赔偿理解为减轻了被害人物质损失的话，"根据物质损失情况作出判决、裁定"的表述也可以解释为包含此种意思。

五、关联法律法规

（一）《中华人民共和国刑法》（2023 年修正）

第六十二条　犯罪分子具有本法规定的从重处罚、从轻处罚情节的，应当在法定刑的限度以内判处刑罚。

（二）最高人民法院《关于贯彻宽严相济刑事政策的若干意见》（2010 年 2 月 8 日施行，法发〔2010〕9 号）

20. 对于未成年人犯罪，在具体考虑其实施犯罪的动机和目的、犯罪性质、情节和社会危害程度的同时，还要充分考虑其是否属于初犯，归案后是否悔罪，以及个人成长经历和一贯表现等因素,坚持"教育为主、惩罚为辅"的原则和"教育、感化、挽救"的方针进行处理。

......

23. 被告人案发后对被害人积极进行赔偿,并认罪、悔罪的,依法可以作为酌定量刑情节予以考虑。因婚姻家庭等民间纠纷激化引发的犯罪,被害人及其家属对被告人表示谅解的,应当作为酌定量刑情节予以考虑。犯罪情节轻微,取得被害人谅解的,可以依法从宽处理,不需要判处刑罚的,可以免予刑事处罚。

(三)《最高人民法院关于审理未成年人刑事案件具体应用法律若干问题的解释》(2006年1月23日施行,法释〔2006〕1号)

第十九条 刑事附带民事案件的未成年被告人有个人财产的,应当由本人承担民事赔偿责任,不足部分由监护人予以赔偿,但单位担任监护人的除外。被告人犯罪时不满十八周岁而诉讼时已满十八周岁,且具有经济能力,则应由其本人承担民事责任并作为附带民事诉讼被告人,若无经济能力或赔偿不足的,其父母作为原监护人应当承担民事责任,可列为附带民事诉讼被告人。

未成年人刑事犯罪法律适用

第 17 条

未成年被告人被判处有期徒刑以上刑罚,刑罚执行完毕或者赦免以后,在五年以内再犯应当判处有期徒刑以上刑罚之罪的,不认定为累犯

一、聚焦司法案件裁判观点

■ 争议焦点

未成年被告人如何认定累犯？

■ 裁判观点

1. 累犯，是指受过一定的刑罚处罚，刑罚执行完毕或者赦免以后，在法定期限内又犯被判处一定的刑罚之罪的罪犯，分为一般累犯和特别累犯。一般累犯是指被判处有期徒刑以上刑罚，刑罚执行完毕或者赦免以后，在五年以内再犯应当判处有期徒刑以上刑罚之罪的犯罪分子；特别累犯是指犯危害国家安全犯罪、恐怖活动犯罪、黑社会性质组织犯罪的犯罪分子，在刑罚执行完毕或者赦免以后，任何时候再犯上述任一类罪的，都以累犯论处。

2. 不满十八周岁的未成年人犯罪的，不构成累犯，不应从重处罚。未成年人心智不成熟、思想波动较大，辨别是非和自我控制能力较弱，更易走上违法犯罪之路，因此将其排除在累犯范畴之外，有利于对其进行积极改造，更好地融入社会。

二、司法案例样本对比

样本案例一

江西省××市××区人民检察院诉夏某某等人贩卖毒品案

• 法院

江西省××市中级人民法院

• 诉讼主体

公诉机关：江西省××市××区人民检察院

被告人：夏某某等人

• 基本案情

上诉人（原审被告人）夏某某，男，1996年1月10日出生，因犯聚众斗殴罪于2015年3月17日被法院判处有期徒刑三年。上诉人（原审被告人）袁某某，男，1999年10月26日出生。原审被告人曾某某，男，1995年8月13日出生。2019年12月16日下午，廖某某联系被告人夏某某购买某毒品。之后，廖某某来到被告人夏某某家楼下，在旁边一条巷子内向被告人夏某某购买了400元，约0.5克的某毒品。因廖某某只有300元，便通过微信支付300元给被告人夏某某，次日再次微信支付100元给被告人夏某某。

2019年12月19日下午，廖某某微信联系被告人夏某某购买某毒品。之后，廖某某来到被告人夏某某车上，向被告人夏某某购买了400元，约0.5克某毒品，并通过微信支付400元给被告人夏某某。

2019年12月24日中午，廖某某联系被告人夏某某购买某毒品。之后，廖某某来到某广场等待，在被告人夏某某驾车来到后，廖某某在被告人夏某某车上向被告人夏某某购买了200元，约0.2克某毒品，并通过微信支付200元给被告人夏某某。

2020年1月13日晚上，廖某某联系被告人夏某某想购买800元某毒品，随后被告人夏某某将800元，约0.6克的某毒品送至某人民医院北院交给廖某某，廖某某两次微信支付795元给被告人夏某某。

2020年1月16日，廖某某联系被告人夏某某购买某毒品，随后被告人夏某某将800元，约1.2克某毒品送到某人民医院北院给廖某某，廖某某通过微信支付800元给被告人夏某某。

2020年2月9日晚，曾某某电话联系被告人夏某某购买某毒品，双方约定在某商城对面交易。之后，曾某某来到某商城对面的被告人夏某某家楼下，被告人夏某某将1 000元，约1.8克某毒品交给曾某某。曾某某微信支付1 000元给被告人夏某某。

• 案件争点

被告人夏某某是否构成累犯？

• **裁判要旨**

一审法院认为,被告人夏某某8次、被告人曾某某4次、被告人袁某某22次为牟利贩卖某毒品给他人,情节严重,其行为已构成贩卖毒品罪。被告人夏某某在被判处有期徒刑以上刑罚执行完毕后,五年内再犯,应当判处有期徒刑以上刑罚之罪,是累犯,依法应从重处罚。被告人夏某某辩称其仅贩卖毒品3次,证人廖某某证言证实其7次向被告人夏某某购买毒品,证人廖某某微信转账记录等证据也予以了印证,故法院对被告人夏某某辩解不予采信。被告人夏某某辩解被抓当天是去找廖某某吸毒,被告人曾某某供述、证人廖某某证言证实2020年2月15日23时许去找被告人夏某某是购买毒品,证人吴某某证言、证人吴某某微信转账记录也予以了印证,故法院对被告人夏某某辩解不予采信。被告人袁某某辩称其只是帮廖某某购买了3次毒品,其余都是经济往来,证人廖某某证言证实其向被告人袁某某购买过22次毒品,证人廖某某微信转账记录也予以了印证,被告人袁某某未提供证据证实其与证人廖某某存在经济往来,故法院对被告人袁某某辩解不予采信。被告人夏某某、袁某某当庭部分认罪,可酌情从轻处罚。被告人曾某某当庭全部认罪,可酌情从轻处罚。被告人夏某某、曾某某部分犯罪属共同犯罪。根据被告人夏某某、曾某某、袁某某的犯罪事实、犯罪性质、情节和对社会的危害性,依照《刑法》第三百四十七条第一款、第四款,第二十五条第一款,第六十五条第一款和《最高人民法院关于审理毒品犯罪案件适用法律若干问题的解释》第四条第一项之规定,判决被告人夏某某犯贩卖毒品罪,判处有期徒刑五年,并处罚金10 000元;被告人曾某某犯贩卖毒品罪,判处有期徒刑三年,并处罚金6 000元;被告人袁某某犯贩卖毒品罪,判处有期徒刑六年六个月,并处罚金20 000元。

二审法院认为,上诉人夏某某、袁某某、原审被告人曾某某多次贩卖某毒品给他人,其中夏某某贩卖8次、曾某某贩卖4次、袁某某贩卖22次,其行为均已构成贩卖毒品罪,且情节严重。关于上诉人夏某某、袁某某及其辩护人提出一审判决认定的数次毒品交易中有部分转账属正常经济往来的意见,经查,认定上述相关犯罪事实有买毒人廖某某、吴某某等人证言证明,又能与交易双方转账时间一一对应,且每次毒品交易数量和对价也基本相当,故对上诉人夏某某、袁某某的上诉意见,二审法院不予支持。关于上诉人夏某某提出不构成累犯的意见,经查,夏某某前罪犯罪确属未成年人犯罪,依法不构成累犯,对此上诉意见,二审法院予以支持;因累犯从重处罚的刑期应相应减少。依照《刑法》第三百四十七条第一款、第四款,第二十五条第一款,第六十五条第一款和《最高人民法院关于审理毒品犯罪案件适用法律若干问题的解释》第四条第一项，《中华人民共和国刑事诉讼法》第二百三十六条第一款第一项、第二项的规定，依法作出判决。

样本案例二

山东省××县人民检察院诉许某某强奸案

- **法院**

山东省××县人民法院

- **诉讼主体**

公诉机关：山东省××县人民检察院

被告人：许某某

- **基本案情**

2020年5月19日凌晨，被告人许某某在山东省某宾馆里与被害人马某某（案发时十二周岁）发生性关系。案发时被告人许某某曾受过刑事处罚，系未成年人犯罪。被告人许某某案发时对指控的犯罪事实和证据没有异议，并自愿认罪认罚。证实上述犯罪事实的证据有：1.手机（照片），平板电脑（照片）等物证；2.户籍等证明、《出生医学证明》、刑事判决书、破案经过、办案说明等书证；3.证人张某某、刘某某等人证言；4.被害人马某某陈述；5.被告人许某某的供述和辩解；6.公安局物证鉴定研究中心鉴定书等鉴定意见；7.现场检查、勘验、提取、辨认等笔录及照片，等等。

- **案件争点**

被告人许某某是否构成累犯？

- **裁判要旨**

法院认为，被告人许某某明知被害人马某某系不满十四周岁的幼女，而对其奸淫，其行为构成强奸罪。检察机关起诉指控被告人许某某犯罪的事实清楚，证据确实、充分，罪名成立，法院予以支持。根据《刑法》第二百三十六条之规定，应当判处三年以上十年以下有期徒刑且应当从重处罚；最高人民法院、最高人民检察院、公安部、司法部《关于依法惩治性侵害未成年人犯罪的意见》

规定,对于性侵害未成年人犯罪,应当依法从严惩治。被告人许某某到案后如实供述自己的犯罪行为,根据《刑法》第六十七条第三款之规定,属坦白,依法可以从轻处罚。本案被告人之前受过刑事处罚,系未成年人犯罪,虽在五年内重新犯罪,根据相关法律规定,不构成累犯,但应当酌定从重处罚。辩护人提出的坦白,认罪认罚的情节建议在判处徒刑期间内可以从轻从宽处罚,法院予以采纳。据此,为维护社会治安秩序,确保公民人身权利不受侵犯,根据被告人犯罪的事实、性质、情节和对社会的危害程度,依照《刑法》第二百三十六条第二款、第六十七条第三款之规定,依照《中华人民共和国刑事诉讼法》第十五条的规定,依法作出判决。

样本案例三

安徽省××县人民检察院诉薛某某盗窃案

- **法院**

安徽省××县人民法院

- **诉讼主体**

公诉机关:安徽省××县人民检察院
被告人:薛某某

- **基本案情**

被告人薛某某,出生于1999年1月1日,因犯盗窃罪于2016年10月28日被判处有期徒刑一年五个月,并处罚金人民币3 000元。2018年11月至2019年1月期间,被告人薛某某先后多次实施盗窃,共计窃取他人现金人民币2 000余元及黑迎客松香烟两盒。其具体犯罪事实如下:2018年11月的一天傍晚,原审被告人薛某某在某中学南门东边常某的小卖部盗窃现金人民币300元、黑迎客松香烟两盒。2018年12月的一天傍晚,原审被告人薛某某在某村盗窃陈某某现金人民币100余元。2018年12月25日,原审被告人薛某某在某家园小区孙某家盗窃现金人民币100元。2018年12月25日,被告人薛某某在某家园小区魏某家盗窃现金人民币300元。2019年1月4日,被告人薛某某在某美发店盗窃宋某某现金人民币500余元。2019年1月10日,被告人薛某某在某美发店盗窃于某某现金人民币700元。另查明：2019年1月11日，被告人薛某某在某网吧被民警抓获归案，后如实供述自己的犯罪事实。

- 案件争点

被告人薛某某是否构成累犯？

- 裁判要旨

再审法院认为，原审被告人薛某某以非法占有为目的，采取秘密手段，多次入户窃取他人财物，数额较大，其行为构成盗窃罪。公诉机关指控原审被告人薛某某犯盗窃罪的事实存在，罪名成立。原审被告人薛某某归案后，如实供述自己的犯罪事实，系坦白，予以从轻处罚。检察院提出原审被告人犯前罪时系未成年人，不应当认定为累犯，且犯罪记录不应在判决书中显示的意见，经查，原审被告人薛某某系1999年1月1日出生，于2016年5月犯前罪时未满十八周岁，系未成年人犯罪，根据《中华人民共和国刑法》第六十五条第一款"被判处有期徒刑以上刑罚的犯罪分子，刑罚执行完毕或者赦免以后，在五年以内再犯应当判处有期徒刑以上刑罚之罪的，是累犯，应当从重处罚，但是过失犯罪和不满十八周岁的人犯罪的除外"之规定，不应认定为累犯且被从重处罚，一审判决书中列明薛某某在未成年时的犯罪前科，据此认定为累犯并对其从重处罚明显不当，且根据《中华人民共和国刑事诉讼法》第二百八十六条"犯罪的时候不满十八周岁，被判处五年有期徒刑以下刑罚的，应当对相关犯罪记录予以封存"之规定，一审违反未成年人犯罪前科封存制度，依法予以纠正。据此，检察机关提出不应认定为累犯，且犯罪记录不应在判决书中显示的意见理由成立，再审法院予以采纳。对于检察机关提出，原审判决认定原审被告人薛某某盗窃宋某某300元属事实认定错误的意见，经查，原审被告人薛某某在侦查阶段供述其盗窃数额为500多元与宋某某陈述其丢失500元能相互印证。再审过程中，原审被告人薛某某当庭认可其在侦查阶段的供述。据此，检察机关提出原审被告人薛某某盗窃宋某某的犯罪数额应认定为500余元的意见理由成立，法院予以采纳。根据原审被告人薛某某犯罪的事实、性质、情节和对于社会的危害程度，经本院审判委员会讨论决定，依照《中华人民共和国刑法》第二百六十四条、第五十二条、第五十三条第一款、第六十四条、第六十七条第三款、第六十一条及《中华人民共和国刑事诉讼法》第二百五十六条第一款、《最高人民法院关于适用〈中华人民共和国刑事诉讼法〉的解释》第三百八十九条第二款之规定，依法作出判决。

三、司法案例类案甄别

（一）事实对比

样本案例一夏某某等人贩卖毒品案，被告人夏某某未成年时曾因聚众斗殴罪被判处有期徒刑三年，成年后又于2019年和2020年先后8次为牟利贩卖某毒品给他人，情节严重，其行为构成贩卖毒品罪。

样本案例二许某某强奸案，被告人许某某未成年时曾因犯罪受过刑事处罚。2020年5月19日，被告人许某某明知被害人马某某系不满十四周岁的幼女，仍与被害人发生性关系，其行为构成强奸罪。

样本案例三薛某某盗窃案，被告人薛某某未成年时曾因犯盗窃罪被判处有期徒刑一年五个月，成年后以非法占有为目的，采取秘密手段，多次入户窃取他人财物，数额较大，其行为构成盗窃罪。

从认定事实情况看，在样本案例一、二、三中，查明事实均围绕被告人前罪和后罪的实施情况展开。样本案例一被告人夏某某未成年时曾因聚众斗殴罪被判处有期徒刑以上刑罚，成年后犯贩卖毒品罪；样本案例二被告人许某某未成年时曾因犯罪被判处有期徒刑以上刑罚，成年后又犯强奸罪；样本案例三被告人薛某某未成年时曾因盗窃罪被判处有期徒刑以上刑罚，成年后又犯盗窃罪。

（二）适用法律对比

样本案例一夏某某等人贩卖毒品案，一审法院认为，被告人夏某某贩卖毒品8次，情节严重，其行为构成贩卖毒品罪。被告人夏某某在被判处有期徒刑以上刑罚执行完毕后，五年内再犯应当判处有期徒刑以上刑罚之罪，是累犯，依法应从重处罚。被告人夏某某、袁某某当庭部分认罪，可酌情从轻处罚。被告人夏某某、曾某某部分犯罪属共同犯罪。根据被告人夏某某、曾某某、袁某某的犯罪事实、犯罪性质、情节和对社会的危害性，依照《刑法》第三百四十七条第一款、第四款，第二十五条第一款，第六十五条第一款和《最高人民法院关于审理毒品犯罪案件适用法律若干问题的解释》第四条第一项之规定，依法作出判决。二审法院认为，上诉人夏某某多次贩卖某毒品给他人，其行为已构成贩卖毒品罪，且情节严重。关于上诉人夏某某提出不构成累犯的意见，经查，夏某某前罪犯罪确属未成年人犯罪，依法不构成累犯，对此上诉意见，二审法院予以支持，因累犯从重处罚的刑期应相应减少。依照《刑法》第三百四十七条第一款、第四款,第二十五条第一款,第六十五条第一款和《最高人民法院关于审理毒品犯罪案件适用法律若干问题的解释》第四条第一项,《中华人民共和国刑事诉讼法》第二百三十六条第一款第一项、第二项的规定,依法作出判决。

样本案例二许某某强奸案,法院认为,被告人许某某明知被害人马某某系不满十四周岁的幼女,而对其奸淫,其行为构成强奸罪。××县人民检察院起诉指控被告人许某某犯罪的事实清楚,证据确实、充分,罪名成立,法院予以支持。根据《刑法》第二百三十六条之规定,应当判处三年以上十年以下有期徒刑且应当从重处罚;根据最高人民法院、最高人民检察院、公安部、司法部《关于依法惩治性侵害未成年人犯罪的意见》,对于性侵害未成年人犯罪,应当依法从严惩治。被告人许某某到案后如实供述自己的犯罪行为,根据《刑法》第六十七条第三款之规定,属坦白,依法可以从轻处罚。本案被告人之前受过刑事处罚,系未成年人犯罪,虽在五年内重新犯罪,根据相关法律规定,不构成累犯,但应当酌定从重。辩护人提出的坦白,认罪认罚的情节建议在判处徒刑期间内可以从轻从宽处罚,法院予以采纳。据此,为维护社会治安秩序,确保公民人身权利不受侵犯,根据被告人犯罪的事实、性质、情节和对社会的危害程度,依照《刑法》第二百三十六条第二款、第六十七条第三款之规定,依照《中华人民共和国刑事诉讼法》第十五条的规定,依法作出判决。

样本案例三薛某某盗窃案,法院认为,原审被告人薛某某以非法占有为目的,采取秘密手段,多次入户窃取他人财物,数额较大,其行为构成盗窃罪。公诉机关指控原审被告人薛某某犯盗窃罪的事实存在,罪名成立。原审被告人薛某某归案后,如实供述自己的犯罪事实,系坦白,予以从轻处罚。检察机关提出原审被告人犯前罪时系未成年人,不应当认定为累犯,且犯罪记录不应在判决书中显示的意见,经查,原审被告人薛某某系1999年1月1日出生,于2016年5月犯前罪时未满十八周岁,系未成年人犯罪,根据《刑法》第六十五条第一款"被判处有期徒刑以上刑罚的犯罪分子,刑罚执行完毕或者赦免以后,在五年以内再犯应当判处有期徒刑以上刑罚之罪的,是累犯,应当从重处罚,但是过失犯罪和不满十八周岁的人犯罪的除外"之规定,不应认定为累犯且被从重处罚,一审判决书中列明薛某某在未成年时的犯罪前科,据此认定为累犯并对其从重处罚明显不当,且根据《中华人民共和国刑事诉讼法》第二百八十六条"犯罪的时候不满十八周岁,被判处五年有期徒刑以下刑罚的,应当对相关犯罪记录予以封存"之规定,违反未成年人犯罪前科封存制度,依法予以纠正。据此,检察机关提出不应当认定为累犯,且犯罪记录不应在判决书中显示的意见理由成立,法院予以采纳。对于检察机关提出,原审判决认定原审被告人薛某某盗窃宋某某 300 元属事实认定错误的意见，经查，原审被告人薛某某在侦查阶段供述其盗窃数额为 500 多元与宋某某陈述其丢失 500 元能相互印证。再审过程中，原审被告人薛某某当庭认可其在侦查阶段的供述。据此，检察机关提出原审被告人薛某某盗窃宋某某的犯罪数额应认定为 500 余元的意见理由成立，法院予以采纳。根据原审被告人薛某某犯罪的事实、性质、情节和对于社会的危害程度，经法院审判委员会讨论决定，依照《刑法》第二百六十四条、第五十二条、第五十三条第一款、第六十四条、第六十七条第三款、第六十一条及《中华人民共和国刑事诉讼法》第二百五十六条第一款、《最高人民法院关于适用〈中华人民共和国刑事诉讼法〉的解释》第三百八十九条第二款之规定，依法作出判决。

从法律适用情况看，样本案例一、二、三适用的主要为《刑法》第十七条"年龄对未成年人责任能力的影响"，《最高人民法院关于审理未成年人刑事案件具体应用法律若干问题的解释》第一条、第二条、第三条和第四条的相关规定。

（三）适用法律程序对比

从适用法律程序情况看，按照《最高人民法院关于人民法院案件案号的若干规定》要求和案件审理机关，样本案例一适用的为刑事二审程序，样本案例二适用的为刑事一审程序，样本案例三适用的为刑事再审程序，按照刑事一审程序由基层人民法院进行再审。

（四）类案大数据报告

时间截至 2022 年 11 月 16 日，案例来源为 Alpha 案例库，案件数量为 1 549 件，数据采集时间为 2022 年 11 月 16 日，本次检索共获取关于认定未成年犯罪不认定累犯的裁判文书 1 549 篇。

从案件程序分类统计可以看到未成年人犯罪当前的审理程序分布状况，其中一审案件有 1 387 件，二审案件有 138 件，再审案件有 22 件，执行案件有 1 件，死刑复核案件有 1 件，并能够推算出一审上诉率约为 9.95%。

如图 17-1 所示，对二审裁判结果进行可视化分析可以看到，当前条件下维持原判的有 71 件，占比为 51.45%；改判的有 55 件，占比为 39.85%；其他为 12 件，占比为 8.7%。

如图 17-2 所示，对再审裁判结果进行可视化分析可以看到，当前条件下改判的有 12 件，占比为 54.55%；其他为 8 件，占比为 36.36%；维持原判的有 2 件，占比为 9.09%。

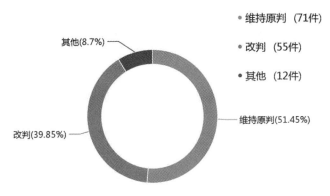

图 17-1　二审裁判结果情况

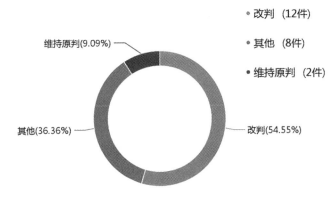

图 17-2　再审裁判结果情况

如图 17-3 所示,对主刑适用情况进行可视化可以看到,当前条件下包含有期徒刑的案件有 1 416 件,包含拘役的案件有 79 件,包含无期徒刑的案件有 43 件。

图 17-3　主刑适用情况

如图 17-4 所示,对附加刑适用情况进行可视化可以看到,当前条件下件包含罚金的案件有 1 281 件,包含没收财产的案件有 163 件,包含剥夺政治权利的案件有 158 件。

图 17-4　附加刑适用情况

四、类案裁判规则的解析确立

累犯和初犯、偶犯有所不同,它是在被告人实施犯罪已经被判处刑罚后的再次故意犯罪,表明被告人具有较为严重的人身危险性,不思悔改,未认识到自身的错误,因此要对其从重处罚。刑罚具有惩罚与保护,打击与预防的双重功能。当下,和谐社会需要人民群众自觉守法,共同维护良好的社会秩序。对个别偶犯、初犯,以教育感化为目的,该从轻处罚的,就可酌情从轻处罚,对那些屡教不改,重新犯罪的人员,就应该充分发挥刑罚的严厉性,重拳打击,依法严惩,以更加严厉的刑罚处罚使其不敢再次触犯法律这根高压线,充分发挥刑罚对犯罪分子的改造作用。

(一)关于累犯的认定

《刑法》第六十五条第一款规定:"被判处有期徒刑以上刑罚的犯罪分子,刑罚执行完毕或者赦免以后,在五年以内再犯应当判处有期徒刑以上刑罚之罪的,是累犯,应当从重处罚,但是过失犯罪和不满十八周岁的人犯罪的除外。"第六十六条规定:"危害国家安全犯罪、恐怖活动犯罪、黑社会性质的组织犯罪的犯罪分子,在刑罚执行完毕或者赦免以后,在任何时候再犯上述任一类罪的,都以累犯论处。"对于累犯应当从重处罚,即无论成立一般累犯,还是特别累犯,都必须对其在法定刑的限度以内,判处相对较重的刑罚。

（二）一般累犯的构成要件

1. 前罪、后罪均是被判处有期徒刑以上刑罚的犯罪，因此，只要前罪或者后罪任一犯罪系被判处管制、拘役的，就不构成累犯。2. 前罪、后罪均是故意犯罪，过失犯罪不构成累犯，累犯制度重在惩戒犯罪后又故意实施犯罪的被告人，因此将过失犯罪排除在累犯范畴之外。3. 在前罪执行完毕或者赦免以后五年内再犯新罪，前罪刑罚执行完毕是指主刑执行完毕，对于同时被判处附加刑的，附加刑是否执行完毕不影响累犯的成立。所谓刑罚执行完毕，既包括有期徒刑执行完毕，也包括假释考验期满，被判处缓刑的被告人，在缓刑考验期内犯新罪的，不能构成累犯，而应当撤销缓刑，将旧罪与新罪一并处罚。缓刑期满后再犯罪的，因原判刑罚不再执行，说明犯罪分子没有被执行刑罚，此时也无须执行，不符合"刑罚执行完毕"的要求，故考验期满再故意犯罪的，不存在累犯的问题，但对其宣告有罪的判决仍然是有效的，即犯罪分子曾经被判处刑罚，系前科劣迹。4. 前罪实施时已满十八周岁即已是成年人，这是对累犯的年龄要求。

（三）特别累犯的构成要件

1. 前罪和后罪都必须是危害国家安全罪、恐怖活动罪、黑社会性质的组织犯罪。如果前后罪都不是或其中之一不是上述类别犯罪的，则不能构成特别累犯，但在符合一般累犯构成要件的前提下并不影响一般累犯的成立。2. 实施前罪与后罪的间隔时间没有限制，没有五年的期限要求。3. 前后两罪均被判处刑罚，即不限于有期徒刑以上，就可构成特别累犯。需要说明的是，未成年人犯罪不构成一般累犯，根据当然解释，举重以明轻，自然不构成特殊累犯。前述案例中，被告人犯前罪时系未成年人，故不符合累犯的年龄构成要件，不适用从重处罚的规定，此即未成年人犯罪前科消灭理论和犯罪记录封存制度的引申规定，体现了国家对未成年人的特殊宽宥，防止未成年被告人被标签化，有利于其重新回归社会、融入社会。

五、关联法律法规

（一）《中华人民共和国刑法》（2023 年修正）

第六十五条第一款　被判处有期徒刑以上刑罚的犯罪分子，刑罚执行完毕或者赦免以后，在五年以内再犯应当判处有期徒刑以上刑罚之罪的，是累犯，应当从重处罚，但是过失犯罪和不满十八周岁的人犯罪的除外。

第六十六条　危害国家安全犯罪、恐怖活动犯罪、黑社会性质的组织犯罪的犯罪分子，在刑罚执行完毕或者赦免以后，在任何时候再犯上述任一类罪的，都以累犯论处。

第三百五十六条　因走私、贩卖、运输、制造、非法持有毒品罪被判过刑，又犯本节规定之罪的，从重处罚。

（二）《最高人民法院关于审理未成年人刑事案件具体应用法律若干问题的解释》（2006年1月23日施行，法释〔2006〕1号）

第十二条　行为人在达到法定刑事责任年龄前后均实施了犯罪行为，只能依法追究其达到法定责任年龄后实施的犯罪行为的刑事责任。

行为人在年满十八周岁前后实施了不同种犯罪行为，对其年满十八周岁以前实施的犯罪应当依法从轻或者减轻处罚。行为人在年满十八周岁前后实施了同种犯罪行为，在量刑时应当考虑对年满十八周岁以前实施的犯罪，适当给予从轻或者减轻处罚。

未成年人刑事犯罪法律适用

第 18 条

对被判处拘役、三年以下有期徒刑的未成年被告人，犯罪情节较轻、有悔罪表现、没有再犯罪的危险、宣告缓刑对所居住的社区没有重大不良影响的，应当宣告缓刑

未成年犯罪类案甄别与裁判规则确立

一、聚焦司法案件裁判观点

■ **争议焦点**

未成年被告人如何适用缓刑?

■ **裁判观点**

1. 缓刑不是刑罚,而是依附于原判刑罚而存在的一种刑罚执行方法。如果在该期限内遵守规定,所判刑罚就不再执行。

2. 缓刑制度被认为是《刑法》中"最富有促进机制的制度",在教育、感化、挽救未成年罪犯,帮助未成年回归社会等方面具有不可替代的作用。因此《刑法》规定,对于成年被告人符合一定条件的,可以宣告缓刑,对于未成年被告人符合一定条件的,应当宣告缓刑。对宣告缓刑的犯罪分子,在缓刑考验期内,依法实行社区矫正。

二、司法案例样本对比

样本案例一

海南省××市××区人民检察院诉韦某某故意伤害案

- **法院**

海南省××市××区人民法院

- **诉讼主体**

公诉机关:海南省××市××区人民检察院

被告人：韦某某

• **基本案情**

被告人韦某某，2002年6月1日出生。2018年9月21日9时许，杜某某（另案处理）因之前与被害人邹某某就琐事发生矛盾，遂通过短信联系被告人韦某某帮忙打架及准备刀具，并让王某某（另案处理）与韦某某进一步联系打架事宜；12时许，王某某准备好3把刀具并与杜某某、韦某某在中学门口用书包装好刀具，13时许，杜某某、王某某、韦某某及杜某某的同学陈某某一起前往某机电工程学校。到达学校门口后，杜某某将装有3把刀具的书包从校外围墙掷进校内，杜某某的同学林某某接应，接着与王某某、韦某某进入学校，杜某某、王某某、韦某某、林某某四人来到汽车楼407教室，杜某某确定邹某某在教室上课后，便与王某某二人各持1把砍刀进入教室内对邹某某进行追砍，造成邹某某双手及头部受伤，教室内其他学生遂用凳子丢砸杜某某、王某某，其中邹某某的同学潘某某用凳子砸中跟随杜某某、王某某进入教室的韦某某，韦某某遂捡起凳子砸向潘某某，潘某某便跑出教室求助，杜某某、王某某、韦某某追逐潘某某至二楼楼道处被学校师生制服。经鉴定，邹某某损伤属轻伤一级，伤残等级评定为十级伤残。另查明，被害人邹某某出生于2002年10月11日，案发时被告人和被害人均未满十八周岁。

• **案件争点**

被告人韦某某是否可以适用缓刑？

• **裁判要旨**

法院认为，被告人韦某某伙同他人故意伤害他人身体，致一人轻伤一级、十级伤残，其行为已构成故意伤害罪。公诉机关指控被告人韦某某犯故意伤害罪，事实清楚，证据确实、充分，罪名成立，应予支持。韦某某犯罪时不满十八周岁，依法应当从轻处罚；被告人韦某某到案后如实供述其罪行，依法可以从轻处罚；被告人韦某某的亲属在本案审理期间，积极赔偿被害人的经济损失并获得谅解，可酌情对其从轻处罚；被告人韦某某故意伤害他人头部且致被害人多处受伤，可酌情对被告人韦某某从重处罚；被害人系未成年人，对被告人韦某某可酌情从重处罚。根据被告人韦某某的犯罪事实、性质、情节和悔罪表现，依法可对其适用缓刑。被告人韦某某法治观念淡薄，抵制力差，是其走上犯罪道路的主要原因。对此，希望通过本案的审判，韦某某能正视自己的过错，痛改前非，重新做人。同时，也希望韦某某的家庭能给予其更多的关爱和引导，督促其改过自新。

样本案例二

海南省××市××区人民检察院诉郑某某、吴某某聚众斗殴案

• **法院**

海南省××市××区人民法院

• **诉讼主体**

公诉机关：海南省××市××区人民检察院

被告人：郑某某、吴某某

• **基本案情**

2018年1月11日21时许，被告人郑某某和周某某（在逃）、"阿小""阿志""阿熊"（三人均身份信息不详）等人在直播软件上与王某某、冯某某（另案处理）等人发生口角，次日2时许，双方约定在海南省××市××区聚众斗殴。随后郑某某叫"阿小"打电话向朋友要三枚"山猪炮"，并通过微信约被告人吴某某一同前去打架。被告人吴某某又纠集了"阿岛"（身份信息不详，在逃）、林某某（另案处理）、王某某（另案处理）三人，并由"阿岛"准备好了砍刀。同日3时许，郑某和周某某及"阿小""阿志""阿熊"五人乘坐出租车，"阿岛"、林某某、王某某乘坐吴某某朋友租来的小汽车前往，同时郑某某直播其准备出发前往某村的消息，冯某某看到郑某某的直播后，打电话给"日本仔""小胖"（二人均身份信息不详，均在逃），让其准备好斗殴时使用的武器，当郑某某等人赶到某村时，王某某已经纠集好"日本仔""小胖""黑哥""阿六""俊仔""三眼""老鼠""阿浩""小龙仔"（后七人均身份信息不详）等十多人带着砍刀等武器在等待，郑某某看到王某某后，就跟周某某各投掷了一枚"山猪炮"，并让出租车司机开车逃离现场，开至某村某宿舍时，被王某某等人截住，后王某某等人便用甩棍、砍刀等武器砍打坐在出租车上的郑某某和周某某等人，并将出租车打砸损坏后逃离现场，在逃离的过程中冯某某将王某某斗殴时使用的甩棍丢弃处理。吴某某等人将车开至某宿舍区时，因看到对方人多便躲在车上并未下车也没被对方看到，随后被告人吴某某和林某某、王某某被赶到现场的民警抓获，并从吴某某所驾驶的车上缴获刀具六把、"山猪炮"一枚、改制的射钉枪一支。同日12时许，公安民警将被告人郑某某抓获。

经鉴定，扣押在案的改制射钉枪一支是以火药为动力的自制枪支，具有致

伤力，构成枪支；出租车毁坏后修复的价格为1708元。另查明，被告人郑某某出生于2001年8月9日，被告人吴某某出生于2000年8月23日，案发时二人均未满十八周岁。

- **案件争点**

是否可对被告人郑某某、吴某某适用缓刑？

- **裁判要旨**

法院认为，被告人郑某某、吴某某为私仇纠集多人持械在公共场所进行斗殴，其行为已构成聚众斗殴罪，公诉机关指控被告人郑某某、吴某某犯聚众斗殴罪，事实清楚，证据确实、充分，罪名成立，应予支持。被告人郑某某、吴某某案发时均未满十八周岁，依法应当减轻处罚；被告人郑某某、吴某某到案后如实供述自己的罪行，属坦白，依法可以从轻处罚并可适用缓刑。

样本案例三

吉林省××市××区人民检察院诉张某某交通肇事案

- **法院**

吉林省××市××区人民法院

- **诉讼主体**

公诉机关：吉林省××市××区人民检察院
被告人：张某某

- **基本案情**

张某某，男，2002年2月23日出生。2019年7月28日2时许，张某某驾驶两轮轻便摩托车沿公路由南北行至某路口北侧时与前方同方向骑行人力三轮车的王某某发生交通事故，事故造成王某某受伤，两车损坏。王某某经医院抢救无效于2019年7月28日7时50分死亡。经交通事故认定书认定，被告人张某某承担此事故的主要责任，王某某承担事故的次要责任。被告人张某某赔偿被害人家属各项损失127000元，被害人家属对被告人张某某的行为予以谅解，请求司法机关对张某某从宽处理免于刑事处罚。

- 案件争点

被告人张某某能否适用缓刑？

- 裁判要旨

法院认为，被告人张某某违反交通运输管理规定，发生重大事故，致一人死亡的严重后果，其行为已经构成交通肇事罪，公诉机关指控的罪名成立，依法应予处罚；被告人张某某犯罪后如实供述自己的罪行，依法可以从轻处罚；被告人张某某对于此事故造成的损失，车主及张某某家属已与被害人家属达成和解，并处理完毕，被害人家属出具了谅解书。被告人张某某案发时未满十八周岁，是未成年人，并真诚悔罪，根据其犯罪情节和悔罪表现，确实不致再危害社会，法院决定对其适用缓刑。

三、司法案例类案甄别

（一）事实对比

样本案例一韦某某故意伤害案，被告人韦某某为帮杜某某打架，准备3把刀具共同前往被害人学校，确认被害人在教室后，杜某某与王某某各持1把砍刀进入教室内对被害人邹某某进行追砍，造成邹某某双手及头部受伤。经鉴定，邹某某损伤属轻伤一级，伤残等级评定为十级伤残。韦某某的行为属于故意伤害罪的共同犯罪。

样本案例二郑某某、吴某某聚众斗殴案，被告人郑某某、吴某某等人在直播软件上与王某某、冯某某等人发生口角，双方约定聚众斗殴。随后郑某某叫"阿小"打电话向朋友要三枚"山猪炮"，并通过微信约被告人吴某某一同前去打架。被告人吴某某又纠集了"阿岛"等三人，并由"阿岛"准备好了砍刀。同日3时许，郑某某等四人乘坐一辆出租车，其他人乘坐吴某某朋友租来的小汽车前往某村，同时郑某某直播其准备出发前往某村的消息，冯某某看到郑某某直播后，打电话让人准备好斗殴时使用的武器，当郑某某等人赶到某村时，王某某已经纠集好十多人带着砍刀等武器在等待，郑某某看到王某某后，就跟周某某各投掷了一枚"山猪炮"，并让出租车司机开车逃离现场，开至某宿舍时被王某某等人截住，后王某某等人便用甩棍、砍刀等武器砍打坐在出租车上的郑某某和周某某等人，并将出租车打砸损坏后逃离现场，在逃离的过程中冯某某将王某某斗殴时使用的甩棍丢弃处理。经鉴定,扣押在案的改制射钉枪一支是以火药为动力的自制枪支,具有致伤力,构成枪支;出租车毁坏后修复的价格为1 708元。另查明,被告人郑某某出生于2001年8月9日,被告人吴某某出生于2000年8月23日,案发时二人均未满十八周岁。

样本案例三张某某交通肇事案,被告人张某某驾驶两轮轻便摩托车沿公路由南北行至某路口北侧时与前方同方向骑行人力三轮车的王某某发生交通事故,事故造成王某某受伤,两车损坏。王某某经医院抢救无效死亡。经交通事故认定书认定,被告人张某某承担此事故的主要责任,王某某承担事故的次要责任。被告人张某某赔偿被害人家属各项损失127 000元。

从认定事实情况看,在样本案例一、二、三中,查明事实均围绕被告人实施的犯罪行为、社会危害性及是否具备适用缓刑的条件等内容展开。样本案例一被告人韦某某与他人共同实施了故意伤害的犯罪行为,导致一人轻伤的后果,但是韦某某实施犯罪行为时系未成年人,事后能够认罪悔罪,家属也积极赔偿被害人损失;样本案例二被告人郑某某、吴某某在直播平台上与他人发生口角,遂纠集多人持自制枪支、砍刀等前往"约架",斗殴过程中造成他人车辆损失的后果,构成聚众斗殴罪,但是郑某某、吴某某实施犯罪行为时均系未成年人,事后能够如实供述自己的罪行;样本案例三被告人张某某违反交通运输管理规定,发生重大事故,致一人死亡的严重后果,其行为已经构成交通肇事罪,但是张某某实施犯罪行为时系未成年人,事后能够如实供述自己的罪行,真诚认罪悔罪,积极赔偿被害人损失并取得了被害人谅解。

(二)适用法律对比

样本案例一韦某某故意伤害案,法院认为,被告人韦某某伙同他人故意伤害他人身体,致一人轻伤一级,十级伤残,其行为已构成故意伤害罪。公诉机关指控被告人韦某某犯故意伤害罪,事实清楚,证据确实、充分,罪名成立,应予支持。韦某某犯罪时不满十八周岁,依法应当从轻处罚;被告人韦某某到案后如实供述其罪行,依法可以从轻处罚;被告人韦某某的亲属在本案审理期间,积极赔偿被害人的经济损失并获得谅解,可酌情对其从轻处罚;被告人韦某某故意伤害他人头部且致被害人多处受伤,可酌情对其从重处罚;被害人系未成年人,对被告人韦某某可酌情从重处罚。根据被告人韦某某的犯罪事实、性质、情节和悔罪表现,依法可对其适用缓刑。

样本案例二郑某某、吴某某聚众斗殴案,法院认为,被告人郑某某、吴某某为私仇纠集多人持械在公共场所进行斗殴,其行为已构成聚众斗殴罪,公诉机关指控被告人郑某某、吴某某犯聚众斗殴罪,事实清楚,证据确实、充分,罪名成立，应予支持。被告人郑某某、吴某某案发时均未满十八周岁，依法应当减轻处罚；被告人郑某某、吴某某到案后如实供述自己的罪行，属坦白，依法可以从轻处罚并可适用缓刑。

样本案例三张某某交通肇事案，法院认为，被告人张某某违反交通运输管理规定，发生重大事故，致一人死亡的严重后果，其行为已经构成交通肇事罪，公诉机关指控的罪名成立，依法应予处罚；被告人张某某犯罪后如实供述自己的罪行，依法可以从轻处罚；被告人张某某对于此事故造成的损失，车主及张某某家属已与被害人家属达成和解，并处理完毕，被害人家属出具了谅解书。被告人张某某案发时未满十八周岁，是未成年人，并真诚悔罪，根据其犯罪情节和悔罪表现，适用缓刑确实不致再危害社会，法院决定对其适用缓刑。

从法律适用情况看，样本案例一、二、三适用的主要为《刑法》第七十二条"对于被判处拘役、三年以下有期徒刑的犯罪分子，同时符合下列条件的，可以宣告缓刑，对其中不满十八周岁的人、怀孕的妇女和已满七十五周岁的人，应当宣告缓刑：（一）犯罪情节较轻；（二）有悔罪表现；（三）没有再犯罪的危险；（四）宣告缓刑对所居住社区没有重大不良影响"，《最高人民法院关于审理未成年人刑事案件具体应用法律若干问题的解释》第十一条的相关规定。

（三）适用法律程序对比

按照《最高人民法院关于人民法院案件案号的若干规定》要求和案件审理机关，样本案例一、二、三适用的均为刑事一审程序。

（四）类案大数据报告

时间截至2022年11月16日，案例来源为Alpha案例库，案件数量为24 565件，数据采集时间为2022年11月16日，本次检索共获取关于认定未成年人犯罪宣告缓刑的裁判文书24 565篇。

从案件程序分类统计可以看到未成年人犯罪当前的审理程序分布状况，其中一审案件有22 617件，二审案件有1 728件，再审案件有166件，执行案件有30件，并能够推算出一审上诉率约为7.64%。

如图18-1所示，对二审裁判结果进行可视化分析可以看到，当前条件下维持原判的有1 018件，占比为58.91%；改判的有657件，占比为38.02%；其他为49件，占比为2.84%。

如图18-2所示，对再审裁判结果进行可视化分析可以看到，当前条件下改判的有126件，占比为75.9%；维持原判的有26件，占比为15.66%；其他为14件，占比为8.44%。

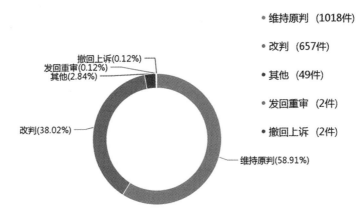

图 18-1　二审裁判结果情况

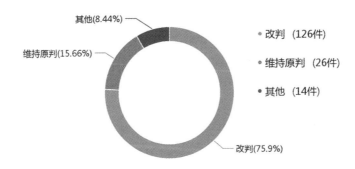

图 18-2　再审裁判结果情况

如图 18-3 所示，对主刑适用情况进行可视化可以看到，当前条件下包含有期徒刑的案件有 20 536 件，包含拘役的案件有 4 304 件，包含无期徒刑的案件有 216 件。此外，其中包含缓刑的案件有 184 72 件，免予刑事处罚的案件有 175 件。

图 18-3　主刑适用情况

如图 18-4 所示，对附加刑适用情况进行可视化可以看到，当前条件下件包含罚金的案件有 13 475 件，包含剥夺政治权利的案件有 687 件，包含没收财产的案件有 649 件。

图 18-4　附加刑适用情况

四、类案裁判规则的解析确立

缓刑，全称刑罚的暂缓执行，是指对触犯法律，经法定程序确认已构成犯罪、应当判处刑罚的被告人，在符合一定条件的前提下，对其先行宣告定罪，但暂不执行所判处的刑罚，由所居住的社区实行矫正。缓刑由特定的考察机构在一定的考验期限内对罪犯进行考察，并根据罪犯在考验期间内的表现，依法决定是否适用具体刑罚。

（一）未成年被告人适用缓刑的条件

1. 被判处三年以下有期徒刑，包括被判处拘役的未成年被告人。2. 犯罪情节较轻、具有悔罪表现、没有再犯罪危险、宣告缓刑对所居住社区没有重大不良影响。缓刑的附条件不执行原判刑罚的特点，决定了缓刑的适用对象只能是罪行较轻的犯罪分子，犯罪情节和悔罪表现如何是适用缓刑的根本条件。具体而言，指未成年被告人的犯罪情节较轻，犯罪后能够投案自首或者到案后如实交代罪行，深刻认识到其自身行为的违法性及有真诚悔改的决心，此外，还要具备家庭监护及社会管教条件；实践中，审判机关一般结合未成年被告人的认罪悔过态度、退赃退赔情况、是否取得被害方的谅解、家庭因素、邻里关系等方面综合考量，最终决定是否可以适用缓刑。3. 不属于犯罪集团的首要分子。

（二）未成年被告人在缓刑考验期应遵守的规定及期限

被宣告缓刑的未成年被告人应当遵守以下规定：1.遵守法律、行政法规，服从监督；2.按照考察机关的规定报告自己的活动情况；3.遵守考察机关关于会客的规定；4.离开所居住的市县或者迁居，应当报经考察机关批准。缓刑的考验期必须依所判刑种和刑期而确定，所判刑种和刑期的差别决定了其具有不同的法定考验期。拘役的缓刑考验期限为原判刑期以上一年以下，但是不能少于二个月；有期徒刑的缓刑考验期限为原判刑期以上五年以下，但是不能少于一年。缓刑考验期限，从判决确定之日起计算。

（三）社会调查制度

人民法院办理未成年人刑事案件，依职权委托专门机构对未成年被告人的个人情况、家庭环境、邻里关系、犯罪诱因、犯罪背景等方面进行专门调查，并对其人身危险性进行综合评估，形成书面报告以供审判机关考量。社会调查评估是对未成年被告人宣告缓刑的一项重要参考，为后续的社区矫正及缓刑执行提供基础。司法行政机关在收到委托后，一般应当在十个工作日内向委托机关提交调查评估报告。

（四）缓刑的撤销

被宣告缓刑的未成年被告人，在缓刑考验期限内犯新罪或者发现判决宣告以前还有其他罪没有判决的，应当撤销缓刑，对新犯的罪或者新发现的罪作出判决，把前罪和后罪所判处的刑罚，依照数罪并罚的规定执行。被宣告缓刑的未成年犯罪分子，在缓刑考验期内，违反法律、行政法规或者有关部门关于缓刑的监督管理规定，或者违反人民法院判决中的禁止令，情节严重的，应当撤销缓刑，执行原判刑罚。

五、关联法律法规

（一）《中华人民共和国刑法》（2023年修正）

第七十二条第一款　对于被判处拘役、三年以下有期徒刑的犯罪分子，同时符合下列条件的，可以宣告缓刑，对其中不满十八周岁的人、怀孕的妇女和已满七十五周岁的人，应当宣告缓刑：（一）犯罪情节较轻；（二）有悔罪表现；（三）没有再犯罪的危险；（四）宣告缓刑对所居住社区没有重大不良影响。

（二）《最高人民法院关于审理未成年人刑事案件具体应用法律若干问题的解释》（2006年1月23日施行，法释〔2006〕1号）

第十一条　对未成年罪犯适用刑罚，应当充分考虑是否有利于未成年罪犯的教育和矫正。

对未成年罪犯量刑应当依照刑法第六十一条的规定，并充分考虑未成年人实施犯罪行为的动机和目的、犯罪时的年龄、是否初次犯罪、犯罪后的悔罪表现、个人成长经历和一贯表现等因素。对符合管制、缓刑、单处罚金或者免予刑事处罚适用条件的未成年罪犯，应当依法适用管制、缓刑、单处罚金或者免予刑事处罚。

未成年人刑事犯罪法律适用

第 19 条

人民法院根据犯罪情况，对判处管制、宣告缓刑的未成年被告人，认为从促进其教育改正，有效维护社会秩序的需要出发，确有必要禁止其在管制执行期间、缓刑考验期限内从事特定活动，进入特定区域、场所，接触特定人的，可以同时宣告禁止令

一、聚焦司法案件裁判观点

■ **争议焦点**

对宣告缓刑的未成年被告人如何同时适用禁止令？

■ **裁判观点**

1. 为加强对管制犯、缓刑犯的监管，促进对犯罪分子的教育矫正工作，维护正常的社会秩序，《中华人民共和国刑法修正案（八）》新增了有关对管制犯、缓刑犯可以适用禁止令的规定。

2. 禁止令具有附属性，即依附于管制和缓刑的执行监管措施，不能单独适用。禁止令还具有补充性，即刑法对缓刑考验期内应当遵循的义务作出了明确的规定，是所有被宣告缓刑的罪犯都应当遵守的一般义务，而禁止令是审判人员根据法律，结合案件具体情况、犯罪背景等，要求被告人在履行一般义务的基础上再遵守其他义务。此外，禁止令还有具体性，即禁止被告人做什么事情是明确的，有针对性的，是有具体的行为准则的。

二、司法案例样本对比

样本案例一

河南省××市××区人民检察院诉董某某、宋某某抢劫案

• 法院

河南省××市××区人民法院

- **诉讼主体**

公诉机关：河南省××市××区人民检察院

被告人：董某某、宋某某

- **基本案情**

被告人董某某、宋某某（时年十七周岁）迷恋网络游戏，平时经常结伴到网吧上网，时常彻夜不归。2010年7月27日11时许，因在网吧上网的网费用完，二被告人即伙同王某某（作案时未达到刑事责任年龄）到河南省某社区健身器材处，持刀对被害人张某某等人实施抢劫，抢走张某某5元现金及手机一部。后将所抢的手机卖掉，所得赃款用于上网。

- **案件争点**

对宣告缓刑的未成年被告人是否同时适用禁止令？

- **裁判要旨**

法院认为，被告人董某某、宋某某犯抢劫罪，且符合缓刑的适用条件，均判处有期徒刑二年六个月，缓刑三年，并处罚金人民币1 000元。同时禁止董某某和宋某某在三十六个月内进入网吧、游戏机房等场所。考虑到被告人主要是因上网需要网费而诱发了抢劫犯罪，且二被告人长期迷恋网络游戏，网吧等场所与其犯罪有密切联系，将被告人与引发其犯罪的场所相隔离，有利于家长和社区在缓刑期间对其进行有效管教，预防再次犯罪。二被告人犯罪时不满十八周岁，平时自我控制能力较差，对其适用禁止令的期限确定为与缓刑考验期相同的三年，有利于其改过自新。因此，依法判决禁止二被告人在缓刑考验期内进入网吧等特定场所。

样本案例二

上海市××区人民检察院诉李某某盗窃案

- **法院**

上海市××区人民法院

- 诉讼主体

公诉机关：上海市××区人民检察院

被告人：李某某

- 基本案情

李某某，女，案发时十七周岁。2015年10月20日下午4时许，被告人李某某前往上海市某馒头店购买食品，趁被害人袁某某不备，窃得被害人袁某某放置于店内工作台下面的一个黑色单肩包，内有现金人民币8 400元。被害人袁某某发现后追至某路将被告人李某某抓获并在附近地面发现被窃的黑色单肩包。

2015年11月4日，被告人李某某在安徽省一家数码店窃得一台平板电脑，价值人民币1 485元，于同年11月19日在同学陪同下前往上述同一家数码店欲变卖时被当场抓获，受到安徽省××市××县公安局行政拘留十日处罚（不执行）。

- 案件争点

被告人李某某适用缓刑的同时是否适用禁止令？

- 裁判要旨

法院认为，被告人李某某以非法占有为目的，秘密窃取他人财物，数额较大，其行为已构成盗窃罪，应依法承担刑事责任，并处罚金。公诉机关指控的犯罪事实清楚，证据确实、充分，指控成立。李某某及其成年亲属、合适成年人、指定辩护人对此均无异议。李某某犯罪时满十六周岁不满十八周岁，系未成年人，应当从轻处罚。李某某到案后能如实供述自己的罪行，系坦白，可以从轻处罚。李某某窃取的赃款已被当场追回和发还，没有造成被害人损失，可酌情从轻处罚。公诉人提出的对被告人的上述量刑意见成立，应予采纳。鉴于庭审中新增社会调查情况，被告人已具备所在社区帮教条件，公诉人当庭表示可以适用缓刑的意见可予采纳。李某某的指定辩护人提出李某某犯罪时系未成年人，应当从轻处罚；李某某到案后能坦白认罪，可以从轻处罚；李某某一时冲动，虽构成犯罪但没有造成被害人损失以及李某某家境贫困、家庭结构残缺等，要求在量刑时酌情考虑并处以缓刑的意见与事实相符，法院予以采纳。

被告人李某某因过早离开家庭和学校，缺少家庭和学校教育，导致其法治意识淡薄。李某某初中毕业后，不思进取，盲目交友，独自一人来到上海后没有稳定工作和收入，没有固定住所，在网吧等地闲逛，在不劳而获思想的驱动下，最终走上了盗窃的犯罪道路。李某某的母亲离家出走，父亲对其缺乏管教，致其没有约束自己的行为，从而滋生了子女犯罪，对此负有不可推卸的责任。李某某作案时尚未成年，到案后至庭审中，能自愿认罪认罚；经法庭教育，有悔罪表现。结合社会调查情况中有关其个人成长经历、社会调查意见和羁押期间表现情况等，可在对全案综合考虑基础之上判处其拘役并宣告缓刑，同时判处禁止令执行事项。希望被告人李某某家长言传身教，切实加强家庭教育，履行保护责任。希望李某某吸取教训，进一步增强法治意识，认真学习文化知识和工作技能，争取回归社会和成年后能找到一份自食其力的工作，多为家庭分担责任。希望李某某在安徽省××市××区司法局工作人员带回原籍社区报到后，遵守法律法规，服从社区监督管理，接受社区和家庭教育，完成公益劳动，珍惜法庭给予的教育挽救和悔过自新的机会，做一名遵纪守法、自食其力、有益社会的好公民。

综上，依照《刑法》第二百六十四条，第十七条第一款、第三款，第六十七条第三款，第七十二条，第七十三条第一款、第三款，第五十三条之规定，判决被告人李某某犯盗窃罪，判处拘役五个月，缓刑五个月，并处罚金人民币500元。被告人李某某在缓刑考验期限内禁止进入夜总会、酒吧、迪厅、网吧等娱乐场所。禁止每日二十二时至次日六时离开其户籍地或居住地，如因治病或者探望长辈、亲属等原因确需在禁止时段离开住所的，应由法定代理人等成年亲属陪同，并应在事发后二十四小时内向社区报告。

样本案例三

福建省××县人民检察院诉林某某、陈某某等寻衅滋事案

- 法院

福建省××县人民法院

- 诉讼主体

公诉机关：福建省××县人民检察院
被告人：林某某、陈某某、吴某某

- 基本案情

2012年4月16日19时30分左右，被害人陈某1途经××县人民法院门口

时，被告人林某某、陈某某、吴某某等人上前殴打陈某1，并用刀具捅了陈某1的背部，致其轻伤。案发后，被告人林某某、陈某某等人赔偿被害人陈某1医疗费等人民币26 000元，并取得被害人谅解。

- 案件争点

对被告人林某某、陈某某、吴某某是否适用"接触特定人禁止令"？

- 裁判要旨

法院认为，未成年人辍学后经常聚集在一起，讲哥们义气，这些都是当前诱发未成年人犯罪的常见因素。考虑到三名被告人主要是因经常聚集在一起，为哥们义气诱发了共同犯罪，将被告人互相隔离，禁止其互相接触有利于家长和社区在缓刑期间对其进行有效管教，预防再次犯罪；被告人犯罪时不满十八周岁，平时自我控制能力较差，对其适用"接触禁止令"的期限确定为与缓刑考验期相同的一年，有利于其改过自新。法院依法作出判决，被告人林某某、陈某某、吴某某无视国家法纪和社会公德，随意殴打致人轻伤，情节恶劣，其行为均已构成寻衅滋事罪，判处被告人林某某、陈某某、吴某某有期徒刑八个月，缓刑一年；被告人林某某、陈某某、吴某某在缓刑考验期内，禁止互相来往接触。

三、司法案例类案甄别

（一）事实对比

样本案例一董某某、宋某某抢劫案，被告人董某某、宋某某迷恋网络游戏，因在网吧上网的网费用完，即伙同王某某持刀对被害人张某某等人实施抢劫，抢走张某某5元现金及手机一部。

样本案例二李某某盗窃案，被告人李某某前往上海后，居无定所，没有收入来源，在馒头店购买食品时趁被害人袁某某不备，窃得被害人放置于店内工作台下面的一个黑色单肩包，内有现金人民币8 400元。被害人袁某某发现后追至某路将被告人李某某抓获并在附近地面发现被窃的黑色单肩包。

样本案例三林某某、陈某某等寻衅滋事案，被告人林某某、陈某某、吴某某辍学后无所事事，看到被害人陈某1途经××县人民法院门口时，被告人林某某、陈某某、吴某某等人上前殴打陈某1，并用刀具捅了陈某1的背部，致其轻伤。案发后，被告人林某某、陈某某等人赔偿被害人陈某1医疗费等人民币26 000元,并取得被害人谅解。

从认定事实情况看,在样本案例一、二、三中,查明事实均围绕被告人实施的犯罪行为、社会危害性以及适用缓刑后如何更有效地对其进行管教等内容展开。样本案例一被告人董某某、宋某某因迷恋网络游戏,为筹集去网吧打游戏的费用而实施了抢劫的犯罪行为;样本案例二被告人李某某在上海居无定所、无任何生活来源,在买馒头的时候实施了盗窃的犯罪行为;样本案例三被告人林某某、陈某某、吴某某三人辍学后无所事事,为哥们义气随意殴打他人,实施了寻衅滋事的犯罪行为。

(二)适用法律对比

样本案例一董某某、宋某某抢劫案,法院认为,被告人董某某、宋某某犯抢劫罪,且符合缓刑的适用条件,均判处有期徒刑二年六个月,缓刑三年,并处罚金人民币1 000元。同时禁止董某某和宋某某在三十六个月内进入网吧、游戏机房等场所。考虑到二被告人主要是因上网需要网费而诱发了抢劫犯罪且二被告人长期迷恋网络游戏,网吧等场所与其犯罪有密切联系,将被告人与引发其犯罪的场所相隔离,有利于家长和社区在缓刑期间对其进行有效管教,预防再次犯罪。被告人犯罪时不满十八周岁,平时自我控制能力较差,对其适用禁止令的期限确定为与缓刑考验期相同的三年,有利于其改过自新。因此,依法判决禁止二被告人在缓刑考验期内进入网吧等特定场所。

样本案例二李某某盗窃案,法院认为,被告人李某某以非法占有为目的,秘密窃取他人财物,数额较大,其行为已构成盗窃罪,应依法承担刑事责任,并处罚金。李某某犯罪时已满十六周岁不满十八周岁,系未成年人,应当从轻处罚。李某某到案后能如实供述自己的罪行,系坦白,可以从轻处罚。李某某窃取的赃款已被当场追回和发还,没有造成被害人损失,可酌情从轻处罚。结合社会调查情况中有关其个人成长经历、社会调查意见和羁押期间表现情况等,可在对全案综合考虑基础之上判处其拘役并宣告缓刑,同时判处禁止令执行事项。法院判决被告人李某某犯盗窃罪,判处拘役五个月,缓刑五个月,并处罚金人民币500元。被告人李某某在缓刑考验期限内禁止进入夜总会、酒吧、迪厅、网吧等娱乐场所。禁止每日二十二点至次日六点离开其户籍地或居住地,如因治病或者探望长辈、亲属等原因确需在禁止时段离开住所的,应由法定代理人等成年亲属陪同,并应在事发后二十四小时内向社区报告。

样本案例三林某某、陈某某等寻衅滋事案,法院认为,未成年人辍学后经常聚集在一起,讲哥们义气,这些都是当前诱发未成年人犯罪的常见因素。考虑到被告人主要是因经常聚集在一起,为哥们义气诱发了共同犯罪,将被告人互相隔离，禁止其互相接触有利于家长和社区在缓刑期间对其进行有效管教，预防再次犯罪；被告人犯罪时不满十八周岁，平时自我控制能力较差，对其适用"接触禁止令"的期限确定为与缓刑考验期相同的一年，有利于其改过自新。法院依法作出判决，被告人林某某、陈某某、吴某某无视国家法纪和社会公德，随意殴打致人轻伤，情节恶劣，其行为均已构成寻衅滋事罪，判处被告人林某某、陈某某、吴某某有期徒刑八个月，缓刑一年；被告人林某某、陈某某、吴某某在缓刑考验期内，禁止互相来往接触。

从法律适用情况看，样本案例一、二、三适用的主要为《刑法》第七十二条"对于被判处拘役、三年以下有期徒刑的犯罪分子，同时符合下列条件的，可以宣告缓刑，对其中不满十八周岁的人、怀孕的妇女和已满七十五周岁的人，应当宣告缓刑。（一）犯罪情节较轻；（二）有悔罪表现；（三）没有再犯罪的危险；（四）宣告缓刑对所居住社区没有重大不良影响"。宣告缓刑，可以根据犯罪情况，同时禁止犯罪分子在缓刑考验期限内从事特定活动，进入特定区域、场所，接触特定的人。

（三）适用法律程序对比

从适用法律程序情况看，按照《最高人民法院关于人民法院案件案号的若干规定》要求和案件审理机关，样本案例一、二、三适用的均为刑事一审程序。

（四）类案大数据报告

截至2022年11月16日，案例来源为Alpha案例库，案件数量为1 732件，数据采集时间为2022年11月16日，本次检索共获取关于认定未成年人犯罪宣告禁止令的裁判文书1 732篇。

从案件程序分类统计可以看到未成年人犯罪当前的审理程序分布状况，其中一审案件有1 604件，二审案件有103件，再审案件有13件，执行案件有6件，并能够推算出一审上诉率约为6.42%。

如图19-1所示，对二审裁判结果进行可视化分析可以看到，当前条件下改判的有55件，占比为53.4%；维持原判的有44件，占比为42.72%；其他为4件，占比为3.88%。

如图19-2所示，对再审裁判结果进行可视化分析可以看到，当前条件下改判的有13件，占比为100%。

如图19-3所示，对主刑适用情况进行可视化可以看到，当前条件下包含有期徒刑的案件有1 422件，包含拘役的案件有250件，包含管制的案件有234件。其中包含缓刑的案件有947件，免予刑事处罚的案件有9件。

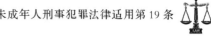

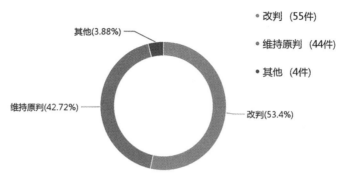

图 19-1 二审裁判结果情况

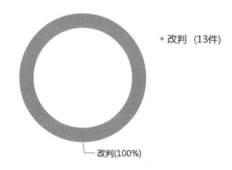

图 19-2 再审裁判结果情况

图 19-3 主刑适用情况

如图 19-4 所示,对附加刑适用情况进行可视化可以看到,当前条件下件包含罚金的案件有 1 257 件,包含没收财产的案件有 114 件,包含剥夺政治权利的案件有 94 件。

图 19-4 附加刑适用情况

四、类案裁判规则的解析确立

（一）禁止令的适用

禁止令是对管制犯、缓刑犯具体执行监管措施的完善，是附带的行刑条件。对被宣告缓刑的未成年被告人，可以根据犯罪情况，同时禁止其在缓刑考验期内从事特定活动、进入特定的区域、场所，接触特定的人。其中，禁止从事特定活动主要是指容易再次诱发犯罪的活动，缓刑罪犯实施的犯罪与此有关，例如禁止酗酒；禁止进入特定的区域、场所主要是指与其犯罪有关的或是如果罪犯进入该场所会造成一定不良影响的区域、场所，例如禁止被告人进入网吧等。禁止接触特定的人主要是指受到犯罪侵害或者是容易使罪犯再次违法犯罪的人员，例如禁止罪犯接触案件被害人。

禁止令是一种"必须遵守，否则可撤销缓刑，执行原判刑罚"的强制性命令，是辅助非监禁刑处罚和缓刑制度顺利执行的措施。通过相关案例我们可以发现，禁止令的具体内容主要是根据犯罪的原因、性质、手段等因素确定，且对于犯罪分子有明确的针对性。禁止令的实施恰恰是从法律的角度出发，以强制的手段矫正部分特定的犯罪行为。同时，通过禁止令的形式将犯罪人员与可能诱使其犯罪的环境相隔离，对于犯罪人员再犯同类罪名起到了很好的预防作用。

禁止令的作用对于未成年被告人来说更加突出。前述样本案例一中，二未成年被告人系因缺少上网费用而产生抢劫故意，因未成年人法律意识相对淡薄及自控力较弱，如果在缓刑考验期内不禁止该二人进入网吧，则极有可能因为同样的犯罪动机而实施新的犯罪行为。因此，根据未成年人犯罪的特点以及引发犯罪的原因等多方面因素有针对性地适用禁止令，将涉罪未成年人与可能诱使其犯罪的环境相隔离，对预防其再次触犯同类罪名起到了良好的作用，有利于罪犯改造，这既是一种约束，也是一项帮助教育。当然，适用禁止令也不能妨碍未成年人行使合法权益，不能因此影响未成年人的正常生活和学习。此外，禁止令的内容必须具有可行性，要根据犯罪分子的犯罪原因、犯罪性质、犯罪手段及悔罪表现等情况，有针对性地决定禁止令的内容。需要注意的是，禁止令不是必须的，而是视情况宣告。禁止令是我国刑罚制度的一项重大创新，与过去缓刑罪犯定期汇报思想，定期报到而言，能够更加有效地对判处缓刑的被告人进行约束。

（二）违反禁止令的后果

被宣告缓刑的犯罪分子违反禁止令，情节严重的，应当撤销缓刑，执行原判刑罚。原作出缓刑裁判的人民法院应当自收到当地社区矫正机构提出的撤销缓刑建议书之日起一个月内依法作出裁定。人民法院撤销缓刑的裁定一经作出，立即生效。违反禁止令，具有下列情形之一的，应当认定为"情节严重"：一是三次以上违反禁止令的；二是因违反禁止令被治安管理处罚后，再次违反禁止令的；三是违反禁止令，发生较为严重危害后果的；四是其他情节严重的情形。

五、关联法律法规

《中华人民共和国刑法》（2023年修正）

第七十二条第二款 宣告缓刑，可以根据犯罪情况，同时禁止犯罪分子在缓刑考验期限内从事特定活动，进入特定区域、场所，接触特定的人。

未成年人刑事犯罪法律适用

第 20 条

未成年人与成年人共同犯罪的,应将未成年人案件与成年人案件在程序上分离,对未成年人与成年人分别关押、分别审理、分别执行

一、聚焦司法案件裁判观点

■ **争议焦点**

未成年人与成年人共同犯罪的,如何处理?

■ **裁判观点**

1. 未成年人与成年人共同犯罪,应当分案处理。未成年人具有与成年人不同的心理和生理状态,有采取特殊措施加以保护的必要性,分案处理原则使诉讼程序以适合未成年人身心特点的方式进行,最大限度地避免对其造成心理伤害。

2. 未成年人罪犯与成年人罪犯应当分押分管,主要体现在两个方面:一是对涉罪未成年人适用拘留、逮捕等强制措施时,要将未成年人与成年人分开关押看管;二是对未成年人刑事案件的生效判决、裁定的执行,未成年犯要同成年犯分开,不能在同一场所执行。

二、司法案例样本对比

样本案例一

海南省××市××区人民检察院诉梁某某等抢劫案

- **法院**

海南省××市××区人民法院

- **诉讼主体**

公诉机关:海南省××市××区人民检察院

被告人：梁某某等

• **基本案情**

2017 年 12 月 16 日 5 时，被告人梁某某等七人在海南省某大排档吃夜宵，被害人符某某和陈某某、王某某在其邻座吃饭，后符某某与王某某因为琐事发生争吵，梁某某、周某某等人因认识陈某某便上前劝架，二人不理会，后符某某端起桌上的汤洒向王某某但不慎洒到了周某某的身上，周某某、梁某某等人便开始与符某某等人打架，陈某某把店内桌子掀翻，王某某趁乱开车离开现场。之后周某某、梁某某等人以赔偿店内损失为由，将符某某和陈某某挟持到一处树林，并将符某某捆绑到树上用电棒电击，对陈某某实施殴打，其间周某某还拿出一把枪对二人进行威胁，要求符某某和陈某某各拿 10 000 元，后符某某通过微信方式转账 5 000 元给梁某某和吴某某，陈某某通过微信方式转账 1 000 元给李某某。16 日 18 时许，梁某某与周某某等人将符某某、陈某某带到某酒吧，至 17 日 5 时许，符某某和陈某某二人又被梁某某等人带至某商务酒店看守起来。后二人趁着看守人员睡觉之际逃离现场。另查明，被告人梁某某于 2001 年 4 月 22 日出生，案发时未满十八周岁；案发后，被告人梁某某的亲属积极赔偿被害人符某某的经济损失 5 000 元，并获得谅解。

• **案件争点**

成年人与未成年人共同犯罪的，是否要将未成年人犯罪案件与成年人犯罪案件分案处理？

• **裁判要旨**

法院认为，被告人梁某某以非法占有为目的，伙同他人持刀以暴力、限制被害人人身自由的方式，劫取被害人 6 000 元，其行为已构成抢劫罪。公诉机关指控被告人梁某某犯抢劫罪，事实清楚，证据确实、充分，罪名成立，应予支持。被告人梁某某犯罪时未满十八周岁，依法应当减轻处罚；梁某某到案后如实供述其犯罪事实，属坦白，依法可以从轻处罚；案发后，梁某某亲属积极赔偿被害人经济损失，可酌情对其从轻处罚。辩护人相关辩护意见予以采纳。梁某某因辨别是非能力差、交友不慎、法治观念淡薄而走上犯罪道路。对此，法院希望通过本案的审判，使梁某某能充分认识到自己行为的社会危害性，从中吸取教训，谨慎交友，改过自新，以合法劳动获取财富。同时，法院也希望梁某某的监护人以后加强对孩子的管教，以实际行动履行监护人职责。

样本案例二

上海市××区人民检察院诉沈某某等抢劫案

• **法院**

上海市××中级人民法院

• **诉讼主体**

公诉机关：上海市××区人民检察院
被告人：沈某某等

• **基本案情**

被告人张某某为牟利，介绍沈某某、胡某某、吕某某、蒋某某认识，教唆他们以暴力方式劫取助力车，并提供砍刀等犯罪工具，事后负责联系销赃分赃。2010年3月，被告人沈某某、胡某某、吕某某、蒋某某经被告人张某某召集，并伙同被告人许某某、杨某某等人，相互结伙，持作案工具，在上海市公共场所抢劫助力车。其中：被告人张某某、沈某某、胡某某参与抢劫四次；被告人吕某某、蒋某某参与抢劫三次；被告人许某某参与抢劫二次；被告人杨某某参与抢劫一次。具体犯罪事实如下：

1.2010年3月4日11时许，沈某某、胡某某、吕某某、蒋某某随身携带砍刀，至某电器商场门口，由吕某某、沈某某撬窃停放在该处的一辆助力车，当被害人甲制止时，沈某某、胡某某、蒋某某拿出砍刀威胁，沈某某砍击被害人致其轻伤。后吕某某、沈某某等人因撬锁不成，砸坏该车外壳后逃离现场。经鉴定，该助力车价值人民币1 930元。

2.2010年3月4日12时许，沈某某、胡某某、吕某某、蒋某某随身携带砍刀，结伙至某临时菜场门口，由胡某某、吕某某撬窃停放在该处的一辆助力车，当被害人乙制止时，沈某某、蒋某某等人拿出砍刀威胁，沈某某砍击被害人致其轻微伤，后吕某某等人撬开锁将车开走。经鉴定，该助力车价值人民币2 058元。

3.2010年3月11日14时许，沈某某、胡某某、吕某某、蒋某某、许某某随身携带砍刀，结伙至某典当行门口，由沈某某撬窃停放在该处的一辆助力车，当被害人丙制止时，胡某某、蒋某某、沈某某拿出砍刀将被害人逼到典当行店内,许某某则在一旁接应,吕某某上前帮助撬开车锁后由胡某某将车开走。经鉴定,该助力车价值人民币2 660元。

4.2010年3月18日14时许,沈某某、胡某某、许某某、杨某某及王某某(男,十三岁)随身携带砍刀,结伙至地铁出口处的停车点,由胡某某持砍刀威胁该停车点的看车人员,杨某某在旁接应,沈某某、许某某等人则当场劫得助力车三辆。其中被害人丁的一辆助力车,经鉴定,该助力车价值人民币2 090元。

• 案件争点

未成年人与成年人共同犯罪如何分案处理?

• 裁判要旨

一审法院认为,七名被告人行为均构成抢劫罪,其中许某某系累犯。对未成年被告人量刑如下:沈某某判处有期徒刑五年六个月,并处罚金人民币5 000元,撤销缓刑,决定执行有期徒刑五年六个月,罚金人民币5 000元;胡某某判处有期徒刑七年,并处罚金人民币7 000元;许某判处有期徒刑五年,并处罚金人民币5 000元。对成年被告人量刑如下:张某某判处有期徒刑十四年,剥夺政治权利二年,并处罚金人民币15 000元;吕某某判处有期徒刑十二年六个月,剥夺政治权利一年,并处罚金人民币12 000元;蒋某某判处有期徒刑十二年,剥夺政治权利一年,并处罚金人民币12 000元;杨某某判处有期徒刑二年,并处罚金人民币2 000元。

二审法院认为,一审判决认定抢劫罪事实清楚,定性准确,证据确实、充分。鉴于胡某某在抢劫犯罪中的地位作用略低于沈某某及对未成年犯并处罚金应当从轻或减轻处罚等实际情况,原判对胡某某主刑及对沈某某、胡某某、许某某罚金刑的量刑不当,应予纠正。检察机关的抗诉意见正确,应予支持。另依法认定许某某不构成累犯。据此,二审法院依法判决:撤销一审判决对原审三名未成年被告人沈某某、胡某某、许某某的量刑部分;改判沈某某犯抢劫罪,判处有期徒刑五年六个月,并处罚金人民币2 000元,撤销缓刑,决定执行有期徒刑五年六个月,罚金人民币2 000元;胡某某犯抢劫罪,判处有期徒刑五年,罚金人民币2 000元;许某某犯抢劫罪,判处有期徒刑四年,罚金人民币1 500元。

未成年犯罪类案甄别与裁判规则确立

样本案例三

广东省××市人民检察院诉林某某、陈某某盗窃案

- 法院

广东省××市人民法院

- 诉讼主体

公诉机关：广东省××市人民检察院

被告人：林某某、陈某某等

- 基本案情

2020年2月13日凌晨1时左右，被告人陈某某、林某某与邓某某（分案起诉）三人约好一起前往高铁站停车场砸车玻璃窗盗窃车内财物。邓某某、陈某某、林某某三人到达现场后，由邓某某、陈某某负责砸车玻璃窗进行盗窃，林某某负责在旁望风。当陈某某砸开事主A停放在停车场的一辆比亚迪小车的车玻璃进入车内盗窃财物时，发现车内有该车的车钥匙，三人便将车盗走。陈某某驾驶车辆到某小区路边，邓某某联系一名男子前来，准备将盗窃来的小车卖出。由于前来买车的男子不满意该车是本地车，没有成功将车卖出。随后，陈某某在驾车过程中发生事故导致车辆受损，便在路边弃车离开。公安机关接警后将被盗车辆拖走并发还给事主A。经鉴定，被盗比亚迪小车价值人民币34 400元。

- 案件争点

未成年人与成年人共同犯罪如何分案处理？

- 裁判要旨

××市人民检察院委托第三方社会服务中心对被告人陈某某进行社会调查发现，被告人陈某某读书至小学五年级后便辍学，父母离异，由父亲抚养，经济较为拮据，家庭监护教育方式方法不够科学有效，家庭关系一般。交友对象多为不良少年，法律意识薄弱。2019年6月曾经因为盗窃被送去未成年帮教基地学习六个月，案发后虽认罪认罚，但其对本人涉案的危险性、危害性均缺乏认识。综合考虑，认为被告人陈某某再犯的可能性较高。被告人林某某读书至初中二年级后便辍学,父母离异,父亲长年在外工作,由奶奶将其抚养大,自小缺乏管教,家庭关系一般。交友对象多为不良少年,法律意识薄弱。2017年曾经因为盗窃被送去未成年帮教基地学习两年。案发后虽认罪认罚,但根据林某某的家庭现状及基地教师对他的评价,基本无人能有效监管,家长配合度一般,综合考虑,认为被告人林某某再犯的可能性较高。

法院认为,被告人陈某某、林某某以非法占有为目的,伙同他人秘密窃取他人财物,数额较大,其行为构成盗窃罪,应予以惩处。鉴于两被告人在犯罪时未满十八周岁,属于未成年人犯罪,归案后能如实供述自己的犯罪事实,在审查起诉阶段即能认罪认罚,签署认罪认罚具结书,依法予以从轻处罚。公诉机关指控两被告人的犯罪事实清楚,证据确实、充分,适用法律正确,罪名成立,予以采纳。两辩护人提出被告人具有法定从轻或减轻处罚的情节符合本案事实与法律规定,予以采纳。依照《中华人民共和国刑法》第二百六十四条、第十七条、第二十五条,《中华人民共和国刑事诉讼法》第十五条、第二百零一条第一款之规定,判决被告人陈某某犯盗窃罪,判处有期徒刑一年,并处罚金人民币3 000元;被告人林某某犯盗窃罪,判处有期徒刑十个月,并处罚金人民币2 000元。

三、司法案例类案甄别

(一)事实对比

样本案例一梁某某等抢劫案,被告人梁某某等七人在大排档吃夜宵期间与被害人符某某和陈某某、王某某等人因琐事发生争吵、打架。后周某某、梁某某等人以赔偿店内损失为由,将符某某和陈某某挟持到一处树林,并将符某某捆绑到树上用电棒电击,对陈某某实施殴打。其间周某某还拿出一把枪对二人进行威胁,要求符某某和陈某某各拿10 000元,后符某某通过微信方式转账5 000元给梁某某和吴某某,陈某某通过微信方式转账1 000元给李某某。随后,梁某某与周某某等人将符某某、陈某某带到某酒吧,至次日5时许,符某某和陈某某二人又被梁某某等人带至某商务酒店看起来。后二人趁着看守人员睡觉之际逃离现场。

样本案例二沈某某等抢劫案,被告人张某某为牟利,介绍沈某某、胡某某、吕某某、蒋某某认识,教唆他们以暴力方式劫取助力车,并提供砍刀等犯罪工具,事后负责联系销赃分赃。2010年3月,被告人沈某某、胡某某、吕某某、蒋某某经被告人张某某召集，伙同被告人许某某、杨某某等人，相互结伙，持作案工具在公共场所抢劫助力车。其中，被告人张某某、沈某某、胡某某参与抢劫四次；被告人吕某某、蒋某某参与抢劫三次；被告人许某某参与抢劫二次；被告人杨某某参与抢劫一次。

样本案例三林某某、陈某某等盗窃案，被告人陈某某、林某某与邓某某三人约好一起前往高铁站停车场砸车玻璃窗盗窃车内财物。邓某某、陈某某、林某某三人到达现场后，由邓某某、陈某某负责砸车玻璃窗进行盗窃，林某某负责在旁望风。当陈某某砸开事主A停放在停车场的一辆比亚迪小车的车玻璃进入车内盗窃财物时，发现车内有该车的车钥匙，三人便将车盗走。陈某某驾驶车辆开到某小区路边，邓某某联系一名男子前来，准备将盗窃来的小车卖出。由于前来买车的男子不满意该车是本地车，没有成功将车卖出。随后，陈某某在驾车过程中发生事故导致车辆受损便弃车离开。公安机关接报案后将被盗车辆拖走并发还给事主A。经鉴定，被盗比亚迪小车价值人民币34 400元。

从认定事实情况看，在样本案例一、二、三中，查明事实均围绕未成年被告人与成年被告人共同实施的犯罪行为、在共同犯罪中所处的地位、发挥的作用等内容展开。样本案例一被告人梁某某与其他成年被告人共同将被害人捆绑到树上，采用电棒电击、殴打、用枪支威胁等方式逼迫被害人交付财产，后又将被害人带至其他地点限制人身自由，梁某某与其他成年被告人共同实施了抢劫的犯罪行为。样本案例二被告人张某某为成年人，为谋取非法利益，介绍沈某某、胡某某等未成年人认识，教唆他们以暴力方式劫取助力车，并提供砍刀等犯罪工具，事后负责联系销赃分赃。被告人沈某某、胡某某等人经被告人张某某召集，伙同被告人许某某、杨某某等人，经预谋，相互结伙，共同实施了抢劫电动自行车的犯罪行为。样本案例三被告人陈某某、林某某为未成年人，与成年被告邓某某共同预谋通过砸车玻璃窗盗窃车内财物，由邓某某、陈某某负责砸车玻璃窗进行盗窃，林某某在旁望风。砸开一辆比亚迪小车的车玻璃进入车内盗窃财物时，发现车内有该车的车钥匙，三人又将车盗走，三名被告人共同实施了盗窃的犯罪行为。

(二)适用法律对比

样本案例一梁某某等抢劫案，法院认为，被告人梁某某以非法占有为目的，伙同他人持刀以暴力、限制被害人人身自由的方法，劫取被害人人民币6 000元，其行为已构成抢劫罪。公诉机关指控被告人梁某某犯抢劫罪，事实清楚，证据确实、充分，罪名成立，应予支持。被告人梁某某犯罪时未满十八周岁，依法应当减轻处罚；梁某某到案后如实供述其犯罪事实，属坦白，依法可以从轻处罚；案发后，梁某某亲属积极赔偿被害人经济损失，可酌情对其从轻处罚。

样本案例二沈某某等抢劫案，二审法院认为，七名被告人行为均构成抢劫罪，鉴于胡某某在抢劫犯罪中的地位作用略低于沈某某及对未成年犯并处罚金应当从轻或减轻处罚等实际情况，一审判决对胡某某主刑及对沈某某、胡某某、许某某罚金的量刑不当，应予纠正。另依法认定许某某不构成累犯。据此，二审法院依法判决：撤销一审判决对三名未成年被告人沈某某、胡某某、许某某的量刑部分；改判沈某某犯抢劫罪，判处有期徒刑五年六个月，并处罚金人民币2 000元，撤销缓刑，决定执行有期徒刑五年六个月，罚金人民币2 000元；胡某某犯抢劫罪，判处有期徒刑五年，并处罚金人民币2 000元；许某某犯抢劫罪，判处有期徒刑四年，并处罚金人民币1 500元。

样本案例三林某某、陈某某盗窃案，法院认为，被告人陈某某、林某某以非法占有为目的，伙同他人秘密窃取他人财物，数额较大，其行为构成盗窃罪，应予以惩处。鉴于两被告人在犯罪时未满十八周岁，属于未成年人犯罪，归案后能如实供述自己的犯罪事实，在审查起诉阶段即能认罪认罚，签署认罪认罚具结书，依法予以从轻处罚。公诉机关指控两被告人的犯罪事实清楚，证据确实、充分，适用法律正确，罪名成立，予以采纳。两辩护人提出被告人具有法定从轻或减轻处罚的情节符合本案事实与法律规定，予以采纳。依照《中华人民共和国刑法》第二百六十四条、第十七条、第二十五条，《中华人民共和国刑事诉讼法》第十五条、第二百零一条第一款之规定，判决被告人陈某某犯盗窃罪，判处有期徒刑一年，并处罚金人民币3 000元；被告人林某某犯盗窃罪，判处有期徒刑十个月，并处罚金人民币2 000元。

从法律适用情况看，样本案例一、二、三适用的主要为《中华人民共和国刑事诉讼法》第二百七十七条第一款："对犯罪的未成年人实行教育、感化、挽救的方针，坚持教育为主、惩罚为辅的原则。"第二百八十条第二款："对被拘留、逮捕和执行刑罚的未成年人与成年人应当分别关押、分别管理、分别教育。"

（三）适用法律程序对比

从适用法律程序情况看，按照《最高人民法院关于人民法院案件案号的若干规定》要求和案件审理机关，样本案例一、三适用的均为刑事一审程序，样本案例二适用的为刑事二审程序。

（四）类案大数据报告

时间截至2022年11月16日，案例来源为Alpha案例库，案件数量为181件，数据采集时间为2022年11月16日，本次检索共获取关于认定未成年人与成年人共同犯罪程序分离的裁判文书181篇。

从案件程序分类统计可以看到未成年人犯罪当前的审理程序分布状况，其中一审案件有113件，二审案件有65件，再审案件有1件，执行案件有1件，死刑复核案件有1件。

如图20-1所示，对二审裁判结果进行可视化分析可以看到，当前条件下维持原判的有41件，占比为63.08%；改判的有22件，占比为33.84%；其他为2件，占比为3.08%。

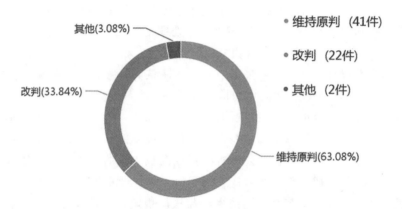

图20-1　二审裁判结果情况

如图20-2所示，对再审裁判结果进行可视化分析可以看到，当前条件下改判的有1件，占比为100%。

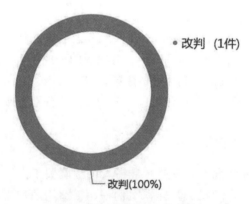

图20-2　再审裁判结果情况

如图20-3所示，对主刑适用情况进行可视化可以看到，当前条件下包含有期徒刑的案件有121件，包含无期徒刑的案件有30件，包含死刑的案件有29件。其中包含缓刑的案件有24件，免予刑事处罚的案件有2件。

图 20-3 主刑适用情况

如图 20-4 所示,对附加刑适用情况进行可视化可以看到,当前条件下包含罚金的案件有 85 件,包含剥夺政治权利的案件有 57 件,包含没收财产的案件有 50 件。

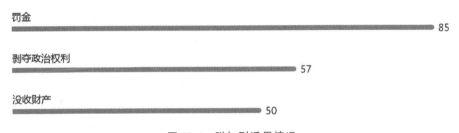

图 20-4 附加刑适用情况

四、类案裁判规则的解析确立

未成年人与成年人具有不同的生理、心理特征,未成年人的社会经验较少,心智尚未成熟,容易冲动行事并难以预估行为后果。但从另一个方面来说,也正因为如此,未成年人比成年人更加具有可塑性,更容易接受改造,让未成年被告人更好地回归社会才是对其审判的根本目的。因此,对犯罪的未成年人应本着"教育为主,惩罚为辅"的原则,其特殊性也是分案处理原则的基础。这一原则在我国各地司法实践中广泛运用。

(一)分案处理原则的内容

理论上,分案处理应包含四方面的内容:第一,程序分离。把实体上的一案分为程序上的两案,未成年适用特别程序。例如分案起诉、分案审理、分案执行、应当为未成年被告人指定辩护人等。第二，分别关押。审前阶段将未成年人与成年人分别羁押在不同场所，防止"交叉感染"。第三，分别起诉。在公诉机关的审查起诉阶段，将共同犯罪案件中的成年被告人与未成年被告人分别起诉，能够最大化地保护未成年人的合法权益。第四，分别执行。判决生效后，执行局对同案未成年被告人与成年被告人采取分别执行的措施。

（二）分案处理原则的意义

分案处理原则作为各国通行的办理未成年人刑事案件的基本准则，有利于帮助未成年人进行改造，更快地再社会化。第一，在刑事司法程序中，对于案件事实清楚的轻罪案件，多适用简易程序从快审理；对于重罪或者事实较为复杂的案件则适用普通程序。对于成年人刑事犯罪案件，适用一般的司法程序；而对于未成年人刑事犯罪案件，则适用特殊的司法程序。例如，对成年人刑事案件，一般公开审判，而对未成年人刑事案件，十四周岁以上不满十六周岁未成年犯罪的案件，一律不公开审理。十六周岁以上不满十八周岁未成年人犯罪的案件，一般也不公开审理。第二，分案处理有利于避免"交叉感染"。相较未成年犯罪人而言，成年犯罪人往往主观恶性较大，积习难改，其犯罪具有一定的预谋性，若将其与未成年犯罪人羁押在同一场所，则可能面临其向未成年人传授犯罪经验，导致"交叉感染"的风险，造成未成年被告人再次走上违法犯罪之路，影响对未成年被告人的改造。此外，侦查、审查起诉、审理阶段中，有些成年犯罪嫌疑人、被告人避重就轻、态度恶劣甚至当庭翻供，也很容易影响未成年犯罪嫌疑人、被告人的认罪、悔罪态度。为了避免上述现象的发生，有必要对未成年和成年犯罪分子分别羁押、分别看管、分案起诉和分案审判，有利于更好地保护未成年犯罪嫌疑人、被告人。

教育和挽救失足未成年人，促使他们顺利回归社会是少年司法的根本目的，因此，分案处理原则可以保障未成年人刑事诉讼程序设置有别于普通刑事诉讼，如增设法庭教育程序，采用不公开审理方式等。《中华人民共和国刑事诉讼法》第二百八十条第二款规定："对被拘留、逮捕和执行刑罚的未成年人与成年人应当分别关押、分别管理、分别教育。"2002年最高人民检察院颁布的《人民检察院办理未成年人刑事案件的规定》第二十条规定："人民检察院提起公诉的未成年人与成年人共同犯罪案件，不妨碍案件审理的，应当分开办理。"2007年最高人民检察院修改颁布的《人民检察院办理未成年人刑事案件的规定》第二十三条进一步对分案起诉制度完善，规定人民检察院审查未成年人与成年人共同犯罪案件，一般应当将未成年人与成年人分案起诉，从而确立了分案起诉的原则。2010年最高人民法院《关于进一步加强少年法庭工作的意见》第十四条规定："人民法院对未成年人与成年人共同犯罪案件，一般应当分案审理，对应当分案起诉而未分案起诉的案件，人民法院可以向检察机关提出建议。"

（三）不宜分案处理的情形

未成年人与成年人共同犯罪的，分案处理是原则，不宜分案是例外，主要有以下情形：（1）系涉外或者重大敏感案件；（2）未成年被告人系共同犯罪中的主犯；（3）有提起刑事附带民事诉讼可能的；（4）其他可能影响审理工作正常进行的。

五、关联法律法规

（一）《中华人民共和国刑事诉讼法》（2018年修正）

第二百七十七条第一款 对犯罪的未成年人实行教育、感化、挽救的方针，坚持教育为主、惩罚为辅的原则。

第二百八十条第二款 对被拘留、逮捕和执行刑罚的未成年人与成年人应当分别关押、分别管理、分别教育。

（二）最高人民法院《关于进一步加强少年法庭工作的意见》（2010年7月23日施行，法发〔2010〕32号）

14. 人民法院对未成年人与成年人共同犯罪案件，一般应当分案审理，对应当分案起诉而未分案起诉的案件，人民法院可以向检察机关提出建议。

（三）《中华人民共和国未成年人保护法》（2020年修订）

第一百零一条第一款 公安机关、人民检察院、人民法院和司法行政部门应当确定专门机构或者指定专门人员，负责办理涉及未成年人案件。办理涉及未成年人案件的人员应当经过专门培训，熟悉未成年人身心特点。专门机构或者专门人员中，应当有女性工作人员。

（四）最高人民检察院《人民检察院办理未成年人刑事案件的规定》（高检发研字〔2013〕7号）

第五十一条第一款 人民检察院审查未成年人与成年人共同犯罪案件，一般应当将未成年人与成年人分案起诉。……

(五)《中华人民共和国预防未成年人犯罪法》(2020年修订)

第五十三条第一款 对被拘留、逮捕以及在未成年犯管教所执行刑罚的未成年人,应当与成年人分别关押、管理和教育。对未成年人的社区矫正,应当与成年人分别进行。

未成年人刑事犯罪法律适用

第 21 条

对未成年被告人，应当综合考虑未成年人对犯罪的认知能力、实施犯罪行为的动机和目的、犯罪时的年龄、是否初犯、悔罪表现、个人成长经历和一贯表现等情况，依法从宽处罚

一、聚焦司法案件裁判观点

■ **争议焦点**

对未成年被告人是否要从宽处罚？

■ **裁判观点**

对于成年被告人来说，犯罪后果的严重程度一般直接反映出行为人主观恶性和社会危害性的大小，是区分罪行轻重的重要标志，且犯罪往往具有一定的预谋性。但对于未成年被告人来说，虽然其犯罪行为客观上造成了严重的甚至非常严重的后果，但这一后果往往是不为其所认识、预见和追求，不一定能反映出其主观恶性和人身危险性的大小。因此，考虑到未成年人特殊的身心特点，出于保护及以"教育为主、惩罚为辅"的原则，对未成年被告人，依法应当从轻或减轻处罚。

二、司法案例样本对比

样本案例一
湖南省××县人民检察院诉罗某某盗窃案

• **法院**

湖南省××县人民法院

• **诉讼主体**

公诉机关：湖南省××县人民检察院

被告人：罗某某

- **基本案情**

2015年3月16日凌晨，被告人罗某某伙同他人经商量后窜至一家店铺前，盗窃被害人蒋某某的一台蓝色三轮摩托车并销赃，被告人罗某某分得赃款人民币200元。案发后经鉴定，该车价值人民币3 600元。

- **案件争点**

对于未成年被告人，是否要从轻处罚？

- **裁判要旨**

法院认为，被告人罗某某以非法占有为目的，伙同他人采取秘密手段窃取他人财物，数额较大，其行为已构成盗窃罪。公诉机关指控的犯罪事实清楚，证据确实、充分，指控的罪名成立。本案系共同犯罪，被告人罗某某在共同犯罪中起主要作用，系主犯，应按照其所参与的全部犯罪处罚。被告人罗某某犯罪时已满十六周岁不满十八周岁，系未成年人，依法应予以从轻处罚。被告人罗某某归案后，如实供述自己的犯罪事实，认罪态度好，依法应予以从轻处罚。

样本案例二

甘肃省××县人民检察院诉田某某故意伤害案

- **法院**

甘肃省××县人民法院

- **诉讼主体**

公诉机关：甘肃省××县人民检察院
被告人：田某某

- **基本案情**

2021年2月15日凌晨1时许，被告人田某某和朋友在KTV饮酒娱乐时，田某某与KTV经营者刘某某因饮酒发生矛盾争吵，刘某某打电话报警，民警到达现场后劝解田某某离开。田某某给其母亲雷某某打电话称自己在KTV被打。之后，被告人田某某从自家厨房拿了一把菜刀与雷某某来到KTV。田某某指着刚从包厢出来的刘某某称是被其所打，随后被告人田某某拿着菜刀追向刘某某，将刘某某追至某包厢。被告人田某某持菜刀在包厢内与刘某某发生厮打，后刘某某跑出包厢，被告人田某某又在走廊将刘某某拦住，用菜刀拍打刘某某的头。后刘某某被田某某等人拉回包厢再次进行殴打。经鉴定，被告人刘某某人体损伤程度系轻伤二级。

- **案件争点**

是否对被告人田某某从轻处罚？

- **裁判要旨**

法院认为，经法庭调查了解到，被告人田某某一直和父母亲及祖父母一起生活，上初中时其爷爷患病去世，对田某某打击较大，不愿继续读书，其辍学后前往县城打工。田某某上学期间和打工期间身体心理都很健康，表现也很好，没有不良嗜好。其本性不坏，主观恶性不大，犯罪属于一时冲动，再犯可能性低，有教育改造的可能。被告人田某某故意非法损害被害人身体健康并致其轻伤的行为，已构成故意伤害罪。被告人田某某犯罪时已满十六周岁未满十八周岁，依法减轻处罚。对田某某的辩护人提出被告人田某某系未成年人、初犯、偶犯，建议法庭从宽处罚并适用缓刑的辩护意见，法院均予以采纳。

样本案例三

陕西省××市人民检察院诉王某某故意杀人案

- **法院**

陕西省高级人民法院

- **诉讼主体**

公诉机关：陕西省××市人民检察院
被告人：王某某

- **基本案情**

被告人童某某（另案处理）与其婆婆何某某素来不和。2018年3月27日

12时许,被告人童某某将被告人王某某带至其家中,童某某以给孩子做饭为由,将何某某骗至其卧室,趁何某某不备,先用斧头猛击何某某头部致何某某倒地,在王某某的协助下对何某某进行缠绕、捆绑后,童某某又用菜刀在何某某颈部砍切,致何某某死亡。作案后,童某某锁闭其卧室房门,与王某某逃离现场。经鉴定,被害人何某某因失血死亡。

2018年3月29日17时许,被告人童某某携带汽油,再次返回作案现场,将汽油倾倒后,在卧室门外用打火机点火,引发爆炸和大火,造成何某某尸体部分焦化,室内物品及房屋严重烧毁,停放在院中的小轿车部分车窗玻璃严重缺失。童某某在放火后逃离现场。经价格认证中心价格认定,被烧损房屋墙面和木门的损失为23 073元。

2018年4月1日,王某某主动投案,并带领、协助公安机关抓获童某某。在本案审理中,被告人王某某的父亲自愿代王某某向附带民事诉讼原告人杨某甲赔偿了10 000元经济损失。

• 案件争点

对未成年被告人王某某能否从轻处罚?

• 裁判要旨

一审法院认为,被告人王某某在童某某故意杀人过程中,帮助按压被害人,帮助童某某故意杀人,致一人死亡,其行为已构成故意杀人罪,公诉机关指控被告人王某某的犯罪事实清楚,证据确实、充分,罪名成立,应予依法惩处。对附带民事诉讼原告人要求追究被告人王某某放火罪的刑事责任问题,经查,仅有王某某供述称自己帮童某某将汽油拿到房屋并递给童某某打火机,但证人杨某某等人证言均能证明系童某某一人进出房屋,杨某某和王某某先在院内站着后在车上坐着,并没有到放火的房屋内,证明王某某参与放火的证据不确实、不充分,且公诉机关亦未指控被告人王某某犯有放火罪,故对附带民事诉讼原告人的意见不予采纳。被告人王某某在故意杀人的共同犯罪中,为童某某提供帮助,起次要作用,系从犯,应当从轻或减轻处罚;被告人王某某犯罪时已满十四周岁不满十八周岁,系未成年人犯罪,应当从轻处罚或减轻处罚;被告人王某某犯罪后自动投案,如实供述自己的罪行,并协助公安机关抓获同案犯,具有自首和重大立功情节,可减轻处罚;在本案审理过程中,被告人王某某认罪态度好,其父亲代王某某主动赔偿附带民事诉讼原告人经济损失10 000元,可酌情从轻处罚。综合考虑上述量刑情节,可对被告人王某某减轻处罚。

二审法院认为，被告人王某某在童某某故意杀人过程中，帮助按压被害人，帮助童某某故意杀人，致人死亡，其行为已构成故意杀人罪，应予依法惩处。被告人王某某在故意杀人的共同犯罪中，为童某某提供帮助，起次要作用，系从犯，应当从轻或减轻处罚；被告人王某某犯罪时已满十四周岁不满十八周岁，系未成年人犯罪，应当从轻处罚或减轻处罚；被告人王某某犯罪后自动投案，如实供述自己的罪行，并协助公安机关抓获同案犯，具有自首和重大立功情节，可减轻处罚；在本案审理过程中，被告人王某某认罪态度好，其父亲代王某某主动赔偿附带民事诉讼原告人经济损失 10 000 元，可酌情从轻处罚。综合考虑上述量刑情节，可对被告人王某某减轻处罚。童某某、王某某故意杀人犯罪给附带民事诉讼原告人造成的经济损失依法应予赔偿。综上，原审判决定罪准确，判处适当，审判程序合法。二审法院裁定驳回上诉，维持原判。

三、司法案例类案甄别

（一）事实对比

样本案例一罗某某盗窃案，2015 年 3 月 16 日凌晨，被告人罗某某伙同他人经商量后窜至一家店铺前，盗窃被害人蒋某某的一辆三轮摩托车，销赃后被告人罗某某分得赃款人民币 200 元。案发后经鉴定，该车价值人民币 3 600 元。

样本案例二田某某故意伤害案，2021 年 2 月 15 日凌晨 1 时许，被告人田某某和朋友在 KTV 饮酒娱乐时，田某某与 KTV 经营者刘某某因饮酒发生矛盾争吵，刘某某打电话报警，民警到达现场后劝解田某某离开。田某某给其母亲雷某某打电话称自己在 KTV 被打。之后，被告人田某某从自家厨房拿了一把菜刀与雷某某来到 KTV。田某某指着刚从包厢出来的刘某某称是被其所打，随后被告人田某某拿着菜刀追向刘某某，将刘某某追至某包厢。被告人田某某持菜刀在包厢内与刘某某发生厮打，后刘某某跑出包厢，被告人田某某又在走廊将刘某某拦住，拿菜刀在刘某某头上拍打。后田某某等人将刘某某拉回包厢再次进行殴打。经鉴定，被告人刘某某人体损伤程度系轻伤二级。

样本案例三王某某故意杀人案，童某某与其婆婆何某某素来不和。2018 年 3 月 27 日 12 时许，童某某将被告人王某某带至其家中，童某某以给孩子做饭为由，将何某某骗至其卧室，趁何某某不备，先用斧头猛击何某某头部致何某某倒地，在王某某的协助下，对何某某进行缠绕、捆绑后，童某某又用菜刀砍切何某某颈部，致何某某死亡。作案后，童某某锁闭其卧室房门，与王某某逃离现场。经鉴定,被害人何某某因失血死亡。2018年3月29日17时许,被告人童某某携带汽油,再次返回作案现场,将汽油倾倒后,在卧室门外用打火机点火,引发爆炸和大火,造成何某某尸体部分焦化,室内物品及房屋严重烧毁等后果。童某某在放火后逃离现场。经价格认证中心价格认定,被烧损房屋墙面和木门的损失为23 073元。2018年4月1日,王某某向派出所主动投案,并带领、协助公安机关抓获童某某。在本案审理中,被告人王某某的父亲自愿代王某某向附带民事诉讼原告人杨某甲赔偿了10 000元经济损失。

从认定事实情况看,在样本案例一、二、三中查明事实均围绕未成年被告人与成年被告人共同实施的犯罪行为、在共同犯罪中所处的地位、发挥的作用等内容展开。样本案例一被告人罗某某伙同他人,经提前预谋盗窃被害人蒋某某的一辆三轮摩托车,销赃后分得赃款人民币200元,其实施的是盗窃的犯罪行为;样本案例二被告人田某某因琐事与刘某某发生争吵,叫来其家人共同殴打被害人刘某某,造成被害人刘某某轻伤二级的后果,其实施的是故意伤害的犯罪行为;样本案例三被告人王某某在童某某用斧头猛击何某某头部致何某某倒地后,协助童某某对何某某进行缠绕、捆绑,童某某又用菜刀砍切何某某颈部,最终导致何某某死亡的严重后果,其实施的是故意杀人的犯罪行为。

(二) 适用法律对比

样本案例一罗某某盗窃案,法院认为,被告人罗某某以非法占有为目的,伙同他人采取秘密手段窃取他人财物,数额较大,其行为已构成盗窃罪。公诉机关指控的犯罪事实清楚,证据确实、充分,指控的罪名成立。本案系共同犯罪,被告人罗某某在共同犯罪中起主要作用,系主犯,应按照其所参与的全部犯罪处罚。被告人罗某某犯罪时已满十六周岁不满十八周岁,系未成年人,依法应予以从轻处罚。被告人罗某某归案后,如实供述自己的犯罪事实,认罪态度好,依法应予以从轻处罚。

样本案例二田某某故意伤害案,法院认为,经法庭调查了解到,被告人田某某一直和父母亲及祖父母一起生活,上初中时田某某的爷爷患病去世,对田某某打击较大,其不愿再继续读书,辍学后前往县城打工。田某某上学期间和打工期间身体心理都很健康,表现也很好,没有不良嗜好。其本性不坏,主观恶性不大,犯罪属于一时冲动。被告人再犯可能性低,有教育改造的可能。被告人田某某故意非法损害被害人身体健康并致其轻伤的行为,已构成故意伤害罪。被告人田某某系共同犯罪,犯罪时已满十六周岁未满十八周岁,依法减轻处罚。对田某某的辩护人提出被告人田某某系未成年人、初犯、偶犯建议法庭从宽处罚,并适用缓刑的辩护意见,法院均予以采纳。

样本案例三王某某故意杀人案,法院认为,被告人王某某在童某某故意杀人过程中,帮助按压被害人,帮助童某某故意杀人,致人死亡,其行为已构成故意杀人罪,应予依法惩处。被告人王某某在故意杀人的共同犯罪中,为童某某提供帮助,起次要作用,系从犯,应当从轻或减轻处罚;被告人王某某犯罪时已满十四周岁不满十八周岁,系未成年人犯罪,应当从轻处罚或减轻处罚;被告人王某某犯罪后自动投案,如实供述自己的罪行,并协助公安机关抓获同案犯,具有自首和重大立功情节,可减轻处罚;在本案审理过程中,被告人王某某认罪态度好,其父亲代王某某主动赔偿附带民事诉讼原告人经济损失 10 000 元,可酌情从轻处罚。综合考虑上述量刑情节,可对被告人王某某减轻处罚。童某某、王某某故意杀人犯罪给附带民事诉讼原告人造成的经济损失依法应予赔偿。

从法律适用情况看,样本案例一、二、三适用的主要为《刑法》第十七条第三款"已满十四周岁不满十八周岁的人犯罪,应当从轻或者减轻处罚"。

(三)适用法律程序对比

从适用法律程序情况看,按照《最高人民法院关于人民法院案件案号的若干规定》要求,样本案例一、二适用的均为刑事一审程序,样本案例三适用的为刑事二审程序。

(四)类案大数据报告

时间截至 2022 年 11 月 16 日,案例来源为 Alpha 案例库,案件数量为 860 件,数据采集时间为 2022 年 11 月 16 日,本次检索共获取关于认定未成年人犯罪从宽处罚的裁判文书 860 篇。

从案件程序分类统计可以看到未成年人犯罪当前的审理程序分布状况,其中一审案件有 768 件,二审案件有 85 件,再审案件有 7 件,并能够推算出一审上诉率约为 11.07%。

如图 21-1 所示,对二审裁判结果进行可视化分析可以看到,当前条件下维持原判的有 54 件,占比为 63.53%;改判的有 24 件,占比为 28.24%;其他为 5 件,占比为 5.88%。

如图 21-2 所示,对再审裁判结果进行可视化分析可以看到,当前条件下其他为 3 件,占比为 42.86%;改判的有 3 件,占比为 42.86%;维持原判的有 1 件,占比为 14.29%。

如图 21-3 所示,对主刑适用情况进行可视化可以看到,当前条件下包含有期徒刑的案件有 580 件,包含拘役的案件有 206 件,包含无期徒刑的案件有 12 件。其中包含缓刑的案件有 266 件,免予刑事处罚的案件有 7 件。

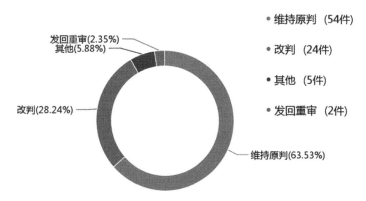

图 21-1 二审裁判结果情况

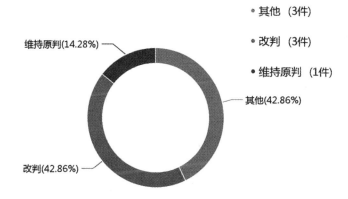

图 21-2 再审裁判结果情况

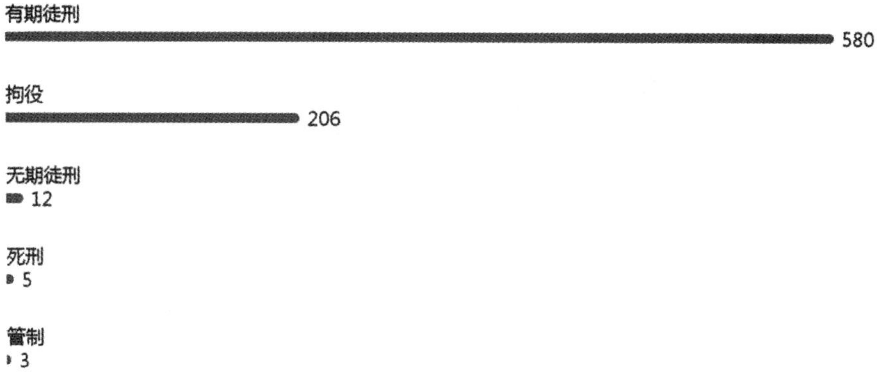

有期徒刑 580
拘役 206
无期徒刑 12
死刑 5
管制 3

图 21-3 主刑适用情况

如图 21-4 所示,对附加刑适用情况进行可视化可以看到,当前条件下包含罚金的案件有 569 件,包含剥夺政治权利的案件有 31 件,包含没收财产的案件有 11 件。

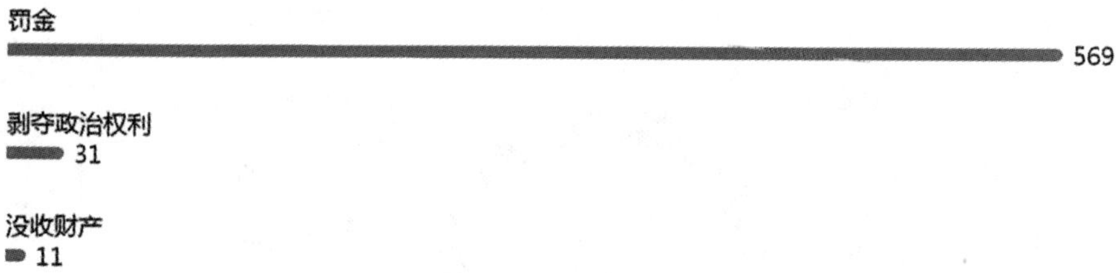

罚金
─────────────────────────────── 569

剥夺政治权利
▬▬ 31

没收财产
▬ 11

图21-4　附加刑适用情况

四、类案裁判规则的解析确立

法律面前人人平等是法律适用的一项基本原则,是法治国家的重要标志,而我国法律对未成年人犯罪的处罚完全不同于成年人,专门作出了从轻、减轻、免除处罚的规定。这主要基于未成年人特殊的身心特点,未成年人对客观世界的辨别能力不强,具有一定的盲目从众性,自控能力较弱。

(一)从轻处罚原则的理论基础

对未成年人犯罪从轻处罚充分体现出我国对未成年人的人文关怀和教育挽救。未成年人是特殊的社会群体,与成年人相比较,其社会生活较单纯,易受外部环境影响,犯罪行为有明显的被动性;且未成年人的世界观、人生观、价值观尚未形成,认识相对单纯,偶发性犯罪的比例较大,主观恶性相对较小;未成年人对社会的认知程度有限,判断是非的能力有限,其犯罪行为是在融入社会、认知社会的过程中发生的,明显不同于成年人社会化过程完成后的犯罪。因此,对未成年人犯罪的从轻处罚,更多体现的是从未成年人的成长规律和特点出发,对未成年人的教育和挽救,同时也体现出对社会特殊群体的特别人文关怀。

(二)从轻处罚原则的法条依据

根据《刑法》第十七条的规定,已满十四周岁不满十八周岁的人犯罪,应当从轻或者减轻处罚,这确立了我国刑法对未成年人犯罪从宽处罚的原则。这一原则是基于未成年被告人刑事责任能力不完备以及他们容易接受教育改造的特点而确定的。保护未成年人体现在两个方面:从实体角度而言,要坚持对未成年被告人"教育为主、惩罚为辅"的原则,结合未成年人犯罪的事实、性质、情节等，对其从轻或减轻处罚；从程序角度而言，要在刑事审判程序中贯彻"教育、感化、挽救"方针，保障未成年人行使其诉讼权利。

（三）从轻处罚原则的具体内容

从轻处罚原则体现在以下五个方面：（1）对符合管制、缓刑、单处罚金或者免予刑事处罚适用条件的未成年罪犯，应当依法适用非监禁刑或者免予刑事处罚；（2）对未成年罪犯实施《刑法》规定的应当并处没收财产或者罚金的犯罪，依法从实际出发，酌情判处相应的财产刑；（3）对未成年罪犯判处罚金刑时，也应当依法从轻或者减轻处罚，并根据犯罪情节，综合考虑其缴纳罚金的能力，确定罚金数额；（4）对未成年被告人具备初次犯罪、积极退赃或者赔偿被害人经济损失，或者具备监护、帮教条件，且对其适用缓刑确实不致再危害社会的，应当宣告缓刑；（5）对于未成年罪犯根据其所犯罪行，可能被判处拘役、三年以下有期徒刑，如果悔罪表现好，并具有犯罪预备、中止或者未遂，或者共同犯罪中从犯、胁从犯，或者犯罪后自首或有立功情节等，应当免予刑事处罚。此外，在减刑、假释方面也适当放宽了条件。前述样本案例中，被告人罗某某、田某某、王某某实施犯罪行为时均系未成年人，故审判机关在作出判决时均依法对其予以从轻处罚。

五、关联法律法规

（一）《中华人民共和国刑法》（2023年修正）

第十七条第四款　对依照前三款规定追究刑事责任的不满十八周岁的人，应当从轻或者减轻处罚。

（二）《最高人民法院关于审理未成年人刑事案件具体应用法律若干问题的解释》（2006年1月23日施行，法释〔2006〕1号）

第五条　已满十四周岁不满十六周岁的人实施刑法第十七条第二款规定以外的行为，如果同时触犯了刑法第十七条第二款规定的，应当依照刑法第十七条第二款的规定确定罪名，定罪处罚。

第十一条　对未成年罪犯适用刑罚，应当充分考虑是否有利于未成年罪犯的教育和矫正。

对未成年罪犯量刑应当依照刑法第六十一条的规定，并充分考虑未成年人实施犯罪行为的动机和目的、犯罪时的年龄、是否初次犯罪、犯罪后的悔罪表现、个人成长经历和一贯表现等因素。对符合管制、缓刑、单处罚金或者免予刑事处罚适用条件的未成年罪犯，应当依法适用管制、缓刑、单处罚金或者免予刑事处罚。

第十二条　行为人在达到法定刑事责任年龄前后均实施了犯罪行为，只能依法追究其达到法定刑事责任年龄后实施的犯罪行为的刑事责任。

行为人在年满十八周岁前后实施了不同种犯罪行为，对其年满十八周岁以前实施的犯罪应当依法从轻或者减轻处罚。行为人在年满十八周岁前后实施了同种犯罪行为，在量刑时应当考虑对年满十八周岁以前实施的犯罪，适当给予从轻或者减轻处罚。

第十三条　未成年人犯罪只有罪行极其严重的，才可以适用无期徒刑。对已满十四周岁不满十六周岁的人犯罪一般不判处无期徒刑。

第十四条第一款　除刑法规定"应当"附加剥夺政治权利外，对未成年罪犯一般不判处附加剥夺政治权利。

后记

　　最高人民法院发布的《关于统一法律适用加强类案检索的指导意见（试行）》，已于 2020 年 7 月 31 日开始实施。该指导意见要求在案件审理过程中，对缺乏明确裁判规则或者尚未形成统一裁判规则等四类情形的案件进行类案检索，通过参照以往生效类案，规范法官的自由裁量权，促进法律适用的统一。面对性质相同、情节相似的案件，不同法院、不同法官经常会作出不一致的判决。类案检索机制是辅助法官办案的一种工作机制，初衷是统一裁判尺度，检索到的类案对法官裁判具有一定的参照或参考作用。如何才能高效地发现类案？类案的指导性作用如何发挥？多种类案裁判规则冲突时如何协调？这些不确定性依然留下了较大的操作空间。为正确审理未成年人刑事案件，本书将从实践使用和操作的角度，为司法实践中未成年人刑事类案的办理提供重要参考，为各级法院法官审理类似案件提供示范参考依据。

　　本书的编撰历时一年有余，本书主编余德厚赴海南省高级人民法院、天津市人民检察院、广州市天河区人民法院、北京市盈科律师事务所、中银律师事务所举办多次座谈指导，明确编写原则和定位，并对每个裁判规则的筛选审定、格式内容编排、类案检索报告的全面性与权威性等内容进行了梳理与反复修正。在主编、副主编的统筹指导下，编写团队认真论证、反复打磨，细心校对，终成本书。

　　海南省法院系统在全国较早设立了少年法庭，拥有未成年人犯罪案件审判经验丰富的审判团队和研究人员，审理的多件案件入选最高人民法院公布的参考性案例。2022 年 8 月 19 日，最高人民法院对人民法院少年法庭工作先进集体和先进个人予以通报表扬（法〔2022〕196 号），海口市秀英区人民法院海口市少年法庭（先进集体）和多名审判人员（先进个人）赫然在列。天津市检察机关未成年人检察专业化、规范化水平较高，未成年人检察专门办案组织健全，未检团队和研究人员储备丰富。北京市盈科律师事务所、中银律师事务所均是经司法部门批准的中国较早的合伙制律师事务所以及全球化法律服务机构，其未成年人辩护和研究团队人才济济。按照未成年人犯罪案件的特点，编委会专门组建了由法官、法官助理、高校学者、专业律师参加的编写团队。为了保障写作质量，编写团队又分设3个写作小组，保证任务落实到人，确保按时保质完成书稿。

编写团队遵循问题意识，针对司法实践中遇到的争议问题或疑难复杂问题，依托大数据检索平台，辅之各类经典案例，从检索收集到的海量类案中，研究、分析、提炼类案裁判规则32条，并最终形成21条成熟的裁判规则。每条裁判规则下均附有该规则的类案检索报告，确保项下例案与该规则具有高度契合性，保证统计数据的准确度。此外，每条规则下还提供了可供参考的案例、裁判规则提要及辅助信息，彰显了裁判规则的权威性、准确性和可适用性。可供参考案例均系编写团队精心挑选，通过个案向读者展示裁判思路；裁判规则提要是类案裁判规则的核心，是对规则的法理依据、审理要点及适用情形的具体阐释；辅助信息则附注了与裁判规则相关的高频法律条文，方便读者查阅。参与编写的专家、学者、司法实务人员以其深厚的法学理论功底、丰富的司法审判经验和严谨的治学作风促成了这本书的面世，他们的深入思考和专业观点使得这本书充满了权威性和可操作性。

撰稿人（按撰稿顺序排列）

海南省高级人民法院刑事审判第一庭副庭长、三级高级法官周强，负责规则第1条的撰写；

天津市人民检察院第一检察部四级高级检察官李晨，负责规则第2—4条的撰写；

天津市人民检察院第一检察部四级高级检察官林晓萌，负责规则第5条的撰写；

广东省广州市天河区人民法院一级法官赵泽伦（重庆大学博士研究生），负责规则第6—7条的撰写；

海南师范大学法学院专任教师、法学博士余德厚（原海南省高级人民法院法官），负责规则第8—17条的撰写；

北京中银律师事务所党委书记、高级合伙人、法学博士李征（本书副主编），负责规则第18条的撰写；

北京盈科（海口）律师事务所全球合伙人、管委会主任黄一乐律师（本书副主编），负责规则第19条的撰写；

北京市中闻（重庆）律师事务所高级合伙人、仲裁员张浩律师（本书副主编）负责规则第 20 条的撰写；

海南省海口市琼山区人民法院法官助理陈俊，负责规则第 21 条的撰写；

本书主编余德厚和重庆两江新区人民法院（重庆自由贸易试验区人民法院）知识产权审判庭娄晓阳（重庆大学博士研究生），负责全书的大数据统计工作。

全书由本书主编余德厚、北京市汉坤律师事务所杨洁律师负责统稿以及文字校核等工作。